아직도 요한계시록을 역사적 문맥과 문학 장르를 무시하고 읽는 사람들이 너무 많은 이 시대에, 고먼 박사의 이 간결한 책은 땅에 사는 우리로 하여금 하늘의 비전을 보도록 상상의 나래를 펴게끔 초청하는 요한의 글을 이해하기 위한 훌륭한 안내서다. 이 책은 비록 미국의 상황을 염두에 두고 쓰인 책이지만 한국의 정치/신학적 상황에도 쉽게 적용할 수 있는 적지 않은 통찰력을 제공할 것이다. 이 책을 가이드 삼아 요한계시록을 공부하면서, 더 많은 성도들이 죽임 당하신 어린 양을 따라가며 그의 약함 속에 드러난 구원의 기쁨을 깊이 경험함으로써, 가짜 복음 때문에 절망에 휩싸여 있는 한국 교회가 새로운 힘을 얻게 되길 기도한다.

김도현 미국 콜로라도 기독교대학교 신약학 교수

저자가 서문에 밝히듯이 이 책은 요한계시록 자체 때문에 혼란을 겪거나, 요한계시록의 파국적 재앙 장면을 두려워하거나, 요한계시록을 인류 역사의 종말 시나리오로 읽으며 그것의 문자적 성취 과정을 지켜보는 데 과도하게 몰입된 사람들을 위한 매우 건강한 요한계시록 안내서다. 요한복음을 바르게 읽는 두 가지 방식은 먼저 요한계시록을 무책임하고 허탄하게 읽는 모든 해석방법으로부터 요한계시록의 핵심 메시지를 구해내는 읽기이며, 다음으로 하나님 나라 복음과의 유기적 관련 속에서 요한계시록의 본문 자체에 천착하는 읽기다.

이 책은 요한계시록의 원 역사적-문학적 맥락을 예의주시하며 성경 66권의 나머지 책들과 요한계시록의 관계, 기독교 신학 및 신앙 실천과 요한계시록의 관계를 특별히 강조한다. 저자인 마이클 고먼은 요한계시록이 인류 종말, 혹은 지구 문명 대파국을 이야기하는 운명적 시나리오가 아니라 선교와 예배의 책이라고 주장한다. 그는 특히 요한계시록의 신학이 로마 제국과 같은 거대 국가의 주류 문화 이념에 종속된 황제 숭배적 기독교와 주류 이데올로기 유착적 기독교 신앙의 대항 신학으로서, 일찍 죽임을 당한 하나님 어린 양의 주권적 세계 통치를 신봉하며 순교적 일상생활을 살아가는 순결한 기독교인들의 신앙고백이라고 본다. 나아가 로마 제국의 황제 숭배와 국가 숭배적 이념에 순응하는 종교를 장 자크 루소의 말을 빌려 시민 종교civil religion라고 규정하며, 요한계시록이 이 국가-황제-이데올로기 숭배적 시민 종교에 대항하는 하나님의 어린 양 통치권 옹호 신학의 헌장이라고 주장한다.

한국 교회에 깊숙이 들어와 있는 요한계시록에 대한 그릇된 해석의 나쁜 열매는 지구탈출적 종말론(홀 린지와 살렘 키르반 등의 세대주의적 지구탈출론), 역사포기적 종말론(심지어 빌리 그래함의 설교에도 반영된 역사포기적 종말론!)과 선민구원 집착증이다. 이 책은 요한계시록에 대한 그릇된 해석으로 멍들고 상처 입은 한국 교회와 성도들의 영혼을 소성케 하는 약재 같은 책으로서, 홀 린지Hal Lindsey, 살렘 키르반S. Kirban, 그리고 팀 라헤이Tim LaHaye 등에 영향을 받아 한국 교회를 앓게 만드는 요한계시록 해석의 부작용을 신실하게 교정해줄 것이다.

이 책이 밝히 보여주는 대로, 세계의 군사권·상권·문화권력·언론과 모든 엔터테인먼트 권력을 장악한 로마 제국(음녀 바벨론!)의 인류파괴적, 기독교 신앙 대항적인 세계 지배는 끝장날 것이다. 왜냐하면 일찍 죽임을 당한 어린 양 우리 주 예수가 곧 오실 것이기 때문이다. 마라나타! 주 예수여, 어서 오시옵소서!

김회권 숭실대학교 기독교학과 성서학 교수

지금까지 접해보지 못한 희한한 요한계시록 저서를 만났다. 요한계시록을 보는 관점이 독특할 뿐 아니라 그 내용을 풀어 전달하는 메시지가 심상치 않으며, 거기서 던지는 도전장이 자본주의 제국의 문화에 푹 젖어 있는 현대 교회에 매우 도발적이다. 암호를 해독하듯이 상징을 푸는 미로에서 독자들을 헤매게 하거나, 종말에 일어날 일들에 대한 공상의 세계로 유체이탈하게 하는 종전의 요한계시록 해설서에 질려 요한계시록에 흥미를 잃은 이들의 관심을 재탈환하는 것이 이 책의 야심찬 기획이다. 그런 독자들에 대한 배려 때문인지 내용이 이해하기 쉬울 뿐 아니라 계시록의 메시지를 현실에 와 닿게 적용하는 것이 탁월하다. 저자는 성경 주해와 신학적인 성찰 및 실천적인 적용이 한데 엮어진 통전적인 시각에서 목회와 영성, 복음 전도와 예전과 사회 개혁의 제 문제들을 조명하였다. 그의 해석과 신학적인 입장에 모두 동의하지는 못할지라도, 지금 바로 여기서 생명의 영에 사로잡혀 제국의 우상 숭배적인 풍조에 물든 시민 종교의 압력에 굴하지 않고 어린 양 예수께 절대적인 충성을 바치는 삶이 바로 마라나타 신앙을 온몸으로 구현하는 것이라는 저자의 외침에는 아멘으로 화답하지 않을 수 없다.

박영돈 고려신학대학원 교의학 교수

"요한계시록이 증언하는 그리스도의 복음은 우리더러 약한 자와 함께할 것을 요구한다"라는 저자의 진술은 내가 이 책을 추천하는 중요한 이유다. 오늘날 한국 교회에 요한계시록의 짐승을 넘어서는 괴물이 출몰하고 있다. 그 괴물은 우리로 하여금 강력한 세속적 권력을 추구하고, 소유하고, 그러한 자들과 함께하도록 몰아세우고 있다. 한국 교회는 용기를 내어 이러한 도전에 당당히 맞서야 할 것이다. 만일 이러한 필요에 공감하는 성도들이라면 본서를 통해 큰 유익과 통찰력과 도전을 얻을 수 있으리라 믿어 의심치 않는다. **이필찬** 이필찬요한계시록연구소 소장

이 책은 학자의 통찰력과 탄탄한 신앙고백을 탁월하게 섞어 요한계시록에게 교회의 선교를 이야기하는 책이라는 지위를 되찾아주었다. 고면은 밧모섬에 있는 요한과 함께 이 세상에서 폭력을 전혀 쓰지 않는 급진적 방식으로 어린 양을 따르자는, 위태롭고 고상한 꿈을 우리에게 불어넣어 준다. 누구나 쉬이 읽을 수 있는 이 책은 설교자와 교사, 그리고 세상을 소란케 하면서 방송과 서점을 뒤흔들어놓는 종말론에 맞서 믿을 만한 대안을 찾는 독자들에게 훌륭한 신학을 제공하는 샘물이 될 것이다. **넬슨 크레이빌** 『요한계시록의 비전』 저자

가끔씩 나는 미국에 오직 두 가지 부류의 그리스도인이 있다고 생각한다. 요한계시록을 전혀 읽지 않는 그리스도인, 그리고 거의 아무것도 읽지 않는 그리스도인. 이 책은 그 양쪽 모두에게 도움이 될 만하다. 마이클 고먼은 죽임 당하신 어린 양을 향한 사랑을 분명하게 드러낼 뿐 아니라 자신의 학식을 꼼꼼히 활용하면서, 우리가 "예수는 주"라고 말하는 의미를 분명히 밝히려 하는 마지막 성경이 가진 신비를 명쾌하게 풀어낸다.

조너선 윌슨-하트그로브 『페이스북 영성이 우리를 구원할까?』 저자

Reading Revelation Responsibly

Michael J. Gorman

요한계시록 바르게 읽기

시민 종교를 거부하는 참된 예배와 증언

어린 양을 따라 새 창조로 나아가다

마이클 고먼 지음
Michael J. Gorman

박규태 옮김

Holy
WavePlus

세인트메리 대학원대학교의

신학과와 교회일치신학연구소,

듀크 대학교 신학대학원,

커뮤니티 연합감리교회와 다른 많은 교회에서

저의 요한계시록 강의를 듣는 분들께 이 책을 바칩니다.

차례

일러두기 ——

1. 성경 본문은 개역개정판 같은 한국어 역본을 그대로 옮기지 않고, 저자가 제시한 본문을
   번역하여 실었습니다.
2. 저자가 인용한 찬송가와 찬송시는 운율을 맞추려고 하기보다 그 의미를 전달하는 데 중
   점을 두어 번역했습니다.

한국어판 서문

기독교 신앙이 가진 위대한 교리 가운데 하나는 교회가 하나이며 보편성을 가진다는 것(교회의 단일성과 보편성)입니다. 요한계시록은 소아시아 일곱 교회(에베소, 버가모, 라오디게아 교회 등)에 써 보낸 것이지만, 또한 바로 그 점 때문에 모든 교회를 상대로 쓴 책이라는 상징적 의미를 갖고 있습니다. 성경에서는 일곱이 완전함을 뜻하기 때문입니다. 성경은 시공간을 가로질러 모든 그리스도인 공동체와 그리스도인에게 말씀합니다.

이 책처럼 성경을 다루는 책들은 같은 성경을 다룬다고 하더라도 조금씩 차이가 나기 마련입니다. 이런 책들은 대부분 특별한 정황 속에서, 특정한 목적을 위해서 쓰이기 때문입니다. 하지만 이 책들이 시간과 공간을 초월할 수도 있습니다. 저도 이 책을 쓸 때 특별히 "서구" 교회를 염두에 두기는 했습니다. 하지만 이 책이 시공간을 초월하면 좋겠다는 바람이 있습니다.

요한이 요한계시록을 쓴 뒤로 교회는 요한계시록 때문에 거의 늘 골머리를 앓아왔습니다. 그만큼 사람들은 서로 다른 다양한 방식으로 요한계시록을 해석해왔습니다. 왜냐하면 요한계시록에는 이상한 말들은 물론이요 그런 말들보다 훨씬 더 기이한 이미지들이 가득하기 때문입니다. 실제로, 요한계시록을 해석한 사람들 중에는 아주 성실했지만 본문을 잘못 이해한 이들이 있었습니다. 때로 그릇된 해석들은 영적으로 위험함은 물론, 심하면 이단으로 빠질 때도 있습니다. 요한계시록을 읽는 것은 불을 가지고 노는 것과 같다고 할 수 있습니다.

이 책이 제시하는 요한계시록 해석은 몇 가지 점에서는 학문성이 매우 깊고 신학적 색채가 강한 접근법을 따릅니다. 그럼에도 저는 다른 어떤 사람들보다, 관심을 가지고 이 책이 던지는 도전을 기꺼이 받아들이려는 평신도나 학생들을 위해 이 책을 썼습니다. 이 책은 요한계시록의 강력한 상징성을 강조하면서도 요한계시록이 우리에게 세상 종말을 상세히 묘사해준다는 항간의 생각을 거부합니다. (제가 이 서문을 쓸 때, 미국의 한 유명한 라디오 설교자는 단지 며칠만 더 기다리면 세상 종말이 올 것이라고 설교했습니다.) 요한계시록은 우리더러 엉뚱한 생각이나 하면서 마지막 날까지 남은 날짜를 계산할 게 아니라, 오히려 지금 여기서 찬미하고 선교하라고 권면합니다. 또한 새 하늘과 새 땅이 임할 때를 기대하며 노래로 가득한 예배를 드리고 신실한 증인이 되라고 요구합니다.

아울러 이 책은 사람들이 요한계시록에서 별로 주목하지 않았던 몇 가지 측면들을 강조합니다. 특별히 저는 요한계시록이 정치권력, 군사력, 경제력이라는 "시민 종교"civil religion[1]에 의문을 제기하고, 이 시민 종

---

1. "시민 종교"는 한 국가의 시민이 공통으로 따르는 신념이라고 말할 수 있다. 이 개념을 처음 쓴 이는 프랑스의 장 자크 루소(Jean Jacques Rousseau, 1712-1778)인데, 그는 그의 주저 『사회계약론』 4편 8장에서 시민 종교를 논하면서 어떤 특정한 나라의 국민들이 교의, 의식, 법을

교의 대안이 되는 길로서 죽임 당하신 어린 양이 보여주셨던 또 다른 길을 말과 행동으로 증언하라는 도전을 그리스도인들에게 던지고 있다고 믿습니다. 따라서 이 책은 요한계시록이 시민 종교 비판에 초점을 맞춘다는 점에 특히 중점을 두었습니다.

어떤 문화에 속하였든 간에 모든 그리스도인과 교회는 요한계시록이 제기하는 이 도전을 기꺼이 받아들여야 합니다. 시민 종교의 형태는 장소에 따라, 시간에 따라 다양하게 변합니다. 하지만 시민 종교는 늘 존재하면서, 그리스도인들더러 강한 자 편에 서라고 유혹합니다. 그러나 요한계시록이 증언하는 그리스도의 복음은 우리더러 약한 자와 함께할 것을 요구하면서, 필요하다면 두려움을 떨쳐버리고 용감하게 약한 자와 한편이 되어야 한다고 말씀합니다.

이 책이 한국어로 출간될 수 있게 해준 새물결플러스와, 번역을 맡아주신 박규태 목사님에게 감사의 마음을 전합니다. 하나님이 이 책을 통해 말씀하시길 기도합니다. 한국 교회와 그리스도인 한 사람 한 사람이 각기 살아가는 나름의 정황 속에서 이 책과 소통하고 요한계시록과 소통하는 일이 필요할 것입니다. 저는 한국 교회와 한국의 그리스도인, 그리고 나아가 모든 그리스도인이 성령이 요한에게 주신 계시를 통해 교회에게 지금 말씀하시는 것을 새겨듣고 또 새겨듣기를 기도합니다. 감사합니다.

마이클 고먼

통해 숭배하는 종교가 시민 종교라고 규정한다—역주.

감사하는 글

이 책에 도움을 주셔서 감사할 분들이 많습니다. 이 책을 쓸 기회를 마련해주신 위프 앤드 스톡 출판사[Wipf and Stock Publishers] 캐스케이드 북스[Cascade Books]의 크리스 스핑크스와 짐 테드릭에게 감사드립니다. 출판인이요 편집자인 그들은 좋은 친구이고, 신학적 주제에 있어서 훌륭한 대화 상대입니다. 또한 오래전에 브루스 메츠거 교수님과 함께 요한계시록을 공부하고, 뒤이어 그분의 교수 활동을 돕는 특권을 누렸던 것에 감사합니다. 또 정말 감사하게도 이 책 원고 중 일부를 읽고 유익한 도움말을 준 친구들이 있습니다. 동료 신약 신학자인 앤디 존슨[Andy Johnson]과 넬슨 크레이빌[Nelson Kraybill], 이전에 제가 가르친 학생인 제이슨 폴링, 현재 제가 가르치는 학생이요 제 연구 조교인 쿠르트 푼트, 그리고 제가 2010년 6월에 세인트메리 교회일치신학연구소에서 연 "요한계시록과 그 해석자들"이라는 세미나에 참여한 학생들이 바로 그들입니다. 그들은 이 책의 초안 전체를 읽고 발전적 제언과 유익한 비평을 제공해주었습니다. 또 제키 홀, 베티 캔슬러, 브라이언 맥러플린, 그리고 톰 태설마이어에게 고마움을 표합니다.

초고를 봐준 모든 사람들 가운데 제가 누구보다 충심으로 감사하는 사람은 쿠르트 푼트입니다. 푼트는 책의 문체는 물론, 논거, 색인까지 꼼꼼히 살피며 여러 가지 면에서 이 책을 개선시켜주었습니다. 저는 언젠가 그가 직접 쓴 출간된 책을 읽을 수 있게 되기를 고대합니다.

저는 또 관심을 갖고 많은 질문과 여러 도움을 베풀어준 학교와 교회의 다른 제자들에게, 특히 지난 10년간 다섯 차례에 걸친 터키와 그리스 연구 여행에 함께해준 제자들에게 고마움을 표합니다. 또 2009년 봄 학기에 듀크 대학교 신학대학원에 방문 교수로 가 있는 동안 거기서 가르친 학생들이 제게 자극제가 되었음을 말해두고 싶습니다.

아울러 여러 요한계시록 해석자들에게, 그 중에서도 특히 리처드 보컴Richard Bauckham, 유진 피터슨Eugene Peterson, 그리고 크리스토퍼 로우랜드Christopher Rowland에게 빚을 졌음을 기쁘게 인정합니다. 또 데이비드 오니David Aune, 앨런 부색Alan Boesak, 이언 복스올Ian Boxall, 위스 하워드-브룩Wes Howard-Brook과 앤터니 과더Anthony Gwyther, 리처드 헤이스Richard Hays, 크레이그 쾨스터Craig Koester, 미첼 레디쉬Mitchell Reddish, 파블로 리차르드Pablo Richard, 엘리자베스 쉬슬러 피오렌자Elisabeth Schüssler Fiorenza, 벤 위더링턴Ben Witherington은 물론이요, 윌리엄 블레이크, 알브레히트 뒤러, 게오르크 프리드리히 헨델, 폴 만츠, 패트 마벤코 스미스, 그리고 여러 찬송 시인을 포함한 많은 사람이 제게 큰 영향을 주었습니다.

성경 구절 색인을 준비할 수 있게 저를 도와준 아들 브라이언에게도 고마움을 전합니다. 마지막으로 요한계시록을 놓고 이야기하는 것을 늘 행복해하는 아내 낸시와, 요한계시록을 끈기 있게 추적하며 한 해의 대부분을 함께한 금요일 밤 성경 공부 그룹의 지체들에게도 감사를 전합니다. 오랫동안 함께 공부해온 이 훌륭한 동지들은 에베소나 라오디게아 같은 곳들을 계속해서 슬라이드 영상으로 보여주어도 잘 참아주었습니다.

2010년 오순절 이후 여섯째 주일에

요한계시록을 바르게 읽기

이 책은 요한계시록 때문에 혼란을 겪거나, 요한계시록을 두려워하거나, 요한계시록에 사로잡혀 있는 사람들을 염두에 두고 쓴 책이다. 내 목표는 한 권으로서의 요한계시록을 완전히 잘못 해석하거나 통째로 무시하는 사람들로부터 요한계시록을 구하는 일에 일조하는 것이다. 이 책은 25년 동안 요한계시록이라는 이 묵시록Apocalypse을 진지하게 읽고, 곱씹어보고, 가르치고, 이와 관련된 곳들을 여행하며 얻어낸 결과물이다. 묵시록이라는 말은 요한계시록의 첫 단어인 헬라어 *apokalypsis*(아포칼립시스)를 번역한 말로서 "계시"를 뜻한다. "파괴"나 "세상 종말" 혹은 그와 비슷한 것들을 의미하는 것이 아니다.

　이 책은 상세한 주석류가 아니다.[1] 오히려 이 책은 요한계시록을 책임 있게 읽고 신학의 눈으로 본문을 대면하게 도와주는 안내서다. 1-4장에서는 전자에 강조점을 두었고, 5-10장에서는 후자에 강조점을 두

---

1. 나는 특히 (여러 이유로) 탤버트(Talbert)가 쓴 짧은 책을 추천한다. 중간 정도 길이의 책으로서 추천할 만한 것으로 복스올, 쾨스터, 피터슨, 레디쉬, 그리고 위더링턴이 쓴 책을 추천하며, 오니가 쓴 세 권짜리 책도 추천한다.

었다. 몇 가지 핵심 요점은 의도적으로 전반부와 후반부에서 반복해서 다루었는데, 이는 핵심 내용들을 강조하고 또 이 책 전체를 읽지 않는 사람들을 배려하고자 함이다. 내가 취한 접근법은, 적어도 핵심 줄거리만 놓고 보면, 나만 유일하게 취하는 접근법이 아니다. 그렇긴 해도 이런 접근법을 취한 경위를 조금이나마 밝히는 것이 사리에 맞을 것 같다.

근자에 나는 「워싱턴포스트」에서 이야기를 하나 읽었다. 『레프트 비하인드』*Left Behind* "어린이판"을 즐겨 읽는다는 12살 소년의 이야기였다. 『레프트 비하인드』는 요한계시록과 다른 성경 본문들을 독특하게 읽어낸 결과를 토대로, 상상력을 발휘하여 세상 마지막 날과 그리스도의 재림을 드라마처럼, 때로는 극단적으로 서술한 책이다. 내가 신문에 실린 그 이야기를 읽고 보인 첫 반응은 그런 책을 쓰는 작가들과 그런 책을 어린이에게 파는 출판사, 그런 책을 사는 부모와 교회, 그리고 그런 책에 푹 빠진 청소년에 대한 날선 비판이었다.

그 뒤 나는 내가 청소년기를 보냈던 1970년대 홀 린지*Hal Lindsey*[2] 시대를 생각해봤다. 믿은 지 얼마 되지 않아 왕성한 기독교 신앙을 소유한 10대였던 나도 『레프트 비하인드』 현상의 할아버지 격인 『대 유성 지구의 종말』*The Late Great Planet Earth*[3] 및 이와 유사한 책들이 묘사하는 소망—과 공포—에 사로잡혔다. 천만다행하게도 우리 청소년 그룹의 지도자는 요한계시록을 다른 시각으로 읽는 법을 가르쳐주었다. 덕분에 나는 두려움을 덜어냈으며, 대학 기숙사 도우미가 대환난에 앞서 살아남는

---

2. 1929-. 미국의 복음 전도자요 저술가다. 그는 시오니즘 지지자이며 세대주의자다—역주.
3. 홀 린지가 쓴 책으로 세대주의 종말론을 내세워 큰 인기를 모았다—역주.

기술을 닦아야 한다며 줄곧 캠퍼스 숲속에 텐트를 치고 살았음에도 불구하고, 대학 기간 내내 요한계시록을 멀찌감치 후순위로 밀어놓을 수 있었다. (물론 나는 그 기숙사 도우미의 외곬 생각 때문에 짧은 기간이나마 상당한 고통을 겪었다.)

내가 요한계시록에 다시 흥미를 가진 것은 프린스턴 신학대학원 시절이었다. 거기서 나는 위대한 고 브루스 메츠거Bruce Metzger[4] 교수께 요한계시록 강의를 들었다. 그때 그가 한 강의는 『암호 풀기』Breaking the Code라는 한 대중서의 기초가 되었다. 그 뒤 나는 철학박사 과정 학생으로서 그의 요한계시록 강의를 도왔다. 메츠거 박사 덕택에 나는 요한계시록 자체는 물론이요 요한계시록을 해석해온 수많은 방법에 대한 강렬한 관심을 갖게 되었다. 이어 신약학 교수가 된 나는 "요한계시록과 그 해석자들"이라는 강의를 정규 과목으로 가르치기 시작했다. 아울러 나는 교회 그룹들, 대학과 신학대학원 학생들, 그리고 다른 여러 사람들에게 요한계시록을 강의하기 시작했다. 그리고 "바울과 요한의 도시들" The Cities of Paul and John이라는 연구 여행을 인솔하기 시작했는데, 이 도시들에는 요한계시록이 말하는 일곱 도시—이제는 모두 터키에 있다—가 대부분 포함되어 있었다.

이 책을 쓰는 동안 몇 가지 사건이 종말을 향한 관심에 부채질을 했다. 하나는 버락 오바마Barack Obama가 미국 대통령에 당선된 일이었다. 그가 당선되자마자 수많은 인터넷 블로그와 공중파 방송들은 그가 적그

---

4. 1914-2007. 본문 비평의 대가로서 미국의 프린스턴 신학대학원 교수를 지냈다—역주.

리스도(요한계시록에는 이 말이 없다[5])일 수 있음을 시사하는 논평으로 도배를 했다. 이에 걱정이 생긴 한 여성은, 다른 신학대학원에서 신약성경을 가르치는 나의 훌륭한 친구에게 이 문제와 요한계시록 그리고 "마지막 때 일"[6]을 어떻게 바라보아야 하는지 물어왔다. 그 친구는 이 책과 딱 들어맞는 내용을 친절하게 답해주었다.

더 근자에는 유명한 라디오 성경 강사인 해롤드 캠핑Harold Camping이 또다시 예수님의 재림과 세상의 종말이 임할 날—이번에는 2011년 5월 21일—을 예언했다. 예수님은 심지어 아들인 당신 자신도 그 날을 모르시고 오직 하나님 아버지만이 아신다고 분명하게 말씀하셨다(막 13:32; 마 24:36). 그리고 캠핑은 이전에도 잘못된 예언—그때는 1994년 9월 6일—을 했었다. 그런데도 그와 그를 추종하는 자들은 성경을 올바로 해석하면 2011년 5월 21일이 분명 그 마지막 날이라고 열렬히 믿었다. 이런 예언들은 보통 도피주의자가 말하는 종말론 및 그런 이들이 가진 정서와 한통속이다. 이런 종말론과 정서는 나의 대학 시절 기숙사 도우미가 드러낸 것과 비슷한데, 그 자신은 물론이요 다른 사람들에게도 상당한 영향을 미칠 수 있다. 내 친구의 가족 주치의는 1990년대에 해롤드 캠핑을 열렬히 추종하던 사람이었다. 이 주치의는 예수가 1994년에 재림하신다고 확신한 나머지 자기 환자들에게 끊임없이 그 이야기를 해댔고, 일하지 않는 시간에는 종말을 준비했으며, 결국에는 자기 직원들을 모두 내보내고 말았다. 어차피 1994년 9월 이후에는 일거리

---

5. 이 말은 (단수와 복수를 불문하고) 오로지 요일 2:18(2회), 22; 4:3; 요이 1:7에만 나온다.
6. 마지막 때 일을 연구하는 분야를 전문 신학 용어로 "종말론"(eschatology)이라 부른다.

가 없을 게 분명했기 때문이었다.

　이 책을 쓰는 기간 동안 많은 사람들이 "묵시록이 현실로 임한 것 같다"(apocalyptic, 이것은 뒤에 가서 정의해봐야 할 말이다)고 느꼈다. 전쟁wars과 전쟁의 소문rumors of wars이 있었다. 2008년 10월에는 많은 사람들이 보기에 "한 시간에"(계 18:10, 17, 19) 일어났다고 여겨진 대규모 경제 붕괴가 있었고 그 여파는 심각했다.[7] 이어 2010년 1월에는 엄청난 지진이 가난에 찌든 섬나라 아이티를 강타했다. 일부 종교 지도자는 이 비극을 하나님이 내리신 벌이자 종말의 시작으로 해석했다. 분명히 아이티에도 그런 재앙이 지구 멸망의 서곡이 되리라는 말을 여러 해 동안 들었던 사람이 있었던 것 같다. 지진 직후, 어떤 여자들은 자기 옷을 찢고 "묵시록이 여기 있다"라고 외치며 거리를 돌아다녔다. 그리고 얼마 지나지 않아 멕시코 연안 지역에는 석유 재앙이 임했다.[8] 이 재앙을 보고 일부 사람들은 바다 생물 중 삼 분의 일이 죽는 일(계 8:9)이 해괴한 공상만은 아니라는 인상을 받았다. 또 다른 종말의 징조는 없을까?

　마지막으로, 아주 시시하지만, 영화 한 편을 주문하려다 키보드에서 손이 미끄러져 넥스플릭스라는 엉뚱한 웹 사이트로 들어갔던 이야기를 해야겠다. 이 사이트는 성경이 말하는 예언의 성취, 임박한 휴거imminent rapture(요한계시록에는 이런 말이—그리고 이런 개념조차도—없다), 적그리스

---

7. 미국에서 벌어진 서브프라임 모기지 사태를 말한다. 경제 사정이 어려워진 가정들이 주택 담보 대출금을 갚지 못하자, 채권자인 금융권이 붕괴 위기로 몰리면서 금융 산업에 크게 의지했던 미국 경제와 세계 경제가 큰 위기에 빠졌다—역주.

8. 2010년에 영국 석유사가 멕시코 만 유전 지대에서 엄청난 석유 누출 사고를 일으킨 일을 말한다—역주.

도의 등장, 요한계시록의 "두루마리"가 펼쳐짐을 예언한 수천 개의 사이트 중 하나로서 공포와 참회를 머릿속에 주입하려고 했다. 하지만 내가 불신자였다면 그런 내용들이 다 웃기는 소리라고 생각하며 기독교를 믿어서는 안 되는 이유에 그 사이트의 이상한 시각을 추가했을 것이다.

요한계시록을 어떻게 읽고 가르치고 설교하는가가 그 사람 자신—과 다른 사람들—의 감정과 영혼, 그리고 심지어 육체와 경제적 안녕에까지 강력한 영향을 미칠 수 있다. 앞의 모든 이야기는 이 사실을 일깨워준다. 따라서 요한계시록 해석은 가볍게 취급할 수 없는, 진지하고 신성한 책임이 따르는 일이다. 성경은 하나님으로부터 나온 **살아 있는** 말씀으로서 시대 정황이 달라져도 늘 신선한 메시지를 사람들에게 전해줄 수 있다. 그러나 요한계시록의 경우에 어떤 해석들은 다른 해석에 미치지 못할 뿐 아니라, 사실은 기독교에 부합하지도 않고 건강하지도 않다는 사실을 분명히 알아야 한다.

바로 앞의 말 때문에 자신들이 요한계시록을 읽어낸 결과가 어느 쪽에도 치우치지 않기를 바라는 독자들이 긴장할지도 모르겠다. 그러나 내가 바라는 "바르게"responsibly라는 말은 **신학적인 측면**에서 책임이 있다는 뜻이다. 이 말에는 애초에 요한계시록이 나온 역사적 정황과 문학적 맥락, 요한계시록과 다른 정경들의 관계, 요한계시록과 기독교 교리 및 실천의 관계, 그리고 요한계시록이 신앙생활을 영위하는 사람들에게 도움을 주거나 해를 끼칠 수 있는 가능성을 주의 깊게 살펴본다는 의미가 담겨 있다. 나는 성경을 신학과 선교라는 관점에서 해석하려고 애쓰는 성경 신학자로서 주해(본문의 역사적 측면과 문학적 측면을 분석하는 일)와 신학 성찰 내지 적용을 분리하는 것이 적절하지 않다고 본다.[9] 물론 이것은 엉성한 학문을 해도 좋다고 허가하는 것이 아니다. 도리어 살아 있고, 살게 하는 연구를 독려하는 권면이다. 그렇게 연구하지 않으면, 미첼 레디쉬Mitchell Reddish[10]가 요한계시록의 상징을 놓고 경고하듯이, "독자에게 끊임없이 영감과 도전을 던지고 독자들을 포용하는 살아 있는 본문이 아니라 심하게 해부된 나머지 시체가 된 본문을 다루게 될 것이다."[11]

성경의 다른 어떤 책보다 요한계시록을 바르게 읽는 것은 다른 시대, 다른 장소에 살았던 사람들이 요한계시록을 어떻게 해석했고 또 어떻게 해석하는가를 아는 지식으로부터 큰 도움을 받는다. 여기에는 설교와 책들은 물론이요, 그림들과 음악, 영화와 다른 매체들도 포함된다. (하지만 이 책에서는 빙산의 일각만을 보여줄 수 있을 뿐이다.)[12] 요한계시록을 바르게 읽는 것은 요한계시록을 읽어낸 다른 결과들이 가진 강점을 토대로 이루어진다. 물론 다른 결과들의 약점과 오류는 피하기 위해 노력해야 한다. 요한계시록을 책임 있게 파고드는 것은 결국 하나님 말씀인 요한계시록의 신학이 1세기를 상대로 제시했던 메시지를 주의

---

9. 이를 살펴보려면, 내가 쓴 논문 "A 'Seamless Garment' Approach to Biblical Interpretation?"과 내가 쓴 책 *Elements of Biblical Exegesis*(『성서석의입문』, 크리스챤다이제스트 역간)을 보라.

10. 미국 신학자로 플로리다에 있는 스텟슨 대학교 종교학 교수다―역주.

11. Reddish, *Revelation*, 230.

12. 해석사를 살펴보려면, 특히 Wainwright, *Mysterious Apocalypse*; Kovacs and Rowland, *Revelation*; 그리고 (해석사 개괄을 위해서는) Rowland, "Book of Revelation," 528-556; Koester, *Revelation and the End of All Things*, 1-37; 그리고 Murphy, "Revelation"을 보라.

깊게 살펴보듯이 이 신학이 21세기를 상대로 제시하는 메시지를 주의 깊게 살펴보는 것이다. 나아가 우리는 성경이 실제로 세상에서 좋은 쪽과 나쁜 쪽으로 영향을 미친 방식을 주의 깊게 살피고, 성경이 세상에서 하나님이 하시는 일, 곧 하나님의 선교^{missio Dei}에 참여해야 할 우리의 소명에 어떤 식으로 영향을 주어야 하는가에 주의를 기울이며 성경을 경經, Scripture으로서 읽는다. 따라서 성경을 바르게 읽는다는 것은, 배우가 대본script을 온몸으로 표현하거나 연기하듯이, 우리도 성경을 온몸으로 표현하거나 "연기해야"(행해야) 한다는 뜻이다. 요한계시록의 경우에는 정녕 **심혈을 기울여** 수행해야 한다.

이런 접근법은 무엇을 시사하는가? 요한계시록은 적그리스도가 아니라 살아계신 그리스도를 이야기한다. 요한계시록은 이 세상을 벗어나는 휴거가 아니라, 이 세상에서 신실한 제자로 살아가야 할 제자도를 이야기한다. 즉 요한계시록도 신약 성경의 다른 모든 책처럼 예수 그리스도를 이야기—"예수 그리스도의 계시"(계 1:1)—하는 책이요, 순종과 사랑으로 그분을 따르는 것에 대해 이야기하는 책이다. "누군가 '왜 요한계시록을 읽습니까?'라고 물어보면 주저 없이 '그리스도를 더 잘 알려고 읽습니다'라고 대답해야 한다."[13] 성경의 마지막 책인 요한계시록은 예수님을 특별히 다음과 같이 묘사한다.

- 신실한 증인으로서 환난에도 하나님께 끝까지 충성했던 분
- 지금도 계신 분으로서 자신을 따르는 이들로 이루어진 공동체들

---

13. Prévost, *How to Read the Apocalypse*, 11.

가운데 행하시며 성령을 통해 위로와 도전의 말씀을 주시는 분

- 어린 양으로서 죽임 당하셨으나 이제는 창조주 하나님과 함께 다스리시면서 오직 하나님만이 받으셔야 할 섬김과 예배를 함께 받으시는 분
- 장차 오실 분으로서 하나님의 목적을 모두 이루시고 새 하늘과 새 땅에서 하나님과 함께 하나님의 백성을 다스리실 분

이처럼 요한계시록은 하나님께 대한 성실함을 이야기하는 책이요, 특히 다음과 같은 일을 통해 예수를 따름으로써 성령께 주의를 기울여야 한다고 말하는 책이다.

- 신실한 증언과 저항
- 주의를 집중하여 들음
- 예전禮典으로 나타나는(예배 속에 녹아든) 삶
- 선교적인 소망

앞으로 상세히 살펴보겠지만, 요한계시록이 말하는 예전 영성liturgical spirituality과 선교 영성missional spirituality(곧 예배하고 증언하는 삶)은 세상 권력을 우상으로 섬기는 종교의 반대명제다. 보통 이렇게 세상 권력을 섬기는 종교를 시민civil 종교라고 부른다. 이 책에 "시민 종교를 거부하는 uncivil 예배와 증언", 곧 "어린 양을 따라 새 창조로 나아가다"라는 부제를 붙인 이유도 그 때문이다. 이렇게 요한계시록을 읽어낸 결과는 사람들이 아무 생각 없이 당연하게 받아들이는 많은 가치와 관습에 도전을

제기한다. 나는 모든 사람이 이 책의 모든 부분에 동의하리라고 기대하지는 않지만, 그래도 모든 사람이 열린 마음으로 요한계시록을 붙들고 씨름해보려는 진지한 욕구를 품고 이 책에 다가와주길 소망한다.

나도 내 자신이 걸어온 길이 있기에, 젊은 친구들이 성경의 마지막 책과 세상 종말에 푹 빠져드는 것에 공감할 수 있다. 또 비전문가들이 적그리스도에 호기심을 느끼는 것도 이해한다. 세상 끝 날을 지정하는 이들이나 가난한 이들에게 자연 재앙은 분명 하나님의 심판을 나타내는 징조라고 이야기하는 이들에겐 연민을 못 느끼지만, 그렇게 잘못된 성경 해석의 희생양이 된 이들 때문에 고통을 느낀다. 때문에 이 책은 『레프트 비하인드』에 푹 빠진 소년을 위해 쓴 책이다. (설령 그 소년이 지금 이 책을 읽지 않더라도 말이다.) 또 이 책은 현재와 미래의 그 부모들과 친구들, 그를 가르치는 청소년 지도자들과 목사들, 언젠가는 요한계시록을 다른 사람들에게 해석해줄 대학생들과 신학대학원 학생들을 위한 책이기도 하다.[14] 적그리스도의 정체 혹은 주님이 재림하실 날을 놓고 쓸데없는 걱정을 하는 사람들에게도 이 책이 도움이 될 것이다. 아울러 이 책은 휴거 때 뒤에 남겨질지 모른다는 두려움을 조장하거나, 자기 도취적인 종말 대비를 강화하는 식으로 요한계시록을 읽어내는 태도에 맞설 대안을 찾는 이들을 위한 책이기도 하다.[15]

어린 시절에 요한계시록에 푹 빠지는 것이 꼭 해롭지만은 않다. 학

---

14. 이 책의 주(註)들은 주로 해당 주제를 계속하여 탐구해보고 싶어 하는 학생들을 위해 붙인 것들이다.
15. 유진 피터슨은 "성경은 미래에 대해 신경과민적인 관심을 갖지 말고 도피주의식 환상을 품지 말라고 경고한다"라고 말하는데, 옳은 말이다(*Reversed Thunder*, 21).

생 시절에 요한계시록을 처음부터 끝까지 읽었던 10대 소년이 또 하나 있다. 그는 그때의 체험을 이렇게 써놓았다.

재미난 일은 내가 그 책이 뭘 말하는지 이해하지 못한 게 확실한데도 그 책이 가진 폭발력과 아름다움, 내 손안에 있는 신약 성경 속에는 아무도 내게 경고해주지 않았던 폭풍이 숨어 있다는 느낌만은 지금도 기억할 수 있다는 것이다.

여러 해 뒤, 이 젊은이는 성공회 사제가 되었고 우리 시대의 가장 유명한 성경학자가 되었다. 그는 바로 톰 라이트[N. T. Wright]다.[16]

나는 우리가 요한계시록을 이해할 수 있다고 확신한다. 톰 라이트가 10대 때 깨달았듯이, 우리에게 들을 귀만 있다면 요한계시록은 분명히 아름답고 폭발력 있는 예언과 약속의 메시지를 우리에게 들려줄 것이다.[17]

---

16. 앞의 인용문은 Wright, *Following Jesus*, 54에서 인용했다.
17. 이렇게 말한다고 요한계시록을 책임 있게 읽어내기가 쉬울 거라는 뜻은 아니다. 존 웨슬리도 말했듯이 "요한계시록은 눈물 없이 쓴 책이 아니요 눈물 없이 이해할 수 있는 책이 아니다" (*Explanatory Notes*, 계 5:4).

1. 요한계시록과 관련된 경험이 있다면 나누어보세요. 좋은 경험이든, 나쁜 경험이든,

   어떤 경험이든 괜찮습니다.

2. 일부 사람들이 요한계시록에 사로잡혀 집착하는 이유가 무엇이라고 생각하나요?

3. 요한계시록은 여러분이 몸담은 교회 안에서 어떤 역할을 해왔나요?

4. 요한계시록을 공부함으로써 무엇을 얻고 싶은지 나누어보세요.

1장 요한계시록의 수수께끼와 문제, 그리고 약속
The Puzzle, Problem, and Promise of Revelation

"요한계시록"을 언급하면 무엇이 생각나는가? 요한계시록과 관련하여 자주 듣는 낱말과 문구를 몇 가지 들어보면, 종말(마지막), 휴거, 일곱(7), 말을 탄 네 사람, 적그리스도, 666, 심판, 복수, 재림, 하늘나라 등을 꼽을 수 있겠다.

흥미롭게도 요한계시록과 가장 관련이 깊은 이 말들 가운데 두 가지―휴거와 적그리스도―는 요한계시록에 나오지도 않는다. 반대로 요한계시록에서 가장 중요한 증인, 보좌, 어린 양 같은 말들은 얼른 떠오르지 않는다. 그러나 그런 것들은 지금도 요한계시록의 중심이요, 앞으로도 중심으로 남아 있을 것이다. 마음속에 떠오르는 또 다른 말들은 우리가 요한계시록에 느끼는 감정을 반영하는 두려움, 놀람, 혼란 따위다. 사실 요한계시록은 복잡하고 어려운 책일 수 있다. 심지어 이 요한계시록을 위험하다고 말하는 이도 있다. 여기서 비판적 시각으로 요한계시록의 성격을 규정한 다양한 견해들을 제시해보겠다.

- "이 책은 사도의 글도 아니요 선지자의 글도 아니다. 나는 성령이

이 책을 만들어내셨음을 전혀 발견할 수 없다.…물론 이 책이 기록해놓은 것을 지키는 사람들은 복된 자들이라고 생각한다. 그러나 이 책이 기록해놓은 것을 지키는 것은 물론이요, 애초에 이 책이 기록해놓은 것이 무엇인지 아는 이도 전혀 없다.…이 책은 그리스도를 가르치지도 않고 그리스도를 알려주지도 않는다"(마르틴 루터1483-1546, 루터가 1522년에 쓴 글).1

- "계시를 설명하기 위해 계시를 필요로 하는 수수께끼의 책"(팸플릿[소책자] 운동가인 토머스 페인Thomas Paine, 1737-1809).2

- "모든 역사 기록물 가운데 가장 미친 듯이 복수심을 쏟아낸 책"(프리드리히 니체1844-1900).3

- "택함 받지 않은 자들은 모두 쓸어버리고 없애버리며…그 자신은 하나님 보좌 오른편에 앉으려는" 성자 요한의 "웅대한 계획"으로서 "진짜 그리스도, 진짜 복음은 전혀 들어 있지 않은" 책이다. 이는 "예수에게도 유다가 있어야 했듯이…신약 성경에도 요한계시록이 있어야 했기 때문이다"(D. H. 로렌스1885-1930).4

- "어느 약물 중독자가 본 환상들을 적은 기이한 기록"(극작가인 조지 버나드 쇼1856-1950).5

- "윤리에 따른 책임을 저버린 책"으로서 "정경 안에 이 책이 있다

---

1. "Preface to the Revelation of St. John[I]," 398-399(1522). 루터는 나중에 요한계시록이 논증과 신학에 가치가 있음을 발견했다.
2. Wainwright, *Mysterious Apocalypse*, 111에서 인용했다.
3. Hays, *Moral Vision*, 169에서 인용했다.
4. *Apocalypse*, 63, 66, 67.
5. Johns, *Lamb Christology*, 4에서 인용했다.

는 것과 이 책이 자리한 위치야말로 더할 나위 없이 악하다"(신약 신학자인 잭 샌더스Jack Sanders가 1975년에 쓴 글).[6]

- "마지막 때에 여성혐오자인 남성이 쓴 판타지"(페미니스트 신약 신학자인 티나 피핀Tina Pippin이 1992년에 쓴 글).[7]
- "죽임 당하신 예수의 비폭력 저항을 살상을 저지르는 예수의 폭력 전쟁으로" 바꿔놓은 책(신약 신학자인 존 도미닉 크로산이 2007년에 쓴 글).[8]

잭 샌더스가 기독교의 권위 있는 기록을 모아놓은 정경, 즉 성경을 두고 한 말은 지나치게 들릴 수 있다. 그러나 요한계시록이 기독교 정경 속에 못 들어갈 뻔했다가 간신히 들어간 것은 사실이다. (이는 나중에 더 이야기하겠다.) 물론 요한계시록은 아직까지 정경 안에 남아 있다. 하지만 로마가톨릭교회 성구집聖句集(예배 때 낭독하는 성경 본문 목록이나 본문을 모아놓은 책)이나 몇몇 개신교회가 사용하는 성구집[9]에는 요한계시록이 거의 등장하지 않는다. 성구집들은 어려운 본문을 피하는 경향이 있으며, 요한계시록을 "더 받아들일 만한 책"으로 만들기 위해 구성한 문단에서도 특정 구절들을 빼버리곤 한다.[10] 더욱이 정교회 성구집

---

6. *Ethics in the New Testament*, 115.
7. *Death and Desire*, 105.
8. *God and Empire*, 224.
9. 성공회가 좋은 예다—역주.
10. Kovacs and Rowland, *Revelation*, 222. 개정판 공동성구집(The Revised Common Lectionary)은 요한계시록에서 여섯 개 본문만을 실어놓았다(1:1-8; 5:6-14; 7:2-17; 21:1-6; 21:10-22:5; 22:12-21).

에는 요한계시록이 **전혀** 등장하지 않는다. 물론 정교회의 일부 교회는 유월절(부활절) 앞 토요일에 요한계시록을 전부 읽기도 한다. 많은 그리스도인은 요한계시록을 정경의 역할을 못하는 책으로 여겨왔다. 한 여성은 요한계시록 이야기를 적어놓은 내 블로그에 이런 댓글을 달아 놓았다. "아무리 주의를 기울여서 읽어봐도, 요한계시록은 내 성경에서 빼버리는 게 나을 것 같습니다."

심지어 위대한 종교개혁자인 칼뱅과 (그보다 선배인) 루터도 요한계시록을 의심하면서, 요한계시록의 상징이 그리스도를 가리고 평범한 그리스도인들을 혼란케 할까봐 두려워했다. 일찍이 루터는 요한계시록과 야고보서와 신약 성경의 다른 몇몇 책을 함께 묶어 복음서와 바울 서신보다 열등한 책으로 평가했다. 또한 신약 성경에 있는 책 중 칼뱅이 유일하게 주석을 쓰지 않은 책이 바로 요한계시록이다.

요한계시록을 둘러싼 공포와 의심은 이 책 자체만큼이나 오래되었다. 이유야 많지만, 적어도 비주류 기독교인들과 광신자들이 처음부터 이 요한계시록을 사용하면서 악용(남용)한 것—"정경 중의 정경으로 떠받들었다"hyper-canonized라고 표현할 수도 있겠다—도 하나의 이유가 될 것이다. 이미 2세기에 몬타누스파라는 그룹은 요한계시록을 내세워 그들이 받았다는 은사에 따른 예언과 환상 체험을 옹호하고, 새 예루살렘이 곧 브루기아(프뤼기아Phrygia, 오늘날 터키 서북부에 있다)로 내려오리라는 자신들의 기대를 강화했다. 요 근래에는 다윗의 가지Branch Davidians에 속한 한 분파가 특별히 바벨론(그들은 미국 정부를 바벨론으로 여겼다)에 심판이 임박했다는 환상에 취하여, 나중에 데이비드 코레쉬David Koresh로 이름을 바꾼 버논 하월Vernon Howell의 지도 아래 텍사스 주 웨이코Waco 근처에 은거 시설을 마련했다. 코레쉬는 자신이 재림한 어린 양(메시아)이요 바벨론에 대항하는 폭력 투쟁을 이끌 지도자라고 생각했다. 이 폭력 투쟁은 결국 미국 정부 당국자들이 1993년 4월에 그들의 시설을 포위한 가운데 많은 이들이 죽음으로써 비극적으로 막을 내렸다.

어떤 학자는 이를 보고 이렇게 말했다. "역사를 살펴보면, 어떤 신자 그룹은 그 종파의 사회적 위상을 드높이거나 종말론에 기울이는 과도한 관심에 정당성을 부여하고자 요한계시록을 그들이 가진 '정경 중의 정경'으로 떠받들며 그 중요성을 추켜올렸다."[11] 또 다른 학자는 "성경의 다른 어떤 부분도 이처럼 기괴하고 위험한 갖가지 해석을 잡아들일 수 있는 행복한 사냥터를 제공하지 못했다"[12]라고 말하는데, 옳은 말이다. 하지만 또 다른 유명한 신약 신학자 루크 티모시 존슨Luke Timothy Johnson은 요한계시록을 두고 이렇게 말한다.

모든 문헌 가운데 요한계시록만큼 그 책을 읽은 사람들을 사로잡고 널리 재앙 같은 결과를 불러일으킨 책도 없었다. 요한계시록 해석사는 대부분 비극으로 끝나는 그릇된 해석의 이야기다. 이런 그릇된 해석은 애초에 이 작품의 문학 양식과 목적을 잘못 이해한 데서 생겨났다. 신비한 상징들이 기도와 시의 보고寶庫를 채워주는 경우, 요한계시록은 온화한 영향을 끼친다. 그러나 동일한 상징들이 공사公私 불문하고 미혹에 빠진 조직들을 살찌우는 양분이 됨으로써 결국 그 조직을 만든 이들을 파괴

---

11. Wall, *Revelation*, 29.
12. Boring, *Revelation*, 4.

하고 요한계시록을 믿을 수 없게 만드는 경우가 더 많았다.[13]

말하자면, 요한계시록을 **무책임하게** 읽은 일들이 매우 빈번했다는 말이다.

이런 문제점들과 우려에도 불구하고, 요한계시록을 찬미하는 이들이 많았다. 이 책을 예리한 지각으로 창조성을 발휘하여 읽어낸 그리스도인들(과 다른 사람들)은 특히 요한계시록이 가진 미학美學의 차원들을 강조하거나, 하나님을 묵상하고 예배할 때 상상력을 자극하는 이 책의 능력을 강조하거나, 이 책이 억압받는 이들에게 소망을 준다는 점을 강조했다. 요한계시록의 이런 측면들이 끼친 영향은 그저 온화한 정도에 그치지 않고, 특히 음악과 미술에 강렬한 영감을 불어넣는다.[14]

예를 들어, "거룩 거룩 거룩"Holy, Holy, Holy!(레지널드 헤버Reginald Heber가 1826년에 쓴 찬송[15])과 "면류관 가지고"Crown Him with Many Crowns(매튜 브리지스 Matthew Bridges가 1852년에 쓴 찬송[16])가 생각난다.[17]

거룩, 거룩, 거룩!(2절, 요한계시록 4장과 1:4, 8을 보라)
거룩, 거룩, 거룩! 온 성도가 주를 찬미하고,

---

13. Johnson, *Writings*, 507.
14. 쾨스터(Koester, *Revelation and the End of All Things*, 31-37)는 "주류" 그리스도인들이 요한계시록을 주로 음악을 통해 안다고 주장한다.
15. 통합찬송가 9장, 새찬송가 8장에 수록되었다—역주.
16. 통합찬송가, 새찬송가 모두 25장에 수록되었다—역주.
17. 여기서는 영문 가사와 요한계시록 본문을 고려하여 찬송가에 수록된 가사와는 다르게 번역했다—역주.

금관들을 벗어 유리 바다 둘레에 놓으며,

그룹들과 스랍들은 주 앞에 엎드리니,

과거나 지금이나 영원토록 계신 주로다.[18]

면류관 가지고(1절, 요한계시록 5장; 7:17; 19:12; 22:1을 보라)

보좌 위 어린 양, 주께 많은 관冠을 드리자.

들어라! 하늘의 노래만이 울려 퍼진다.

깨어라, 내 영혼, 널 위해 죽으신 주를 찬송하라.

만왕의 왕이신 주를 영원토록 찬송하라.

이 찬송들 못지않게 영감이 넘치는 유명한 곡이 헨델이 1742년에 쓴 오라토리오 "메시아"에 들어 있는 몇 곡이다. "메시아" 중 가장 유명한 곡 가운데 두 곡의 가사(찰스 제넌스Charles Jennens [19]가 준비한 가사다)는 요한계시록으로부터 나왔다.

- "할렐루야! 전능하신 주 하나님이 다스리신다 / 이 세상 나라는 우리 주와 그의 그리스도의 나라가 되고 그가 영원토록 다스리신다 / 왕의 왕! 또 주의 주! 할렐루야!"(계 11:15; 17:14; 19:6, 16)
- "죽임 당하신 어린 양, 그 피로 우리를 구속하셨으니, 능력과 부와 지혜와 힘과 존귀와 영광과 찬송을 받으시기에 합당하도다 / 찬

---

18. 마지막 줄(Which wert, and art, and evermore shalt be)은 가끔씩 현대 영어로 바뀌 "Who was, and is, and evermore shall be"로 쓰기도 한다.

19. 1700-1773. 영국의 부호요 예술 애호가였다―역주.

송과 존귀와 영광과 능력을 보좌에 앉으신 이와 어린 양께 영원히 영원히 / 아멘"(계 5:12-14).[20]

첫 번째 승리의 합창은 모두 3부로 이루어진 "메시아"의 2부 마지막 곡이요, 두 번째는 이 오라토리오 전체를 맺는 곡이다.

　미국의 가장 유명한 합창곡 중 하나는 매우 아름다운 "주 예수여, 속히 오소서"E'en So Lord Jesus, Quickly Come, 1953다. 루터교회의 유명한 음악가인 폴 만츠Paul Manz, 1919-2009와 그의 아내 루스는 어린 아들이 심히 아파 병상에 누웠을 때 요한계시록의 여러 본문, 특히 22장 본문을 가져다가 이 곡을 썼다(그 아들은 나중에 회복했다). 이 찬송은 본문과 음악을 깊은 감동과 함께 아름답게 조화시켜놓았는데, 이는 요한계시록 해석에 적절한 도입부가 되어준다(1:4-5; 4:8; 22:5, 7, 12, 20을 보라).

　주 예수여, 속히 오소서
　그의 평강과 은혜가 너희에게 있을지니
　그가 우리를 우리 죄에서 자유케 하시고,
　그가 우리를 사랑하사 우리를 구원하러
　당신의 보혈을 흘리셨다네.

　거룩하다 거룩하다 우리 주를 노래하라.
　주는 곧 전능하신 하나님.

---

20. "죽임 당하신 어린 양" 뒤에 나오는 "아멘"은 사실상 별개의 합창곡이다.

어제도 이제도 앞으로 영원히 계시도다.
거룩하다 거룩하다 우리 주를 노래하라.

하늘에 있는 모든 이들이여, 기뻐하라.
땅에 있는 너희 성도들이여, 기뻐하라.
그리스도가 오시리라, 그가 속히 오시리라.
그리스도가 속히 오시리라!

주 예수여, 속히 오소서.
그리스도가 그들의 전부가 되시리니,
이제 어둔 밤은 더 이상 없으리라.
빛도 등불도 해도 필요 없으리라.

요한계시록이 영감을 준 음악은 이처럼 거룩한 전통 음악만이 아니다. 우리 시대의 몇몇 기독교 예술가들은 요한계시록을 가져다가 곡을 썼다. 아마도 가장 유명한 것이 마이클 스미스[Michael W. Smith 21]가 만든 "하나님의 어린 양"[Agnus Dei, 1990 22]일 것이다. 이 곡의 뿌리는 헨델의 "메시아"에 있는 합창들에 영감을 준 요한계시록의 바로 그 본문들이다. 이 곡에는 "전능하신 주 하나님, 당신은 거룩하시나이다"[Holy are you, Lord God almighty]와 "죽임 당하신 어린 양은…합당하도다"[Worthy is the Lamb]가 들어

<hr />

21. 1957-. 미국의 유명한 CCM 음악가다—역주.
22. 우리나라에는 "알렐루야 알렐루야"로 소개되어 있다—역주.

있다. 아울러 브렌튼 브라운Brenton Brown과 글렌 로버트슨Glenn Robertson이 만든 유명한 초청곡 "목마른 자들아"All Who Are Thirsty, 1998 역시 요한계시록 (22:17, 20)에게 신세를 지고 있다. 이 곡은 "목마른 자들아, 연약한 자들 아, 샘으로 나아오라"All who are thirsty, all who are weak / Come to the fountain 로 시작하며, "오소서, 주 예수여, 오소서"를 몇 차례 되풀이한다.

음악가들만이 아니라 다수의 시각 예술가들도 요한계시록으로부 터 영감을 얻어 작품을 만들어냈다. 피오레의 요아힘Joachim of Fiore, 1135?- 1202이 그린 머리가 여럿 달린 기이한 짐승으로부터 시작하여 요한계시 록의 핵심 장면들을 세세한 목판화 시리즈로 표현한 알브레히트 뒤러 Albrecht Dürer, 1471-1528, 윌리엄 블레이크William Blake, 1757-1827가 생생히 묘사한 컬러 이미지들, 1950년대 만화가인 배절 울버튼Basil Wolverton, 1909-1978과 우리 시대의 화가로서 블레이크 풍의 그림을 그리는 패트 마벤코 스미 스Pat Marvenko Smith 같은 현대 예술가들이 근래에 그려낸 비슷한 장면들에 이르기까지 많은 시각 예술 작품이 있다.[23]

어쩌면 이 음악가들과 시각 예술가들은 목사요 신학자인 유진 피터 슨Eugene Peterson이 하는 말에 공감할 것이다. 영성에 중점을 둔 그의 요한 계시록 주석 『묵시: 현실을 새롭게 하는 영성』Reversed Thunder(IVP 역간)은, 시詩처럼 감성을 파고들어 상상력을 불러일으키고 영혼을 하나님께 인 도하는 요한계시록의 힘에 초점을 맞추었다. 피터슨은 그와 다른 사람

---

23. 울버튼의 작품은 〈http://www.hollywoodjesus.com/wolverton01.htm〉을, 스미스의 작품 은 〈http://www.revelationillustrated.com〉을 보라. 아울러 요한계시록과 관련된 수백 가 지 이미지를 보려면, 〈http://www.biblical-art.com〉과 〈http://www.textweek.com/art/ art.htm〉을 보라.

알브레히트 뒤러의 "하나님과 장로들 앞에 선 요한"(1497-1498년경 작품)

들이 "둔하여 성령의 바람을 느끼지 못하고 귀가 어두워 하늘에서 울려 퍼지는 하나님의 영광을 듣지 못하는" 상태에 있음을 탄식한 뒤, 이렇게 묻는다.

우리 눈을 열어 그리스도의 언약이 우리를 푹 담가주신 구속의 풍성한 삶을 보게 할 수 있는 환상이 없는가? 우리를 깨워 우리 아래에, 우리 주위에, 우리 위에 있는 은혜의 세밀한 부분들, 평강의 심오한 구석들, 되풀이되면서도 되풀이할 수 없는 사랑의 사례들을 일러줄 수 있는 나팔이 없는가? 내가 보기에, 그리고 많은 사람들이 보기에 그 일을 해낸 것이 바로 요한계시록이다.[24]

마찬가지로 신약 신학자인 고 브루스 메츠거는 요한계시록이 "무엇보다 우리 **상상력**—자유분방한 상상력이 아니라 훈련된 상상력—에 호소하는 [성경의] 유일무이한 책"이라고 써놓았다.[25] 사실 리처드 헤이스[Richard Hays]가 본디 바울을 염두에 두고 한 말을 요한계시록에 적용해도 될 것 같다. 그의 표현을 빌리면, 성경의 마지막 책은 "우리 상상력의 회개"conversion of our imaginations를 다룬 책이다.[26] 요한계시록의 의도는 "그리스도인의 상상력을 정결케 하고 새롭게 하려는 것이다."[27]

---

24. Peterson, *Reversed Thunder*, xi.
25. Metzger, *Breaking the Code*, 11. 상상에 관한 것은 Rowland, "The Book of Revelation," 503-513도 함께 보라.
26. 내가 여기서 언급하는 것은 Hays, *The Conversion of the Imagination*이다.
27. Bauckham, *Theology*, 159.

요한계시록이 가진 예전(예배)과 미학의 차원뿐 아니라, 그것이 본디 가진 정치적 성격도 갖가지 상상력을 뜨겁게 자극했다. 우선 기괴한 상상—교황과 정치인과 다른 이들을 적그리스도와 동일시하는 예—과 위험한 상상이 있다. 이 위험한 상상은 가이아나에서 심지가 얕은 사람들을 미혹하여 잘못된 길로 인도한 짐 존스[28] 같은 사이비 메시아들이나, 요한계시록을 특이하게 읽어낸 결과로부터 영향을 받아 미국이 중동에서 펼칠 대외정책을 짜는 정치인들에게서 찾아볼 수 있다.

반면 요한계시록을 읽고 영감을 받아 남아프리카와 남미와 LA 남부 등지에서 사로잡힌 자들에게 자유를 찾아주고 억눌린 자들에게 정의를 찾아주고자 애쓴 이들이 있다. 요한계시록이 이렇게 영감을 불어넣을 수 있는 능력을 가지는 이유는 뭘까? 그 이유는 예전과 시詩(아니 신학시theopoetry[29]라 말하는 게 더 낫겠다)의 성격을 지닌 이 기독교 정경의 결론이, 정치적(이 역시도 '신정적'神政的, theopolitic이라고 말하는 것이 더 낫겠다) 성격도 갖고 있기 때문이다. 요한계시록은 우리가 하나님과 다른 사람들 그리고 세상과 관련하여 어떤 인식을 가지고 어떻게 살아가야 하는가를 놓고 펼치는 생각을 바꿔놓을 수 있다.

나는 요한계시록이 "신약 성경에서 가장 훌륭한 문학 작품 가운데 하나이자 초기 기독교가 거둔 가장 위대한 신학적 업적 가운데 하나"[30]

---

28. 사이비종교인 "인민사원"의 교주로 1978년에 남미 가이아나에서 집단자살극을 주도한 장본인이다—역주.
29. 저자는 요한계시록이 하나님과 세계와 선악에 관한 진리를 시 같은 언어로 표현했다 하여 이 말을 쓴다. 신학을 담은 시라는 뜻으로 '신학시'라 번역했다—역주.
30. Bauckham, *Theology*, 22.

라는 확신을 품고 쓴 이 책을 통해, 앞에서 말한 상상력의 회개가 어떻게 일어날 수 있는지 보여주려 한다. 요한계시록이 우리에게 생각하고 실천하도록 요청하는 것은, 이 책에서 시민 종교를 거부하는 참된 예배와 증언이라고 지칭하는 것, 즉 어린 양(그리스도)을 따라 새 창조로 나아가는 것이다.

1. 요한계시록에 대한 부정적 반응들 중에 심각한 경우가 있었다면 이야기해보세요.

   요한계시록이 그렇게 심각한 느낌들을 불러일으키는 이유는 무엇일까요?

2. 요한계시록이 여러 세기에 걸쳐 음악과 시각 예술에 그토록 많은 영감을 불어넣어

   주었던 이유는 무엇일까요?

3. 여러분이 요한계시록이 "신약 성경에서 가장 훌륭한 문학 작품 가운데 하나이자 초

   기 기독교가 거둔 가장 위대한 신학적 업적 가운데 하나"라고 믿게 된다면, 그 이유

   는 무엇일까요?

2장 우리는 무엇을 읽고 있는가?

요한계시록의 형식
What Are We Reading? The Form of Revelation

우리는 이번 장과 다음 장에서 요한계시록이라는 책의 문학적 성격을 살펴보겠다. 우리가 요한계시록을 읽는다 할 때 우리는 무엇을 읽고 있는 것인가? 나는 이번 장의 초점을 묘사하는 말로 "형식"form을 골랐으며, 다음 장의 초점을 묘사하는 말로 "내용"substance을 골랐다. 그러나 이는 한 장章이 너무 길어지는 것을 피하려는 데 주목적이 있을 뿐, 형식과 내용은 사실상 서로 불가분의 관계다.

내용과 형식의 문제

우리가 영화 제작자로서 요한계시록 본문을 영화 대본으로 골랐다고 생각해보자. 그렇다면 우리는 영화의 제목을 정해야 한다. 요한계시록을 다룬 수많은 책들 가운데 몇몇의 제목과 부제는 우리에게 아이디어를 제공해줄 수 있다. 성경학자들과 신학자들이 쓴 작품(제목 옆에 *를 붙여놓았다)과 일반 저자들이 쓴 작품의 제목들을 다음과 같이 정리해

보았다.[1]

많은 책들이 미래에 관한 요한계시록의 메시지(종말론)에 초점을 맞춘다. 『종말』*The End, Scott Hahn, 『요한계시록: 마지막 때 수수께끼들을 풀다』Revelation: Unlocking the Mysteries of the End Times, Bruce Bickel and Stan Jantz, 『요한계시록 그리고 만물의 종말』*Revelation and the End of All Things, Craig Koester, 『하나님의 장엄한 피날레』God's Grand Finale, Hilton Sutton, 『드러난 휴거: 요한계시록이 제시하는 소망의 메시지』*The Rapture Exposed: The Message of Hope in the Book of Revelation, Barbara Rossing, 그리고 『마지막 날들을 바라보는 산 소망』Living Hope for the End of Days, John MacArthur이 여기에 해당한다.

다른 제목들은 그리스도의 어떤 측면, 특별히 어린 양이신 그리스도(요한계시록의 핵심 이미지)나 그리스도의 다시 오심을 가리킨다. 『부활하신 그리스도를 말하는 책』*The Book of Risen Christ, Daniel Harrington, 『승리하신 그리스도』*The Victorious Christ, C. Freeman Sleeper, 『다시 오시는 왕』*The Returning King, Vern S. Poythress, 『존귀하신 어린 양』Worthy is the Lamb, Sam Gordon, 『어린 양의 능력』*The Power of the Lamb, Ward Ewing, 『사자인 어린 양』The Lamb who is the Lion, Gladys Hunt, 그리고 『요한계시록의 메시지, 곧 어린 양의 전쟁』The Message of the Book of Revelation, or The War of the Lamb, William John Dey이 여기에 해당한다.

그런가 하면 또 다른 제목들은 요한계시록에 나오는 종말론적이고 정치적인 갈등, 또는 그것과 이 시대 정치와의 연관성에 초점을 맞춘다. 『마지막 두 도시 이야기』The Final Tale of Two Cities, Paul Winkler, 『요한계시록: 묵시와 제국』*The Book of Revelation: Apocalypse and Empire, Leonard L. Thompson, 『제국

---

1. 책 이름만 한글로 번역하여 표기하고 저자 이름은 지면 사정상 한글로 표시하지 않았다—역주.

의 베일을 벗기다: 그 때와 지금의 요한계시록 읽기』*Unveiling Empire: Reading Revelation Then and Now, Wes Howard-Brook and Anthony Gwyther, 『요한계시록: 정의로운 세계를 꿈꾸다』*Revelation: Vision of a Just World, Elisabeth Schüssler Fiorenza, 그리고『위로와 저항: 한 남아프리카인의 눈으로 본 요한계시록』*Comfort and Protest: The Apocalypse from a South African Perspective, Allan Boesak 이 여기에 해당한다.

일부 제목들은 제자도에 초점을 맞추며, 때로는 정치와 연결되어 있다. 『요한계시록의 광시곡: 어린 양의 노래에 귀를 기울이다』*Revelation's Rhapsody: Listening to the Lyrics of the Lamb, Robert Lowery, 그리고『요한계시록과 충성: 요한계시록이 말하는 예배, 정치, 그리고 섬김』*Apocalypse and Allegiance: Worship, Politics, and Devotion in the Book of Revelation, J. Nelson Kraybill 이 여기에 해당한다.

또 다른 제목들은 다가올 위험 그리고 참회하라는 메시지를 분명하게 혹은 은연중에 부각한다. 『다가오는 밤을 피하라』*Escape the Coming Night, David Jeremiah (시리즈), 『레프트 비하인드』*Left Behind, Tim LaHaye and Jerry Jenkins (시리즈)가 여기에 해당한다.

몇몇 책들은 요한계시록이 제시하는 환상 같은 이미지들을 강조한다. 『제국의 광경: 괴물들, 순교자들, 그리고 요한계시록』*Spectacles of Empire: Monsters, Martyrs, and the Book of Revelation, Christopher A. Frilingos, 『용, 메뚜기, 그리고 개구리』*Dragons, Grasshoppers, and Frogs, Jerry L. Parks, 그리고『용을 사슬로 묶다』*The Chaining of the Dragon, Ralph Schreiber 가 여기에 해당한다.

마지막으로 몇몇 책의 제목은 요한계시록의 내용이 아니라 그 난해함을 암시한다. 『요한계시록을 풀다』*Unlocking the Book of Revelation, Perry Stone, 그리고『암호 풀기』*Breaking the Code, Bruce Metzger 가 여기에 해당한다.

이런 다양한 제목은 요한계시록의 내용과 관련하여 다음과 같은 몇 가지 진지한 질문을 불러일으킨다. 요한계시록은 이해할 수 있는 책인가? 요한계시록은 좋은 소식인가 나쁜 소식인가? 요한계시록이 주로 이야기하는 것은 그리스도인가 적그리스도인가? 요한계시록이 다루는 것은 과거인가 현재인가 미래인가? 요한계시록이 불어넣으려는 것은 두려움인가 믿음인가? 요한계시록이 주로 말하는 것은 심판인가 소망인가? 요한계시록은—과거, 현재, 혹은 미래의—특정한 악의 제국을 이야기하는가 아니면 보다 일반적인 의미에서의 악과 제국을 이야기하는가?

물론 이러한 "이것 아니면 저것"either-or 식 질문들은 너무 단순할 수도 있다. 또 그 대답이 번번이 "이것과 저것"both/and일 수도 있다. 그러나 요한계시록은 "이것과 저것"이라는 각각의 대답에서 어느 쪽을 강조하는가? 아니면 **우리는** 어느 쪽을 강조해야 하는가? 나도 어떤 날은 그리스도에 초점을 맞춰 "어린 양은 합당하시도다", 혹은 "어린 양이 주님이시다"라고 말하고 싶고, 또 어떤 날은 제자도에 초점을 맞춰 "어린 양의 백성, 어린 양의 능력"이나 "제국을 떠난 삶"을 이야기하고픈 마음이 든다.

또 하나 흥미로운 시각은 그리스도에 비추어 신학의 차원 혹은 아예 신정神政의 차원을 강조하는 것이다. 이 시각에 따르면 "신적 권능의 재건"이나 "하나님의 정치"라는 제목이 가능할 것이다. "수여식"The Commencement도 어느 정도 호소력이 있으며(요컨대 수여식은 늘 끝과 시작을 함께 나타낸다), "하나님이 이기신다"God Wins도 적절할 수 있다. 내가 말하려는 요지는 첫째, 요한계시록을 다룬 책의 제목을 어찌할 것인가 하는 문제에 대한 이 많은 답들 가운데 많은 수가 요한계시록을 소위 종말을 상세히 예고한 책 정도로 본다는 것이다. 둘째, 요한계시록은 여러

층으로 이루어진 의미를 지닌 풍성하고 깊이 있는 텍스트라는 것이다.

사실 내가 요한계시록의 제목 후보들 가운데 가장 선호하는 것은 이 책의 두 번째 부제인 "어린 양을 따라 새 창조로 나아가다"이다. 나는 이 부제를 통해 요한계시록이 근본적으로 그리스도와 예배와 제자도를 다룬 책이요, 이 세상에 주는 마지막 소망을 다룬 책이라는 내 확신을 표현하려고 했다. 그러나 이것은 (근본주의적인) 거짓 종교 및 왜곡된 충성과 대비되는 것이다. 따라서 이 책의 첫 번째 부제인 "시민 종교를 거부하는uncivil 참된 예배와 증언"은 언어유희인 셈이다.[2] 요한계시록은 시민 종교를 거부한다는 점에서 "시민답지 않다." 거부하는 시민 종교가 1세기 것이든 21세기 것이든 상관없이 말이다.

따라서 이것 아니면 저것의 문제로 돌아간다면, 요한계시록은 (주로) 하나님의 어린 양이신 그리스도―그는 하나님 보좌에 함께 앉아계신 분이요 과거와 현재와 미래를 푸는 열쇠이시다―를 전하는 좋은 소식이요, 그러기에 심지어 악이 그치지 않고 제국이 폭압을 일삼는 와중에도 영원한 소망으로 우리를 인도하는 굳건한 신실함을 다룬 책이다.

그러나 이것이 요한계시록의 내용이라면, 그런 내용을 담아내는 그릇은 무엇일까? 요한계시록은 어떤 종류의 문학인가? 영화 제작자가 던지는 질문으로 돌아가서, 요한계시록을 영화로 만들면 어떤 종류의 영화가 만들어질까? 다큐멘터리일까, 아니면 판타지 영화나 SF 영화일까? 그 중간쯤 되는 영화일까? 어쩌면 두 가지 성격을 다 가진 영화일

---

2. 영어 부제인 "Uncivil Worship and Witness"는 "시민답지 않은 예배와 증언" 쯤으로 번역해야 이 부제가 언어유희인 점이 잘 드러나겠지만, 저자가 uncivil이 "시민 종교를 거부하는"이라는 뜻임을 따로 밝혔기 때문에 저자의 논지를 표현하는 쪽으로 번역한 것이다―역주.

수도 있다! 이것은 한번 다뤄볼 만한 중요한 문제다.

요한계시록의 장르(들)

"요한계시록은 어떤 종류의 책인가?"라고 묻는다면 "성경에 들어 있는 책"이라는 대답은 분명하게 할 수 있다. 그러나 이 대답으로는 충분하지 않다. 성경에는 다양한 유형의 책이 있고, 우리는 이 다양한 유형(장르)을 서로 다른 방법으로 읽고 해석하기 때문이다. 이 원리는 보통 다른 책을 읽을 때도 똑같이 적용된다. 로마 제국의 역사를 다룬 학술서를 읽으면서 SF 판타지처럼 읽는다면 우리는 바보가 되고 말 것이다. 성경도 마찬가지다. 예를 들어 우리는 시편의 시들을 사도행전의 내러티브를 다룰 때와 똑같은 방법으로 해석하지 않으며, 갖가지 수사가 사용되는 바울 서신의 논증을 해석할 때와 같은 방법으로 사도행전을 해석하지 않는다.

장르라는 문제는 어떤 글을 해석할 때든 올바른 해석을 위해 절대적으로 중요하지만, 특히나 요한계시록 같은 작품에서는 더욱 그러하다. 우리가 이 문제에서 심각한 잘못을 저지르면 본문을 크게 오해할 수 있다. 하지만 우리가 이 문제를 올바로 인식하면 적어도 가장 심각한 잘못은 저지르지 않을 것이며, 어찌 되었든 올바른 방향으로 나아갈 것이다.

요한계시록의 장르를 결정하기가 어려운 이유는 이 책이 여러 다른 문학 양식의 특징을 모두 가진 것처럼 보이기 때문이다. 다시 말해 요한계시록은 여러 유형이 뒤섞인 **혼성** 문서 hybrid document처럼 보인다. 요한계시록의 몇 가지 특징이 모두 방금 말한 주장을 확증해주지만, 그 본문 자체도 이 점을 우리에게 상당히 분명하게 일러준다는 것은 좋은 소식이다. 요한계시록이 아주 많은 테마들(이 많은 테마들은 위에서 말한 책 제목들이 보여준다)과 해석들을 낳는 이유들 가운데 하나는 이 책이 혼성 문학 작품의 성격을 가졌기 때문이다.

대다수 학자는 요한계시록이 묵시이자 예언이며 서신이라는 데 동의하면서, "회람 서신의 성격을 가진 묵시 예언"이라고 말한다.[3] 동시에 요한계시록은 예전(혹은 예배 혹은 신학시)적인 텍스트이자 정치(혹은 신정)적인 텍스트로 보인다. 유진 피터슨은 요한계시록이 정치성을 띤 작품이라고 주석하면서 이렇게 주장한다. "예수 그리스도의 복음은 여느 사람들이 상상하는 것보다 더 정치성을 띠고 있지만, 그렇게 생각하는 사람은 아무도 없다."[4]

성경의 이 마지막 책을 보면, 이처럼 서로 연관된 다섯 가지 차원이 처음과 끝에 모두 나타난다. 우리는 이번 장과 다음 장에서 이 다섯 유형의 본문을 하나씩 차례로 살펴볼 것이다. 이 본문들이 모두 합쳐져 요한계시록이라는 하나의 혼성 책을 이룬다. 이번 장에서는 보다 전통적인 분류 방식을 따라 묵시와 예언과 서신이라는 형식에 초점을 맞춰보겠다. "내용"이라는 제목을 단 다음 장에서는 요한계시록이 가진 예전과 신정 차원에 초점을 맞춰보겠다. 하지만 그 경우에도 중복은 피할 수 없을 것이다. 우리는 지금 여러 문서가 아니라, 성경 속의 한 책으로서 통일성을 지닌 책을 다루고 있기 때문이다.

---

3. Bauckham, *Theology*, 2.
4. Peterson, *Reversed Thunder*, 117.

묵시

앞서 언급했듯이, 요한계시록 헬라어 본문의 첫 단어는 "베일을 벗음" 내지 "나타냄"(계시)이라는 뜻을 가진 아포칼립시스*apokalypsis*(묵시)다. 본문은 이 본문 자체를 "예수 그리스도의 계시"라고 밝힌다. 이는 그리스도에 관한 계시라는 의미일 수도 있고, 그리스도로부터 나온 계시라는 의미일 수도 있으며, 두 가지 의미를 다 가졌을 수도 있다. 요한계시록은 이 말을 문학 장르를 지칭하는 전문 의미로 사용하지 않는다. 그러나 성경과 고대 문헌을 공부하는 사람들은 "묵시"라는 말을 그리스도가 오시기 전후 몇 세기 동안 유대교 신자들과 그리스도인들 사이에 널리 퍼져 있었던 기록 유형을 가리키는 말로 사용한다. "묵시"라는 말은 요한계시록과 같은 종류의 문학 작품이 표현하는 세계관을 가리키는 형용사나 명사로 사용할 수 있다.

30여 년 전, 성경학자인 존 콜린스*John Collins*는 묵시라는 것을 다음과 같은 유명한 말로 정의했다.

묵시는 내러티브 틀을 가진 계시 문학의 한 장르다. 다른 세계에 있는 존재는 이 묵시를 통해 사람인 수신자에게 계시를 전달하고 초월적인 현실을 알려준다. 그 현실은 종말에 있을 구원을 보여준다는 점에서 시간성을 지니며, 초자연 세계인 또 다른 세계와 관련되어 있다는 점에서 공간성을 지닌다.[5]

---

5. Collins, "Introduction: Towards the Morphology of a Genre," 9.

묵시는 환상, 이 세상이 아닌 저 세상으로의 여행, 그리고 하늘의 책을 본 이야기 등과 같은 다양한 하위 형태로 등장한다.

성경에서 묵시 문학의 중요한 예로 또 들 수 있는 것이 다니엘 7-12장과 마가복음 13장(평행을 이루는 본문은 마태복음 24장과 누가복음 21장)이다.[6] 이 본문은 종종 "작은 계시록"으로 부르기도 한다. 성경 밖의 묵시 문학 작품에는 에녹1서(기원전 3세기부터 기원후 1세기까지 몇몇 묵시들을 모아놓은 작품)와 에스라4서(기원후 1세기 작품으로 요한계시록과 평행을 이루는 본문이 많다[7]) 같은 유대교 작품, 그리고 "베드로묵시록"과 "헤르마스의 목자"(둘 다 기원후 2세기 초 작품일 가능성이 높다) 같은 기독교 작품이 있다. 정경이 완성되기 전에는, 심지어 초기 그리스도인 중에도 기독교권에서 나온 이 두 묵시 작품 가운데 어느 하나를 성경에 포함시켜야 한다고 생각한 이들이 일부 있었다.

어떤 성경학자들은 묵시 문학을 "새로운 관용어로 전한 예언"prophecy in a new idiom이라 불렀다.[8] 묵시는 예언과 여러 가지 유사점을 갖고 있지만, 관용어는 사실 아주 독특하다. 학자들은 묵시 신학과 묵시 문학의 기원을 놓고 논쟁을 벌이지만, 이런 신학과 문학의 기본 기능은 아주 분명해 보인다. 특히 악과 억압이 횡행하는 위기의 시대에 하나님 백성을 지탱해주는 것이 바로 묵시 신학과 묵시 문학의 기능이다. 묵시 문학은 억압을 일삼는 자들을 가차 없이 비판하고, 이들에게 저항할 것

---

6. 아울러 이사야 24-27장, 에스겔 38-39장, 스가랴 9-14장을 보라.
7. Howard-Brook and Gwyther, *Unveiling Revelation*, 80에 있는 표, 그리고 Rowland, "The Book of Revelation," 524-528을 보라.
8. 가령 Russell, *Method and Message*, 92.

을 열심히 권면하며(때로는 맞서 싸울 준비를 하라고 권면하기까지 한다), 하나님이 결국에는 현존하는 악을 격파하시리라는 것을 굳건히 신뢰하라고 권면함으로써 소망을 표현함과 동시에 소망을 만들어낸다. 묵시 문학은 보통 이런 소망을 상징 언어, 혹은 심지어 신비한 언어를 사용하여 상세히 표현하는데, 이런 소망은 묵시가 곧 저항 언어이자 저항 문학임을 의미한다. 리처드 호슬리Richard Horsley[9]는 이렇게 주장한다. "그들[유대 묵시 문헌 저자들]은 세상 종말을 고대하지 않고 제국의 종말을 고대했다. 그들은 사람들이 예상한 우주 용해(우주가 녹아 없어짐)라는 그늘에 살지 않고 이 땅이 새롭게 되어 인간 사회의 삶이 새로워질 수 있기를 고대했다."[10]

묵시 문학은 하나님과 하늘과 지옥처럼 우리 눈에 보이지 않으나 현존하는 실재들과, 심판과 구원 같이 우리가 알지 못하나 미래에 있을 실재들에 관한 진리를 계시함으로써 방금 말한 소망과 저항을 가능하게 해주었다. 따라서 묵시는 현재와 관련된 수직 내지 공간 계시일 수 있고, 혹은 미래와 관련된 수평 내지 시간 계시일 수도 있다. 때로는 요한계시록처럼 묵시가 두 성격을 다 가질 때도 있다. 성경 마지막 책을 보면, 하늘에 있는 하나님과 그리스도와 신자들과 순교자들을 본 환상들(공간, 수직)이 다가오는 핍박과 심판 그리고 새 하늘과 새 땅에서 이

---

9. 호슬리는 미국의 신약 학자이며 보스턴 매사추세츠 대학교 석좌 교수다―역주.

10. Horsley, *Revolt of the Scribes*, 207(참고 18, 여기서 그는 묵시 문헌이 "제국의 통치에 반대하는 선언"이라고 말한다). 아울러 Wright, *The New Testament and the People of God*, 288을 보라(여기서 그는 묵시 문학을 "억압받는 그룹이 체제를 뒤집어엎는 문학"이라고 말한다).

루어진 구원을 본 환상들(시간, 수평)과 뒤섞여 있다. 묵시에는 가끔씩 하늘과 지옥 속으로 들어가거나 이곳들을 구경한 사연이 들어 있다. 예를 들어 요한계시록에는 보는 자the seer가 들림을 받아 하늘 속으로 들어간다(4:1). 이어지는 장들은 "마치 여행기 같다."[11]

묵시 문학은 묵시 신학을 표현한다. 이런 신학의 핵심에는 **우주** 이원론cosmic dualism이 자리해 있다. 우주 안에는 서로 대립하는 두 세력이 활동하며, 하나는 악한 세력이요(보통 사탄과 그를 따르는 마귀들이다), 다른 하나는 선한 세력이다(보통 하나님과 천사들이다). 이런 우주 이원론이 실제 삶속에서 드러난 것이 이 땅에서 선과 악이 벌이는 투쟁이다. 이 투쟁은 더 나아가 하나님 혹은 빛의 자녀들이 사탄 혹은 어둠의 자녀들과 벌이는 투쟁이라는 **역사** 이원론historical dualism을 낳았다. 이렇게 우주와 역사 속에서 실제로 투쟁이 벌어지고 있다는 것은 모든 사람이 이쪽 아니면 저쪽을 택해야 한다는 것을 의미한다. 즉 모든 사람은 선과 하나님 쪽을 택하든지 아니면 악과 사탄 쪽을 택해야 한다. 우리는 이것에 **윤리** 이원론ethical dualism이라는 이름표를 붙일 수 있겠다.

묵시 신학에는 또 다른 종류의 이원론이 들어 있는데, 그것이 바로 **시간** 이원론temporal dualism이다. 이 이원론은 역사를 두 시대로 나누어 이 시대와 오는 시대로 구분한다. 현세를 규정하는 특징은 악과 불의와 억압과 핍박이다. 반면 오는 시대는 선과 정의와 평화의 시대가 될 것이다. 이 두 시대는 서로 극과 극이다. 또 이 시대는 사탄과 악의 세력이 완전히 판을 치고 있다. 때문에 묵시 신학은 **비관론**을 드러낸다. 이 시

---

11. Wall, *Revelation*, 13.

대의 위기에 인간이 내놓은 해결책에는 소망이 없다. 오직 하나님이 개입하셔야 만사를 바로잡을 수 있다. 사실 하나님이 그리하실 것이다! 따라서 묵시 신학의 비관론은 그것으로 끝이 아니다. 이 비관론은 **낙관론**에 길을 내준다. 이 낙관론은 인간의 행동에 근거한 낙관론이 아니라, 장차 하나님이 승리하시리라는 확신에 근거한 낙관론이다. 신학자인 더글러스 해링크Douglas Harink[12]는, 신약 성경이 종종 하나님이 그리스도 안에서 하시는 행위를 묵시 행위로 묘사한다고 우리에게 되새겨준다. 즉 이 묵시 행위는 우주의 여러 세력과 벌이는 최후 결전으로서 모든 사람과 모든 나라를 심판하는 행위이지만 동시에 모든 인류 그리고 더 나아가 온 우주를 해방시키는 "침공"invasion이다.[13]

유대교와 기독교 묵시 문헌을 보면, 하나님 그리고 우주와 역사와 윤리를 둘러싼 투쟁을 이런 식으로 생각하는 모습을 볼 수 있으며, 이런 생각을 종종 상징성이 아주 강한 언어와 생생한 이미지를 사용하여 묘사하곤 한다. 그러나 환상 같은 내용이 풍부한 것으로 따지면, 요한계시록이 묵시 문헌 가운데서도 단연 돋보인다. 미첼 레디쉬는 묵시 문헌인 요한계시록을 이렇게 이야기한다.

[요한계시록은] 환상과 상징과 고대 신화를 사용하여 그가 전하려는 메시지를 전달한다. 이 책 언어는 주로 시각 언어요 상징 언어다. 이 책 언어는 **과학 언어나 논리 언어가 아니다.** 오히려 그 언어는 뭔가를 일깨

---

12. 캐나다 에드먼턴에 있는 킹스 전문대학 교수다—역주.
13. Harink, *Paul among the Postliberals*, 68.

워주고, 힘차고, 감동을 자아내는 언어이며, 때로는 **산문이라기보다 시에 더 가깝다.** 시어^{詩語}가 그렇듯이 요한계시록의 언어도 가끔은 신비롭고 손에 쥐기가 힘들다. 따라서 요한계시록의 언어는 읽는 이들로 하여금 전에는 상상도 못했던 연결을 해보게 하고, 전에는 볼 수 없었던 가능성을 탐색하게 한다. 요한계시록 언어가 "살아 움직이는" 것은 **정보를 전달해주기 때문이 아니라,** 독자가 요한이 체험한 것을 체험하게 도와주기 때문이다.[14]

묵시를 보는 자들은 표현이 거의 불가능한 것을 표현하려고 할 때, 동물, 색깔, 숫자, 그리고 일상에서 만나는 다른 것들에 뭔가를 상징하는 가치를 입힌다. 요한계시록에서 가장 자주 등장하는 가장 중요한 상징 요소들 가운데에는 특정한 색깔과 숫자가 있다.[15] 색깔은 형용사라기보다 이미지처럼 기능할 때가 더 많고, 숫자는 숫자라기보다 형용사처럼 기능할 때가 더 많다.[16] 다음 표는 학자들이 요한계시록에 등장하는 중요한 색깔과 숫자에 종종 부여하는 가치를 요약해본 것이다.

---

14. Reddish, *Revelation*, 29(강조는 덧붙인 것이다).
15. 요한계시록에서는 뭔가를 계수한 경우가 75번이 넘는다. 계산임이 명백한 경우 외에도, 핵심 단어들, 문구들(가령, "전능하신 주 하나님"), 그리고 다른 항목들(가령 축복)이 4회, 7회, 12회 혹은 14회 나타난다. Beale, *Revelation*, 58-64을 보라.
16. 나는 내 학생이요 회계사인 브라이언 맥러플린(Brian McLoughlin) 덕분에 후자의 통찰을 얻었다.

요한계시록이 상징으로 제시하는 색깔과 숫자

색깔/숫자	분명히 상징하는 의미	본문의 예
흰색	승리, 부활, 순결/정결, 하늘/신성	인자의 머리털(1:14), 신자들과 순교자들과 장로들의 옷(3:4-5, 18; 6:11; 7:9, 13-14; 19:14), 심판의 말(6:2), 그리스도와 그의 군대들이 탄 말(19:11, 14), 하나님 보좌(20:11)
붉은색	피, 폭력	심판의 말(6:4), 말을 탄 자의 흉갑(호심경, 9:17), 용(12:3)
자주색 (진홍색, 붉은색과 비슷함)	퇴폐, 제국과 황제의 악	짐승(진홍; 17:3), 큰 창기/도시의 옷=바벨론(자주, 진홍; 17:3-4; 18:16), 상인들이 큰 창기/바벨론에게 판 상품(자주, 진홍; 18:12)
검은색	죽음, 재앙	심판의 말(6:5), 태양(6:12)
청황색	죽음	심판의 말(6:8)
금색	썩지 않는 부, 아름다움, 왕권, 즉 현실의 신 혹은 거짓 신	촛대(1:12, 20; 2:1), 인자의 띠와 천사들의 띠(1:13; 15:6), 그리스도가 교회에 주시는 것(3:18), 장로들이 쓴 관(4:4), 향이 든 대접과 향로=기도(5:8; 8:3), 진노가 든 대접(15:7), 메뚜기가 쓴 관(9:7), 하늘 제단(9:13), 우상(9:20), 인자의 관(14:14), 큰 창기의 보석과 잔(17:4; 18:16), 새 예루살렘을 재는 자(21:15), 새 예루살렘과 그 거리들(21:18, 21)

$\frac{1}{3}$, $\frac{1}{2}$	제한된 시야 혹은 시간	고요함(8:1), 파괴(8:7-12; 9:15, 18; 12:4)
3	구별된 그룹, 신 혹은 거짓 신	천사들(8:13), 역병(9:18), 성이 갈라짐(16:19), 이제도 계시고 전에도 계셨고 장차 오실 이(1:4), 은혜의 근원이신 삼위일체(1:4-5), 용+두 짐승(12-13장), 이들로부터 나온 더러운 영들(16:13)
$3\frac{1}{2}$	제한된 시간(충만함[=7]의 절반)	3년 반=42개월=1,260일, 거룩한 성이 짓밟히고 두 증인이 예언하는 기간(11:2-3), 증인들이 죽었다가 부활할 때까지 날들(11:9, 11), 여자가 광야에서 양육하는 햇수(12:6, 14), 그리고 짐승이 신성모독을 저지르는 햇수(13:5)
4	보편성, 특히 피조 세계 안의 보편성	하늘에 있는 생물들(4:6-8; 5:6, 8, 14; 6:1, 6-7; 7:11; 14:3; 15:7; 19:4), 말들(6:1-8), 천사들, 땅의 사방, 바람(7:1-2; 9:15; 20:8)
6	불완전함, 거짓 신(충만함[=7]이 없음)	짐승의 수 = 666(13:18)
7	충만함, 완전함	하나님의 영들(3:1; 4:5; 5:6), 인자의 손에 있는 별들=교회의 천사들(1:16; 2:1; 3:1), 교회들/촛대들(1:4, 11-12, 20; 2:1), 인(印)들, 천사들과 나팔들, 심판의 대접들(5:1, 5; 6:1; 8:2, 6; 15:1, 6-8; 16:1, 17:1; 21:9), 어린 양의 뿔과 눈(5:6), 우레들(10:3-4), 용의 머리들과 왕관들(12:3), 짐승의 머리들(13:1; 17:3, 7), 머

		리들 = 산들, 왕들(17:9)
12 (그리고 그 배수인 24, 144)	(충족된) 하나님 백성, 하 나님이 택하신 족속들 그리 고/또는 사도들, 하나님의 현존, 즉 우주적 충만	12: 여자가 쓴 별들의 관(12:1), 진주 문들, 천사들, 지파들을 새긴 것들, 기 초들, 새 예루살렘에 있는 사도들의 이 름들(21:12, 14, 21), 생명나무 열매들의 종류(22:2) 24: 하늘에 있는 보좌들과 장로들(4:4, 10; 5:8; 11:16; 19:4) 144: 인을 받은 144,000(7:4)과 어린 양 과 함께 있는 신실한 144,000(14:1, 3)
1,000과 그 배수들	배수로 표현한 큰 숫자들로 서 고차원 상징을 나타내는 것들	하늘에 있는 많은 천사들(5:11), 인을 받은 144,000(7:4), 각 지파에서 12,000 명씩 12개 지파에서 나온 이들(7:5-8), 지진 때 숨진 7,000(11:13), 어린 양과 함께 있는 신실한 144,000(14:1, 3), 그 리스도가 신실한 자들과 함께 통치하 시는 천년 동안 결박당한 용(20:2-7)

일부 학자들은 요한계시록에 나온 이미지들을 상징과 과장과 판타
지로 가득한 정치 풍자만화에 비유했다.[17] 이 이미지들은 고화질의 3D
스크린에 총천연색으로 생생하게 나타난다. 요한계시록은 "공상과학
소설이나 쓸법한 관용어를 사용하여 인간의 표현 능력을 넘어서는 사
건들을 묘사한다."[18] 요한계시록의 환상들은 "요한의 독자들이 살아가

---

17. 가령 Beasley-Murray, *Revelation*, 16-17을 보라.
18. Mangina, *Revelation*, 25.

는 세계를 공간과 시간 면에서 (즉 공간은 하늘로, 그리고 시간은 종말론이 말하는 미래로) 넓혀주며, 그들이 살아가는 세계를 열어 하나님이 계신 초월 세계로 이어준다."[19]

이 모든 것이 함께 어우러져 마치 한 화면이 계속 이어지는 것 같은 모습을 만들어내면서, 하나님에 관한 깊은 확신과 더불어 선한 세력 및 악한 세력이 서로 싸우는 세계라는 무대에 관한 깊은 확신을 표현한다. 따라서 묵시 신학과 묵시 문학은 애초부터 신정神政이라는 본질을 띤다. 이 점은 다음 장에서 살펴보겠다. 요한계시록을 보면, 하나님과 어린 양이 사탄(12장에 나오는 용)과 벌이는 우주적 차원의 싸움이 이 땅에서는 어린 양이 구속해주신 하나님의 백성과 사탄의 대리인들, 곧 바다와 땅에서 나온 짐승들—이 짐승들은 십중팔구 황제와 황제 숭배를 독려하는 이들을 의미할 것이다—이 벌이는 싸움으로 나타난다.

상징 언어는 뭔가를 일깨워주며 풍부한 의미를 표현한다. 상징 언어는 신문新聞이 쓰는 언어가 아니라 시가 쓰는 언어다. 그러나 이런 상징은 비록 초월성을 지녔더라도 실제로 존재하는 대상을 가리킨다. 때문에 우리는 상징 언어를 "문자에 충실한 비문자주의"非文字主義, literal non-literalism라 부른다.[20] "상징들이 만들어내는 세계는 허구가 아니다. 그것은 문자와 딱 들어맞진 않아도 실존하는 세계다."[21] 나아가 데이비드 오니David Aune[22]

---

19. Bauckham, *Theology*, 7.
20. Wall, *Revelation*, 15에서 콜린스가 한 말을 인용한 것이라고 밝힌다(인용 출처는 밝히지 않음).
21. Wall, *Revelation*, 16.
22. 미국의 신약 신학자이며 노트르담 대학교 교수다—역주.

는 이렇게 말한다. "묵시 문학의 특별한 장점은 특수한 역사 상황을 투쟁과 승리, 고난과 변호를 뜻하는 고대의 상징을 사용하여 새로운 열쇠로 바꿔놓음으로써 특수한 역사 상황의 혹독한 현실을 보편 상황으로 만들 수 있는 능력을 가졌다는 것이다. 따라서 바다에서 나온 짐승(계 13장)은 로마를—아니 로마보다 더 많은 것을—상징한다."[23]

　　대다수 서구 사람들(혹은 북반구에 사는 대다수 사람들)은 물론이요 많은 그리스도인들조차도, 이제는 더 이상 눈에 보이는 세력과 싸움을 눈에 보이지 않는 우주의 세력과 싸움에 조응시키는 묵시적 우주 속에서 활동하지 않는다. 하지만 세계의 다른 쪽에 사는 그리스도인들은 요한계시록이 말하는 체험과 훨씬 더 비슷한 방식으로 삶을 체험하며, 서구 사람들/북반구 사람들은 이런 그리스도인들로부터 뭔가 배울 수 있을지도 모른다. 예를 들어 미국에 사는 나이지리아 출신 성경 신학자인 제임스 오코예James Chukwuma Okoye에 따르면 "아프리카 사람들이 요한계시록에 매력을 느끼는 이유는 요한계시록의 근본 세계관이 아프리카의 세계관과 비슷하다는 사실 때문이다."[24] 더욱이 요한계시록의 묵시 신학은 권세와 예배와 소망을 이야기하는데, 이는 모두 아프리카인의 삶에서 근간을 이루는 요소들이다. 아프리카 사람들은 예배로, 특히 요한계시록에 나오는 것과 같은 찬송을 부름으로 요한계시록의 "세계 안에 들어가 하나님이 이 신비로운 전쟁에서 거두신 승리를 송축한다."[25]

　　요한계시록을 묵시 문학으로 이해하는 것은 요한계시록이 우주적

---

23. Aune, "Revelation," 1188.

24. Okoye, "Power and Worship," 120.

25. Ibid., 121.

차원에서 반영해주고 이야기하는 현실 세계 상황을 이해하려고 노력하는 우리에게 용기를 불어넣어줄 것이다. 아울러 그렇게 이해한다는 것은 우리가 상징을 "문자 그대로" 받아들이지 않도록, 즉 실제 같은 청황색 말이나 머리가 여럿인 짐승이나 천년이라는 기간을 곧이곧대로 받아들이지 않도록 권면한다. **이것들은 모두 상징이지만, 그렇다고 이것들이 가리키는 실체들의 현실성이 줄어들지는 않는다.** 사실 요한계시록을 문자 그대로 해석한다는 사람들조차 요한계시록의 상징을 상징으로 여기면서도, 메뚜기는 헬리콥터요 뿔이 열 개 달린 짐승은 다시 뭉친 로마 제국인 유럽 연합을 가리킨다는 식으로 해석한다.

홀륭한 정치 풍자만화나 시처럼, 묵시도 하나님의 백성이 체험하거나 소망할 수 있는 가장 심오한 실재들을 다룰 수 있는 상상력에 호소한다. 피터슨은 이렇게 말한다.

묵시적 상상apocalyptic imagination이 하는 일은 지금 우리 삶속에서 이루어지고 있는 일들을 우리에게 보여주는 이미지를 제공하는 것이다. 솔 벨로우Saul Bellow[26]가 쓴 어느 소설에 등장하는 한 인물은 이렇게 말한다. "우리 주변에 신비한 힘이 있다면, 오로지 과장만이 우리가 그것을 볼 수 있게 도와줄 수 있습니다. 우리는 모두 세상을 만든—세상을 바라보면 알 수 있는—힘이 있고, 세상을 파괴하는 다른 힘이 있음을 느낍니다."…플래너리 오코너Flannery O'Conner[27]는 그가 쓴 이야기책 속에 나오는 기괴한 인

---

26. 1915-2005. 캐나다에서 태어난 미국 작가다. 1976년에 노벨 문학상을 받았다—역주.
27. 1925-1964. 미국의 여류 소설가요 수필가다—역주.

2장 우리는 무엇을 읽고 있는가? 요한계시록의 형식

67

물들을 창조한 이유를 묻는 질문에 거의 앞을 못 보는 사람들을 생각하면 아주 크고 단순한 캐리커처를 그릴 수밖에 없다고 대답했다.[28]

피터슨은 이와 관련하여 또 다른 작가인 웬델 베리Wendell Berry [29]의 다음과 같은 말도 인용한다. "상상은 우리가 하나님의 심상으로 들어가는 길로서 우리가 흩어져 있다고 생각하는 것을 전체로—전체이자 거룩한 것으로—보게 해주고 우리가 무질서하다고 생각하는 것을 질서로 보게 해준다."[30]

하지만 우리가 보는 자 요한John the Seer을 진지하게 살펴보면, 그는 지금 단지 상상에서 나온 묵시를 쓰고 있는 게 아니다. 그는 지금, 하나님이 성경 속 선지자들에게 보여주시고(가령 에스겔 37장에 나오는 에스겔과 마른 뼈로 가득한 골짜기 이야기) 베드로와 같은 초기 교회 지도자들에게 보여주신 것처럼(사도행전 10장), 하나님이 그에게 보여주신 것과 들려주신 것을 기록하고 있다. 그는 다른 사람들이 보지 못한 것을 보았다. 실로 그는 현재 우주의 실상이 어떠하며 장차 이 우주가 어찌 될 것인지 알려주는 진리Truth—눈에 보이지 않는 미래를 알려주는 진리—를 보았다. 그가 본 것을 기록해놓은 보고報告는 구약 신학자인 엘렌 데이비스Ellen Davis가 선지자들이 하는 일로 묘사한 바로 그 일을 한다. 데이비스는 선지자들이 "우리 눈을 더 밝혀줌'visual enhancement 으로써 우리의

---

28. Peterson, *Reversed Thunder*, 145-146.
29. 1934-. 미국 소설가요 시인이며 수필가로서 농촌 생활을 다룬 작품들을 썼다—역주.
30. Wendell Berry, *Standing by Words*(San Francisco: North Point, 1983), 90, Peterson, *Reversed Thunder*, xii에서 재인용.

빈약한 신앙적 심상(상상)을 이끌어주고 역사 속의 이 순간을 하나님의 시각으로 볼 수 있게 해준다"고 말한다.[31] 또 피터슨은 "우리를 깨우는 힘은 요한계시록을 가장 분명하게 활용하는 것"이라고 말한다.[32]

요한계시록은 묵시로서, 감추려하지 않고 드러내려 한다. 동시에 성경의 예언들처럼, "사색을 통해 **앞일을 미리 내다봄**speculative foresight이 아니라, 신학적인 관점에서 **속에 숨어 있는 것을 꿰뚫어 봄**theological insight을 그 목표로 삼는다."[33] 선지자들과 보는 자 요한이 비슷한 이유는 요한 자신이 선지자였기 때문이다.

예언

요한계시록은 다섯 번에 걸쳐 자신을 예언의 책이라고 부른다(1:3; 22:7, 10, 18, 19). 아울러 요한계시록은 요한이 하는 행동을 예언이라고 규정한다(10:11; 19:10; 22:6, 9). 많은 사람들은 요한계시록이 "세상이 어떻게 끝날 것인가"를 분명하고 상세하게 일러주기보다 미리 일러준 것이기에 예언적 책이라고 생각한다. 요한계시록에 접근하는 방법으로 가장 인기가 좋은 세대주의는 이런 생각을 만들어내고 또 이런 생각에 힘을 실어준다. 세대주의는 19세기에 시작한 신학 운동으로서 역사를 여러 세대 혹은 여러 시대로 나누고 각 세대마다 하나님이 사람들을 각기 다른 방법으로 다루신다고 주장한다. 세대주의는 종말론에 휴거 교리, 곧 그리스도가 재림하시기 전에 참 신자들이 하늘로 들림을 받는

---

31. Davis, *Scripture, Culture, and Agriculture*, 10.
32. Peterson, *Reversed Thunder*, xii.
33. Schnelle, *Theology of the New Testament*, 752.

다는 교리를 포함시킨다. 그러나 19세기 이전만 해도 기독교는 이런 가르침을 알지 못했다.[34]

대중에게 세대주의를 널리 퍼뜨린 것은 스코필드 주석 성경*Scofield Reference Bible*과 홀 린지가 쓴 작품들(예를 들어 『대 유성 지구의 종말』), 그리고 근자에 팀 라헤이와 제리 젠킨스가 시리즈로 펴내서 영화화되기도 한 『레프트 비하인드』 같은 베스트셀러 자료들이다. 이들은 요한계시록이 역사 속에서 일어난 사건들의 흐름을 문자 그대로, 그리고 일직선 모양으로 묘사했다고 해석한다.[35] 세대주의 성향의 독자들은 요한계시록이 그리스도 부활(1장), 사도들로부터 오늘날까지 이어지는 교회 시대(2-3장), 참 교회가 역사로부터 벗어나 땅으로부터 들림을 받음(4:1), 하늘에 있는 교회(4-5장에서 시작), 땅에 임한 7년 대환난(6-18장), 그리스도의 재림, 그리스도가 문자 그대로 천년을 통치하심, 그리고 마지막 심판(19-20장), 그리고 영원한 새 하늘과 새 땅(21-22장)을 묘사한다고 본다.

그러나 성경의 전통을 살펴보면, 예언은 오로지 미래에 있을 일만 천명하거나 미리 이야기하는 것이 아니다. 아니, 예언은 그런 것을 천명하고 미리 이야기하는 것을 아예 주된 내용으로 삼지도 않는다. 오히려 예언은 하나님을 대신하여 구체적 역사 상황 속에서 살아가는 하나님의 백성을 위로하거나 그들에게 도전을 던지는 말을 이야기한다. 구약 선지자들은 때로 환상을 체험하는 상황 가운데 하나님께 부르심을

---

34. 아래에서 보겠지만, 이와 상당히 비슷하게 요한계시록에 접근하는 방법들—휴거라는 개념이 없는 접근법—을 초기 해석자들과 중세 해석자들 속에서도 발견할 수 있다.
35. 이 책들과 영화들 외에 〈www.leftbehind.com〉을 보라.

받았다(이사야 6장과 에스겔 1장을 보라). 하나님이 이들을 부르신 목적은 하나님이 그들에게 주신 메시지를 선포하게 하시는 것이었다. 이런 메시지는 여러 가지 계시의 형식을 띠고 있어서 나중에 글로 기록되었지만, 때로는 환상으로 주어질 때도 있었고, 종종 시어(詩語)나 상징 언어로 주어질 때도 있었다. 그 형식이 무엇이든, 이런 메시지는 심판(그 메시지를 듣는 이들이나 이들을 억압하는 자들에게 임할 심판)이나 구원을 전했다. 사실은 양자를 다 전하는 것이 보통이었다.

이와 비슷하게 묵시를 전하는 선지자인 요한도 주의 날에 체험한 환상(1:9-20) 중에 그가 본 것을 기록하라는 사명을 받았다. 요한은 자신이 옛적에 바벨론에 포로로 잡혀갔던 에스겔처럼 선지자 역할을 할 사람으로 이미 부르심을 받았다고 생각했던 것 같다(계 10:8-11; 참고. 겔 2:9-3:3). 새 바벨론(로마) 관원들은 분명 요한의 신실한 증언을 문제 삼아 그를 밧모섬에 유배했다(1:9). 그는 선지자들이 볼 법한 환상들을 보도록 허락받았지만 이 환상들을 말로 선포할 수는 없었다. 그러나 그는 그 환상들을 글로 기록할 수는 있었다. (그리고 글로 기록해야 했다!) 그가 기록한 내용 중에는 성경의 선지자들에게 신세 진 것이 많다. 그는 분명 선지자들이 쓴 글에 푹 잠겨 있었다. 요한이 특별히 묵시 이미지들을 사용하는 환상들을 담고 있거나 또 그런 이미지들을 통해 하나님의 심판을 이야기하는 선지자들의 글에 유별나게 끌린 것은 놀라운 일이 아니다. 요한이 좋아하는 선지서 중에는 이사야서, 에스겔서, 스가랴서, 예레미야서, 요엘서, 그리고 준(準)선지서인 다니엘서가 있는데(그러나 다니엘서는 전문 용어로 표현하면 묵시 문헌이다), 그는 이 책들을 매우 자주 언급한다. 또 요한은 시편도 좋아한다. 요한은 맥락에 민감

한 감성과 영감이 넘치는 창조성을 발휘하여 성경이 언급하는 수백 가지 말을 선지자가 본 새롭고 일관된 환상으로 엮어낸다.[36]

요한계시록은 성경 전통에서 말하는 예언을 담은 말씀이다. 때문에 우리는 요한계시록의 주된 목적이 그때와 지금의 하나님 백성에게 위로와 도전이 담긴 말씀을 주는 것이지, 미래 일을 예언한다든지 심지어 그런 일을 아주 세세하게 이야기하는 것이 주된 목적이 아님을 이해하며 명심할 필요가 있다. 즉 미래를 보여주는 환상은 그 자체가 목적이 아니라 단지—경고하고 위로하는 데 사용하는—수단일 뿐이다.

선지자들은 위기 때 하나님의 백성을 위로한다. 위기에 빠진 백성에겐, 비록 보이는 것들은 하나같이 다 그렇게 보이지 않더라도, 하나님은 하나님이시며 그 하나님이 언젠가는 모든 악과 억압에 마침표를 찍으실 것이라는 확신이 필요하기 때문이다. 그런가 하면 선지자들은 하나님의 백성에게 다가오는 심판을 경고한다. 이 백성이 악에 동참하거나 동참하려는 유혹을 받을 수 있기 때문이다. 사람들을 억압하는 체제와 이 체제를 따라 행하는 자들은 장차 그 악으로 말미암아 심판을 받을 것이다. 사실 요한계시록에는 요한이 그가 서신을 써 보낸 교회에

---

36. 요한계시록이 성경 구절을 언급한 횟수는, 어떻게 그리고 무엇을 계수하느냐에 따라, 200회부터 1,000회까지 천차만별이다. 메츠거는 요한계시록에 있는 404개 구절 중 278개 구절이 한 번 혹은 그보다 더 많이 구약 구절을 언급하는 말을 담고 있다고 주장한다(*Breaking the Code*, 13). 윌슨은 성경 및 성경 밖의 문헌과 평행을 이루는 곳 및 언급한 곳을 일목요연하게 알 수 있는 구절 대 구절 대조표를 만들었다(Wilson, *Charts*, 25-30). 요한은 구약을 사용할 때, 개별 구절, 큰 본문 단락, 주제, 사람들, 장소들 등을 사용한다. 이런 점에서 요한계시록은 철저하게 다른 텍스트와 소통하는 기록이요, 성경(과 다른 문헌)이 언급하는 말들을 모자이크해놓은 것이다. 특히 Bauckham, *Climax of Prophecy*, 60-128과 Beale, *John's Use of the Old Testament*를 보라.

속한 일부 사람들이 여러 가지 우상 숭배와 부도덕한 일에 가담하고 있는 것으로 여겼음을 보여주는 분명한 증거가 있다. 우상 숭배는 하나님께 저지르는 죄들을 널리 포괄하는 개념이요, 부도덕은 이웃에게 저지르는 죄들을 널리 포괄하는 개념으로서 악한 인간 세력들이 저지르는 것이었다. "우상 숭배를 떠나라! 부도덕을 떠나라!"[37] 이것이 구약과 신약의 선지자들이 줄기차게 전한 근본 메시지 중 하나였다. 이 메시지를 요한계시록이 쓴 말로 표현하면, "거기서 나오라"(18:4)라고 말할 수 있겠다.

이전에 요한계시록을 연구한 학자들은 요한계시록이 엄청난 핍박을 당하는 사람들에게 쓰인 것이라고 주장하면서, 이 핍박 뒤에는 십중팔구 도미티아누스 황제[38]나 아시아 속주를 다스리던 황제의 대리인들이 있었을 것이라고 보았다. 상황이 그렇다면, 예언은 대부분 미래에 구원이 있으리라는 약속에 초점을 맞추곤 한다. 그러나 요 근래 학자들은 요한계시록을 기록했을 가능성이 높은 시기(1세기 말. 아래 논의를 보라)에 광범위한 핍박이, 특히 관官이 주도하는 핍박이 있었다는 증거가 있는지 의문을 제기했다.

아울러 학자들은 마땅히 가져야 할 신실함에 미치지 못하는 교회가 일부 있었다는 증거를 강조했다. 그 결과, 이 시대에 요한계시록을 연구하는 대다수의 학자들은 요한계시록이 위로하는 말씀뿐 아니라 도

---

37. 예를 들어 출애굽기 32장의 황금 송아지 내러티브와 고린도전서 6:18과 10:14에 있는 바울의 권면들이 그렇다.

38. 51-96. 로마 황제로서 공포 정치를 실시했고 이 때문에 결국 수많은 적들에게 미움을 받아 살해당했다—역주.

전을 던지는 말씀도 담고 있는 예언이라고 믿는다. 즉 요한계시록은 예언으로서 십중팔구 동화(同和)에 반대하는, 혹은 순응에 반대하는 문학으로 이해해야 한다는 것이다. 이런 의미에서 보면 요한계시록은 저항 문학이기도 하다. 즉 "로마 권력 시스템을 선지자가 비판하듯 철저하게 비판한 것"이자 "로마 제국 초기의 정치 저항 문학 가운데 가장 강력한 것"이다.[39] 물론 이런 성격 규정은 요한계시록이 가진 묵시 및 신정(神政)의 성격과 겹친다. 하지만 이 새로운 시각이 핍박이 전혀 일어나지 않았음을 의미하는 것은 아니다.[40] 앞으로 살펴보겠지만, 사실 요한계시록을 쓰게 한 동기는 순응 여부와 핍박 사이에 존재하는 복잡한 관계다.

요한계시록을 "저항 문학"이라 부름은 적절하다. 요한계시록이 예언적 글로서 가지는 주된 목적 가운데 하나는 그때와 지금의 교회에게 이미 하나님이 심판하셨으며 또 장차 종말을 맞이할 체제의 요구나 관행에 순응하지 말 것을 되새겨주는 것이다. 그러나 요한계시록은 단지 무언가에 저항하는 기록만이 아니다. 성경의 모든 예언처럼 요한계시록도 유일하고 참되신 하나님을 진정으로 예배하라고 권면한다. 이런 참된 예배는 비단 형식을 갖춘 예전뿐 아니라 신실한 삶으로, 하나님

---

39. Bauckham, *Theology*, 38. 쉬넬레는 "보는 자가 강력한 윤리, 곧 **저항과 인내의 윤리**를 전개하고 있다. 이 윤리는 대세를 이루는 문화에 기회주의자처럼 순응하는 것을 철저히 배제한다"고 말한다(Schnelle, *Theology of the New Testament*, 764[우도 쉬넬레는 독일 신약 신학자이며 할레-비텐베르크 대학교 교수다—역주]). 심지어 디실바는 요한계시록을 "1세기의 (후기) 식민지 저항 문학의 표본"(a specimen of first-century [post]colonial resistance literature)이라고까지 부른다(deSilva, *Seeing Things John's Way*, 321[David deSilva는 미국 신약 신학자이며 애쉬랜드 신학대학원 신약학 교수다—역주]).
40. 요한이 적어놓은 "핍박이라는 맥락을 과소평가하는 것은 큰 실수다"(Witherington, *Revelation*, 101).

외에는 다른 신이 없음을 보여주는 실천으로 표현하는 예배를 말한다. 이를 더 긍정조의 말로 표현해보면, 요한계시록은 첫 번째 계명을 신실히 지키라는 권면이요,[41] 말과 행동으로 신실히 증언하라는 요구다.[42] 다시 말해, 저항 문학이라는 요한계시록의 성격은 실상은 예배 문학이요 예전 문헌이라는 요한계시록의 근본 성격보다 한 단계 아래요, 이 근본 성격에서 파생한 성격이다. 다음 장에서는 요한계시록의 이 두 측면을 다시 살펴보겠다.

회람 목회 서신

보존되어 있는 것만 놓고 볼 때, 초창기 그리스도인이 남긴 예언 기록은 초기 그리스도인 지도자들이 그리스도인 공동체를 형성할 목적으로 쓴 서신 형태로 우리에게 다가온다. 예를 들어 바울은 고린도전서 15장에서 부활을 다루는데, 일부 학자들은 이를 바울이 남긴 예언—사람들을 위로하고 이들에게 도전을 던지고자 어느 특정한 회중에게 쓴 영감된 말—의 한 예라고 본다. 이와 비슷하게, 묵시적 경향을 보여주는 데살로니가전서 4-5장의 평행 본문들도 예언의 두 기능을, 즉 복음에 비추어 신자들을 위로하고(살전 4:13-18) 또 신자들에게 도전을 던지는(살전 5:1-11) 기능을 드러낸 본문일 수 있다. 고린도전서 본문과 데살로니가전서 본문은 모두 서신서 안에 분명히 보존되어 있다.

요한이 선포하고 싶어 하는 묵시적 예언을 구성하는 요한계시록이

---

41. Talbert, *The Apocalypse*, 11을 보라.
42. "요한계시록은 철두철미하게 윤리를 지향하는 기록이다"(Schnelle, *Theology of the New Testament*, 762).

우리를 위해 기록해놓은 환상들과 들은 것들 역시 목회 서신이라는 형태로 우리에게 다가온다. 이 서신의 수신자는 로마의 아시아 속주(소아시아, 곧 오늘날 터키 서부 지방)에 있는 일곱 교회로서 에베소, 서머나, 버가모, 두아디라, 사데, 빌라델비아, 라오디게아(1:4, 11) 교회다. 요한계시록은 이 책이 실제로는 계시임을 선언하는 말로 시작한 뒤(1:1-2), "이 예언의 말"을 읽고 지키는 자들을 축복하고(1:3), 고대의 서신들이 따르던 양식으로 옮겨간다. 그러고 나서 요한은 마침내 바울과 신약 성경의 다른 서신 저자들을 떠올리게 하는 문체로 글을 써간다.

요한은 아시아에 있는 일곱 교회에 편지하노니, 이제도 계시고 전에도 계셨고 장차 오실 이와 그의 보좌 앞에 있는 일곱 영들로부터, 또 신실한 증인이요 죽은 자들 가운데서 먼저 나신 분이요 땅의 왕들의 통치자이신 예수 그리스도로부터 은혜와 평강이 너희에게 있을지어다. 우리를 사랑하사 그의 피로 우리를 우리 죄에서 해방시켜주시고 우리를 나라와 그의 하나님 아버지를 섬기는 제사장들로 삼으신 그에게 영광과 능력이 세세토록 있을지어다. 보라! 그가 구름을 타고 오시리라. 모든 눈이 그를 보리니 심지어 그를 찌른 자도 보리라. 그로 말미암아 땅의 모든 족속이 애곡哀哭하리라. 그러하리라. 아멘. "나는 알파와 오메가라." 주 하나님, 곧 이제도 계시고 전에도 계셨고 장차 오실 전능한 이가 말씀하시니라(1:4-8).

요한도 골로새 사람들과 에베소 사람들에게 서신을 보냈던 다른 사도처럼 순수하게 서신 형식만을 따를 수는 없었던 것 같다. 그가 재빠르게 예배라는 영역으로 들어가, 먼저 송영頌榮을 짓고(어쩌면 이미 있는 송영을 되풀이한 것일 수도 있다)(1:5b-6), 이어 송영에 답하는 노래를 부른 다음(1:7), 하나님이 몸소 당신이 누구신가를 밝히는 말씀을 기록해놓았기 때문이다(1:8). 이는 하늘에서 하나님을 예배하는 광경을 묘사한 4장을 미리 보여준다. 이것은 평범한 서신이 아니라, 예전 서신 liturgical letter이다. 이 서신은 끝을 맺을 때도 비슷하게 마무리 짓는다. 우선 예언과 묵시와 예전 요소들을 기록한 다음(22:6-20), 서신의 마지막에 쓰는 것으로 우리가 다른 서신에서도 발견하는 축복을 써놓았는데(22:21), 이 축복 자체도 예전적인 성격을 갖고 있다.

하지만 1장에 기록해놓은 도시 이름들은 우리가 역사 속에, 세상의 구체적 실존 속에 흔들림 없이 닻을 내리게 한다(이런 점은 묵시에서는 상당히 드문 일이다). 1:11에 이어 2장과 3장이 열거하는 도시 순서는 에베소에서 시작하여 시계 반대 방향으로 돌아 라오디게아에서 끝나는 원 모양을 이룬다. 에베소가 출발점인 이유는 필시 그곳이 요한이 유배당하기 전에 그의 사역 거점이었기 때문이요/이거나 그곳이 밧모섬과 가장 가깝기 때문일 것이다. 요한은 이 일곱 교회에게, 그리고 이들을 위해 편지를 쓰며, 이를 통해 전 세계 교회에게, 그리고 전 세계 교회를 위해 편지를 쓴다.

그렇다면 다양한 얼굴을 가진 이런 문서들을 쓴 이 "요한"은 누구인가?

저자와 기록 연대

요한(1:1, 4, 9; 22:8이 밝힌 저자 이름)이 서신의 수신자인 공동체들, 곧 소아시아 서부 지역 교회들로부터 인정받은 교사요 지도자였음은 꽤 분명하다. 그는 자기 청중에게 그가 그들의 형제요, 하나님의 말씀을 선포하고 예수를 증언함으로 말미암아 그들 가운데 일부 사람들처럼 핍박을 받았다고 말한다(1:9). 그의 "죄"는 사람들 앞에서 예수를 증언하고 가르친 일이었을 가능성이 높다. 이런 일을 하다보면 당연히 신자들이 황제 숭배를 비롯하여 이방 잡신들을 섬기는 행위에 참여하지 못하게 막았을 것이기 때문이다(다음 장을 보라). 요한은 신실한 증언이라고 생각했겠지만, 다른 사람들은—처음에는 아마 요한의 지인들과 동역자들이 요한의 증언을 들었겠지만 나중에는 종교 업무와 정부 업무를 맡은 관원들이 그의 증언을 들었을 수 있다—요한의 증언을 신을 모독함으로써 정치 질서와 사회 체제에 위협을 가하는 것처럼 보았다. 요한은 아시아 서부 지역 교회 신자들이 설령 자기와 같은 희생을 치르는 한이 있더라도 자신이 친히 보인 모범을 따르기를 원했다.

아울러 요한은 자신을 영에 감동한 사람이요(22:6) 성령의 메시지를 받아 전달하는 사람으로 여기지만(2:7, 11 등), 위에서도 말했듯이 이것은 자신을 선지자라고 말하는 사람이 쓰는 언어이지, 요한은 자신을 사도라 부르지도 않고 또 자신이 이 땅에 계셨던 예수를 알았다고 시사하지도 않는다. 따라서 밧모섬의 요한은 세배대의 아들인 사도 요한과 동일인이 아닐 가능성이 아주 높다. 물론 많은 초기 그리스도인 저술가들은 두 사람을 그렇게 관련지어 보긴 했다(그러나 그렇게 연관시켜서 본 이유는 아직도 명확하지 않다).

우리가 요한복음을 요한 사도나 그를 따른 공동체, 혹은 다른 어떤 인물의 저작으로 본다 하더라도, 요한계시록의 저자는 십중팔구 요한복음의 저자와 동일인(들)이 아니다. 물론 요한복음과 요한계시록 사이에는 주제와 신학 면에서 몇 가지 유사점이 있다. 하지만 양자의 문체와 신학의 차이점이 더 두드러진다. (이것은 요 근래 나온 결론이 아니다. 양자의 차이점은 이미 3세기에 알렉산드리아의 디오니시우스도 인정했다.)

따라서 요한의 정확한 정체를 알기는 어렵다. 그러나 유진 피터슨은 어떤 의미에선 그의 정체가 분명하다고 올바르게 지적한다. 우리는 요한이 증인이요 선지자라고 밝혔는데, 피터슨은 더 나아가 그를 "하나님께 빠져 있고, 하나님께 사로잡혀 있으며, 하나님이 구별하신" 신학자요 시인이며 목회자라고 말한다.[43]

4세기 이후, 요한계시록 사본을 필사(筆寫)한 사람들은 이 책의 저자에게 "신학자"라는 이름표를 붙이기 시작했다. 그러면서 요한은 그런 이름표로 알려지거나 혹은 신성한 자 요한John the Divine(the Divine은 중세 영어에서 "신학자"를 가리키는 말)으로 알려졌다. 이 요한이 기독교 신학에 기여한 것이 무엇인가를 놓고 큰 논쟁이 있어왔지만, 그의 신학을 올바로 이해하면 이 신학이 실제로 심오하고 중요하다는 점이 분명하게 드러날 것이다.

사람들이 요한계시록 저자에게 붙인 또 다른 이름은 보는 자 요한John the Seer이다. 이 이름은 피터슨이 시인이라 부르는 사람에게 딱 어울

---

43. Peterson, *Reversed Thunder*, 1-10; 인용문은 3쪽에서 인용했다.

린다. 피터슨은 이렇게 써놓았다.

> 시인은 무언가를 설명하거나 무언가를 묘사하려고 말을 쓰는 게 아니라, 무언가를 만들어내려고 말을 쓴다. 시인*poētēs*은 "만드는 사람"을 뜻한다. 시는 객관성 있게 설명하는 언어가 아니라 심상을 담아낸 언어다. 시는 실체를 나타내는 이미지를 만들어내어 우리가 그 이미지에 참여하게 한다.[44]

대다수 학자들은 요한계시록의 저작 연대를 도미티아누스 황제(재위 81-96) 치세기 말쯤으로 본다. 몇몇 사람들은 조금 더 뒤로 보아 트라야누스 황제(재위 98-117) 치세기 초로 본다. 하지만 일부 사람들은 요한계시록 전체 혹은 지금의 요한계시록보다 더 짧고 더 먼저 나온 요한계시록 서본書本, version은 네로 황제 때(재위 54-68)에 나왔거나, 네로 황제 치세기 직후에 나왔다고 주장했다. 나는 예로부터 내려온 견해를 따라 도미티아누스 시대에 기록되었다고 보는 것이 가장 좋다고 생각한다. 교부인 리옹의 이레나이우스도 2세기 말에 그렇게 말했다. 많은 학자들이 (네로 치세기나 네로 치세기 직후를 저작 연대로 보기보다) 이 저작 연대를 지지하는 주된 이유 하나는 70년에 예루살렘이 로마에게 함락된 뒤에야 비로소 유대인들이, 그리고 나중에는 그리스도인들도 로마를 "바벨론"으로 부르기 시작한 것으로 보이기 때문이다. 더욱이 트

---

44. Ibid., 5(사실 헬라어로 "무언가를 만들다"라는 동사는 *poieō*[포이에오]이며, "무언가를 만드는 사람"은 *poiētēs*[포이에테스]다—역주).

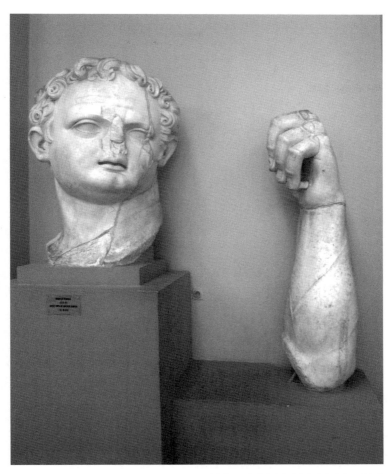

도미티아누스 황제 석상의 머리와 왼팔(에베소 박물관)

라야누스와 비두니아^{Bithynia} 총독인 플리니우스가 주고받은 유명한 서
신이 시사하는 게 맞다면, 트라야누스 시대에 소아시아 교회의 상황은
십중팔구 요한계시록이 묘사하는 상황과 달랐을 것이다. 따라서 요한
계시록 저작 연대는 도미티아누스 치세기 말로 보는 것이 가장 타당한

것 같다.

요약: 혼성 장르

우리는 이번 장에서 요한계시록에 "혼성 장르"라는 이름을 붙이는 것
이 적절함을 보았다. 요한계시록 자체가 처음 몇 구절에서 그렇게 정의
하기 때문이요, 요한계시록의 문학 특성이 그러하기 때문이다. 프랭크
마테라Frank Matera[45]는 요한계시록의 문학적인 특성을 이렇게 요약한다.

> 요한계시록은 묵시로서 "반드시 일어날" 일들을 계시한다(1:1). 요한계
> 시록은 예언으로서 하나님 말씀과 예수 그리스도를 **증언한다**(1:2). 요
> 한계시록은 서신으로서 로마의 아시아 속주에 있는 일곱 교회에게 **써**
> **보낸 것이다**(1:4).[46]

따라서 우리는 요한계시록을 이 세 가지—묵시, 예언, 서신—와 더 많
은 것들이 함께 섞인 작품으로 보고자 한다. 바로 이 작품이 시인이요
선지자요 환상을 본 자요 신학자인 요한이 우리에게 남겨준 것이다.

---

45. 가톨릭 사제요 신약 신학자이며 미국 가톨릭 대학교 신약학 교수다—역주.
46. Matera, *New Testament Theology*, 402.

1. 이번 장에 언급된 제목과 부제들 중에서, (이 책의 제목과 부제를 제외하면) 어느 것이 요한계시록의 내용을 가장 잘 요약한 것 같나요?

2. 여러분은 요한계시록을 바르게 해석하려면 요한계시록의 장르(들)를 알아야 한다고 생각하나요? 그렇다고 생각하거나 그렇지 않다고 생각한다면 그 이유는 무엇인가요?

3. 요한계시록을 묵시와 예언과 서신으로 이해하는 것이—그리고 이 셋이 함께 섞인 작품으로 보는 것이—우리의 요한계시록 해석에 어떤 영향을 미칠까요?

4. 여러분은 요한계시록이 정치 풍자만화와 비슷하다는 생각을 해본 적이 있나요? 아니면 시와 비슷하다고 생각해본 적 있나요? 요한계시록을 그렇게 이해하는 것이 요한계시록 해석에 끼칠 수 있는 영향은 무엇일까요?

3장 우리는 무엇을 읽고 있는가?

요한계시록의 내용

What Are We Reading? The Substance of Revelation

우리는 이번 장에서 긴밀한 연관이 있는 요한계시록의 두 가지 측면을 꼼꼼히 살펴보겠다. 그 두 가지는 요한계시록이 가진 예전禮典 차원과 신정神政 차원이다. 우리는 이것들을 고대의 초강대국을 비판하는 고전 텍스트의 구성 요소이자, 하나님이 오늘 우리에게, 특히 이 시대 세계 초강대국인 나라 안에, 혹은 그 나라 가까이 사는 이들에게 전하시는 살아 있고 운동력이 있는 말씀의 특징으로서 살펴보겠다.

여기에서는 먼저 2장을 맺을 때 했던 논의를 이어가고자 한다. 예배와 정치적 증언을 담은 이 말씀은 어떤 상황에서 기록되었는가?

상황: 제국과 시민 종교에 보인 반응(위기를 맞은 하나님의 정치에 보인 신학시적 반응)

소아시아 교회들, 그리고 이 교회 지도자들 가운데 하나이자 이 기록을 남긴 이 선지자 같은 사람에게는 무슨 일이 일어났는가? 우리는 다음과 같은 시나리오를 제시해볼 수 있다.

소아시아의 그리스도인들과 그리스도인 공동체들은 초기 그리스도인들의 기본 신앙고백인 "예수는 주"(롬 10:9)를 그들처럼 고백하지 않는 가족들, 친구들, 일터 동료들 그리고 관원들과 더불어 살았다. 이때 이 신자들은 다음과 같은 어려운 물음에 부닥쳤으며 이 물음에 대해 뭔가 결정을 내려야 했다. 이방 종교적인(유대교도 아니요 기독교도 아닌) 성격을 가진 사회 행위에 계속 참여해야 하는가? 이 행위에는 운동 경기와 수사修辭 경연을 관람하거나 거기에 참여하는 일, 이교 신전 경내에서 고기를 사고 먹는 일, 상거래 길드, 클럽, 개인 집안 행사에 드나드는 일, 이교도들의 만남과 술자리와 연회宴會에 드나드는 일 등 거의 모든 일들이 포함되었을 것이다. 이 그리스도인들은 이런 의문도 가졌을 것이다. "우리가 이교 신전에 가서 은행 일을 보거나 고기를 사야 하는가, 그리 해도 되는가? 황제는 자기 신전 경내에서 공공 행사를 열 때나 그를 드높이는 많은 행사에서 자기를 주권자로 인정하라고 요구하는데, 그 요구를 따라 황제를 주권자로 인정해야 하는가?"

일부 신자들은 그런 행위에 계속 참여했지만, 참여하지 않는 이들도 있었다. 참여하지 않는 이들은 심각한 사회 갈등을 만들어냈다. 이교도 불신자들—즉 그런 행위에 참여하지 않은 이들이 살고 있던 도시의 대다수 사람들—은 그런 행위에 참여하지 않는 이들이 예수를 주라고 고백하면서 그리스-로마에서 보통 이루어지던 종교, 사회, 정치 활동과 담을 쌓은 것을 애국심이 없고 신을 섬기지 않는 행위로 보았다. 이 때문에 어떤 사람들은 비공식 석상에서 괴롭힘을 당했고, 어떤 이들은 동업자에게 따돌림 받기 십상이었으며, 정부 관원에게 조사를 받은 이들도 있었다. 적어도 그들 가운데 한 사람(요한)은 그가 한 행동 때문에 처벌을 받고 유배를 갔다. 그는 자기 체험이 다른 것과 별개가 아니라 증언과 핍박이라는 더 큰 사건의 일부였다고 말한다. 적어도 신실한 이들 가운데 한 사람, 즉 버가모의 안디바는 실제로 폭도 손에 혹은 공권력으로 말미암아 죽임을 당했다(2:13). 어쩌면 희생자는 더 있었을 것이다.

여러 지역에서 일어난 이런 다양한 형태의 핍박은 그리스도인 공동체에게 두려움을 불어넣었고, 60년대에 네로 황제가 저지른 박해를 다시 기억나게 해주었다.[1] 이 당연한 두려움 때문에 일부 공동체에서는 요한과 안디바가 당한 운명을 피하려고 이교 관습에 순응하는 이들이 늘어났다. 이 사람들은 "평지풍파를 일으키려" 하지 않았는데, 이는 이해할 수 있는 일이었다. 그러나 십중팔구 신을 섬기지도 않고 또 다른 사람들을 꼬드겨 신을 섬기지 못하게 한다는 죄목으로, 다시 말해 공중☆釆을 상대로 예수를 신실히 증언하고 예수처럼 증언했다는 죄목으로 (요한 자신은 그리 보았다) 유배를 갔을 가능성이 큰 요한은 이런 교회들에게 주시는 일련의 메시지를 받았다. 이 메시지들의 공통 요소는 타협하지 말고 신실함을 지킬 것을 요구하는 것이었다. "요한은 자신을 잇달아 나타났던 증인들 가운데 한 사람으로 본다."[2] 이 증인들은 첫 신실한 증인이신 예수에게서 시작하여 예수 및 요한과 같은 과거와 현재

---

1. 네로는 로마 대화재를 일으킨 죄를 그리스도인들에게 뒤집어씌운 뒤(64년), 많은 그리스도인을 고문하고 죽였으며, 심지어 일부 사람들은 산 채로 불태웠다. 몇몇 고대 기독교 자료는 베드로와 바울도 이렇게 죽임을 당한 자들 가운데 들어 있었다고 말한다.

2. Schnelle, *Theology of the New Testament*, 764.

와 미래의 모든 신실한 증인을 다 포함한다. 신실함을 지키라는 요한의 요구는 가까운 미래에 핍박이 늘어나리라는 현실 예측 때문에 물러졌지만, 그래도 이 핍박이 사라지고 뒤이어 나타날 새 하늘과 새 땅에 참여하리라는 확실한 소망이 그 요구를 든든히 지탱해주었다. 사실 새 하늘과 새 땅은 하나님이 자신의 백성뿐 아니라 온 우주를 생각하며 갖고 계신 계획의 완성이다. 하나님은 새 하늘과 새 땅을 성경의 선지자들을 통해 약속하셨고, 예수의 죽음과 높이 들림을 통해 보장하셨다. 새 하늘과 새 땅은 악하고 하나님을 모독하는 제국이 심판받고 제거되면 곧바로 임하게 되어 있다.

당시의 상황을 이렇게 바라본 시각이 중요한 것은 여러 가지 이유가 있는데, 특히 요한계시록 독자들이 가끔씩 로마 제국을 (그리고 어쩌면 로마 제국과 비슷한 이후의 제국들도) 교회를 핍박한다는 이유로 악한 나라, 당연히 맞서야 할 나라로 여긴다는 점 때문에 그런 시각이 중요하다. 그러나 리처드 보컴이 올바로 강조한 대로 "그리스도인들이 로마에 맞서야 하는 것은 단지 로마가 그리스도인들을 핍박하기 때문이 아니다. 오히려 그리스도인들이 핍박을 당할 수 있는 것은 이 그리스도인들이 로마 체제의 악에 순응하지 말아야 하기 때문이다."[3]

요한계시록의 예언이 비판하는 대상은 제국의 우상 숭배(시민 종교)와 불의(군사와 경제와 정치와 종교 쪽의 억압), 그리고 특히 로마의 우상 숭배와 불의다. 그러나 십중팔구 요한계시록은 국가의 조직적 핍박이나 대중이 그리스도인에게 광범위하게 자행하고 있는 부당한 대우

---

3. Bauckham, *Theology*, 38.

에 대한 반응이 아니다. 때문에 요한계시록은 "일상적인 제국",[4] 즉 매일 우리가 씨름하는 여러 악, 불의, 그릇된 충성에 대한 반응으로 읽어내는 것이 더 낫다. 요한계시록은 생각조차 하지 말아야 할 믿음, 신념, 관습을 당연한 것으로 받아들인 사람들을 강력하게 흔들어 깨우는 외침이다. 하워드-브룩[Howard-Brook]과 과더[Gwyther]는 요한이 제국을 믿고 자만에 취한 사람들에게 "위기를 만들어주려고" 요한계시록을 쓴 게 아니라고 주장한다. 오히려 "로마를 믿고 자만에 취해 있는 것이 위기였다."[5] 덧붙여 크레이그 쾨스터[Craig Koester][6]는 이렇게 말한다. "환상의 세계는 힘의 충돌을 특이한 형태로 묘사함으로써 일상의 삶 속에서 어린 양을 따르는 데 필요한 믿음과 저항을 일깨워준다."[7]

더욱이 요한계시록의 비판이 겨누는 과녁은 로마에 한정되지 않는다. "바벨론"은 로마를 의미하지만, 동시에 로마보다 더 많은 것을 의미한다. 사실 요한계시록이 로마를 염두에 두고 있다 할지라도, 이 요한계시록에 "로마"라는 말이 등장하지 않는다는 것은 중요한 의미가 있다. 이 말이 없다는 것은 곧 우리가 요한계시록을 1세기에만 의미가 있었던 책으로 보아서는 안 된다는 말이다. "바벨론의 모자가 들어맞는 사회는 어느 사회나 그 모자를 써야 한다."[8] 따라서 요한계시록은 역사를 관통하여 현재에 이르기까지 로마가 행한 것과 유사한 일체의 모든

---

4. Koester, "Revelation's Visionary Challenge"; Friesen, *Imperial Cults*, 150을 보라.

5. Howard-Brook and Gwyther, *Unveiling Empire*, 116.

6. 미국 신약 신학자이며, 루터 신학대학원 교수다—역주.

7. Koester, "Revelation's Visionary Challenge," 18.

8. Bauckham, *Theology*, 156.

우상 숭배와 불의를 비판의 대상으로 삼고 있다.

예전(禮典) 텍스트: 예배하고 제자의 길을 따르라는 요구

"예전", 혹은 사람들이 행하는 공公예배의식public service은 예배worship와 관련이 있다. "가치 있음"worth-ship 내지 합당함(귀중함, worthiness)을 의미하는 고대 영어에서 나온 말인 예배는, 하나님이 귀중하신 분이요 특별히 오직 하나님 한분만이 창조주이시며 구속주이심을 인정하는 것이라고 정의할 수 있다. 신약 성경에서 이것을 요한계시록만큼 시처럼 혹은 강력하게 표현한 책은 없다. 요한계시록을 보면, 창조주 하나님과 구속주 그리스도께 반드시 붙이는 말이 "당신은 **합당하십니다**"You are worthy(4:11; 5:9, 12)이다. 요한계시록에서 중심이 되고 또 중핵을 이루는 환상이 하나님과 어린 양을 본 환상, 특히 하나님과 어린 양을 **예배**하는 환상이다.

요한계시록은 첫 번째 계명을 신실히 지키라는 예언자의 요구로서, 참되신 하나님을 예배하라는 요구이자 거짓인 모든 신을 버리라는 요구다. 이 두 요소는 서로 연결되어 있으며, 둘 다 요한계시록 전체는 물론이요, 요한계시록 서두와 마지막에서 특히 두드러지게 나타난다. 미첼 레디쉬는 이렇게 써놓았다. "요한계시록에서 예배는 아주 중요하다. 이는 요한이 예배가 정치적 행위임을 올바로 이해했기 때문이다. 사람들은 예배를 통해 자신이 그 예배 대상에 충성을 바치고 헌신한다고 선언한다.…[공예배]는 교회가 다른 신들에게 절하지 않는다는 것을 온 세상에 선언하는 것이다."[9] 우도 쉬넬레도 같은 말을 들려준다.

예배 때, 신앙 공동체는 어린 양을 주로 섬기고, 자신을 주라 주장하는 바벨론/로마를 그 생각과 의지를 다해 거부하는 그의 새 정체성을 깨닫는다. 예배는 새로운 존재가 반복하여 활동하는 곳이자, 하나님을 대적하는 세력들에 맞서 저항하는 장소다. 예배는 듣고 보고 배우고 이해/통찰하는 곳이기도 했다. 예배 때 요한계시록을 낭독했기 때문이다.[10]

요한계시록에서 예전의 색깔이, 혹은 예배와 관련된 모습이 아주 두드러진 것은 이 책이 초기 기독교 찬송들로부터 나오고 천상의 음악일 가능성이 아주 높은 본문들을 풍부하게 공급해주기 때문이다. "[요한계시록] 본문에는 수많은 찬미와 예배 노래들로 표현해놓은, 신학시가 지닌theopoetic 에너지가 힘차게 고동친다."[11] 요한계시록이 이런 찬송 본문으로 제시해주는 것은 다음 여섯 가지다.

- 거룩, 거룩, 거룩, 전능자이신 주 하나님, 전에도 계셨고 이제도 계시고 장차 오실 분이시라.…우리 주 하나님, 당신은 영광과 존귀와 권능을 받으시기에 합당하오니, 이는 당신이 만물을 지으셨고, 당신의 뜻으로 말미암아 만물이 존재하고 지음을 받았기 때문입니다(4:8b, 11).

---

9. Reddish, *Revelation*, 104.
10. Schnelle, *Theology of the New Testament*, 767.
11. Hays, *Moral Vision*, 184.

- [어린 양이신 그리스도] 당신은 두루마리를 가지시고 그 봉인封印을 떼기에 합당하시니, 이는 당신이 죽임을 당하시고 당신의 피로 모든 족속과 언어와 백성과 나라에서 온 하나님의 성도들을 사서, 그들을 나라와 제사장들로 만드사 우리 하나님을 섬기게 하셨기 때문이니, 그들이 땅에서 다스릴 것입니다.…죽임을 당하신 어린 양은 능력과 부와 지혜와 힘과 존귀와 찬송을 받기에 합당하시도 다!(5:9-10, 12)
- 보좌에 앉으신 분과 어린 양에게 찬송과 존귀와 영광과 힘을 세세 무궁토록 돌릴지어다!(5:13b)
- 아멘! 찬송과 영광과 지혜와 감사와 존귀와 능력과 힘이 우리 하나님께 세세 무궁토록 있을지어다! 아멘(7:12).
- 주 하나님 전능하신 분이여, 지금도 계시고 이전에도 계신 분이여, 당신께 감사하오니, 이는 당신이 당신의 큰 힘을 취하여 다스리기 시작하셨기 때문이나이다. 나라들이 분노하나, 당신의 진노가 임하매 죽은 자들을 심판하시고, 당신 종들과 선지자들과 성도들과 작든 크든 당신 이름을 두려워하는 모든 이들에게 보상하시고, 땅을 파괴하는 자들을 파괴하실 때가 임하나이다(11:17-18).
- 주 하나님 전능하신 분이여, 당신이 하시는 일들이 크고 놀랍습니다! 만국의 왕이여, 당신의 길은 의롭고 참되나이다! 주여, 누가 당신 이름을 두려워하지 않으며 영광스럽게 하지 않겠습니까? 이는 오직 당신만이 거룩하시기 때문이나이다. 만국이 와서 당신 앞에서 예배하니, 이는 당신의 심판이 나타났기 때문이나이다

(15:3b-4, "하나님의 종 모세의 노래이자 어린 양의 노래"라 불리는 것).[12]

이 찬송들 외에도 송영(찬양) 본문들과 환호라 불리는 것들이 있다.

- 우리를 사랑하사 그의 피로 우리를 우리 죄에서 해방하시고 우리를 그의 하나님 아버지를 섬기는 나라와 제사장으로 만드신 분, 그에게 영광과 주권이 세세 무궁토록 있을지어다. 아멘(1:5b-6).
- 보라! 그가 구름을 타고 오시리라. 모든 눈이 그를 보리니 심지어 그를 찌른 자도 보리라. 그로 말미암아 땅의 모든 족속이 애곡하리라. 그러하리라. 아멘(1:7).
- 구원이 보좌에 앉으신 우리 하나님과 어린 양께 있다!(7:10)
- 세상 나라가 우리 주와 그의 메시아(그리스도)의 나라가 되리니, 그가 세세 무궁토록 다스리시리라(11:15).
- 이제 우리 하나님의 구원과 능력과 나라와 그의 메시아의 권세가 임하였으니, 우리 형제들을 참소하던 자, 곧 우리 형제들을 밤낮으로 우리 하나님 앞에서 참소하던 자가 쫓겨났다. 그러나 그들(우리 형제들)은 그(참소하던 자)를 어린 양의 피와 그들이 증언하던 말씀으로 정복했으니, 이는 그들이 죽음 앞에서도 생명에 집착하지 않았기 때문이다(12:10-12).
- 오 거룩하신 분, 이제도 계시고 전에도 계셨던 당신은 의로우

---

12. 이들 가운데 일부, 특히 삼성창(三聖唱, trisagion; "거룩하다"를 세 번 외침)과 모세/어린 양의 노래는 차례대로 구약의 찬송 본문에 신세를 지고 있다.

시니, 이는 당신이 이것들을 심판하셨기 때문입니다. 그들이 성
도들과 선지자들의 피를 흘렸으므로 당신이 그들에게 피를 주
어 마시게 하셨나이다. 그들은 그리해야 마땅합니다!…그렇습니
다, 오 주 하나님, 전능하신 이여, 당신의 심판은 참되고 의롭습니
다!(16:5b-7)

- 할렐루야! 구원과 영광과 능력이 우리 하나님께 있으니, 이는 그
의 심판이 참되고 의롭기 때문이라. 그는 그의 음행으로 땅을 더럽
힌 큰 창기를 심판하시고 당신 종들의 피를 그 창기에게 갚으셨도
다.…아멘. 할렐루야!…너희 모든 종들아, 작은 자든 큰 자든 그를
두려워하는 모든 자들아, 우리 하나님을 찬송하라!…할렐루야! 이
는 주 우리 하나님 전능하신 분이 다스리시기 때문이라(19:1b-8a).

- 아멘. 오시옵소서, 주 예수여!(22:20b)

아울러 요한계시록은 예전을 따라 축도와 마지막 아멘으로 끝을 맺는
다(22:21).

이 본문들은 모두 하나님께 영광을 돌리면서, 그분의 존재와 창조
와 통치와 구원과 심판을 송축한다. 또 이 본문들은 어린 양이신 그리
스도께 영광을 돌리면서, 구속을 이루신 그분의 죽음과 구원과 통치와
오심을 송축한다. 이 본문들은 시편 96-98편의 주제를 되울려주는데,
이 시편의 시들 역시 왕이신 주님의 승전적인 구원과 오심을 (새) 노래
로 찬미한다. 요한계시록 전체는 본디 시편에 있는 이 세 시를 토대로
한 묵시 변주곡이다. 요한계시록의 전체 메시지를 요약하면, 요한계시
록의 찬송 본문은 거짓 신들과 유력자들이 자신들의 것이라 내세우던

신의 자리와 주권과 권력과 영예를 되찾아와 이 모든 것을 오로지 하나님께 돌려드린다. 누가 뭐라 말하든, 카이사르^{Caesar 13}는 주도 아니요 하나님도 아니요 왕의 왕도 아니요 주의 주도 아니다. 하나님을 예배하는 노래들은 하나님과 그분이 행하시는 심판 및 구원을 일러주는 환상들을 보강하고 송축한다. 이 환상 속 예배는 사람들에게 신실함을 지키고 저항할 수 있는 힘을 불어넣어줄 수 있다.

따라서 요한계시록은 "환상과 기도의 융합체"다.[14] "요한계시록은 역사에 관한 묵시적 환상이라는 틀 안에서 하늘 예배의 실상을 보여줌으로써 이 땅의 사건들과 체험들을 새롭게 해석하여 제시한다."[15] 기도와 묵상도 중요하긴 하지만, 예전 텍스트인 요한계시록은 단순히 기도하고 묵상하라고 요구하는 책이 아니다. 요한계시록은 하늘에서 지금도 이어지는, 하나님께 드리는 예배에 동참하라는 요구인 동시에, 예배로 드려지는 거룩한 드라마를 펼쳐 보인 것이다. 그러므로 요한계시록은 하나님의 이야기, 그리고 하나님의 선교^{missio Dei}를 시작하라는 소환장이기도 하다. 선교라는 주제는 이 책 뒷부분에서 다시 다루기로 하고, 지금은 요한이 말하는 환상 속에 섞여 있는 이야기를 간단히 살펴보겠다.

---

13. 카이사르는 로마 공화정을 무너뜨린 율리우스 카이사르를 가리키기도 하지만, 로마 제정 시대에는 로마 황제 혹은 로마 황제가 자신의 후임자로 지정해둔 부제(副帝)를 가리키는 말이기도 했다—역주.

14. Peterson, *Reversed Thunder*, 87.

15. Schnelle, *Theology of the New Testament*, 751.

예전과 관련된 목적을 가진 드라마 내러티브

요한계시록은 단순히 일직선으로 이어지는 이야기는 아니지만 그래도 어떤 이야기를 들려준다. 이 사실을 깨닫지 못하면 어느 누구도 요한계시록을 읽을 수 없다.[16] 이 이야기에는 주연과 조연이 있고, 다툼과 해결이 있으며, 심지어 줄거리plot도 있다. 어떤 이들은 심지어 요한계시록을 합창단까지 완전히 갖춘 고대 그리스 드라마에 비유했다. 이 합창단은 (예전에 쓰는) 노래를 갑자기 터뜨리기도 하고, 드라마의 연기 같은 행위에 해설을 붙이거나 이 행위를 잠시 쉬기도 한다.

우리는 요한계시록이 펼쳐놓으려는 이야기를 바로 첫 구절에서 눈치 챈다. "예수 그리스도의 계시니, 이는 하나님이 그에게 주셔서 금세 일어나고야 말 일들을 그의 종들에게 보여주게 하신 것이라"(1:1). 뒤로 단지 몇 구절만 더 가면, 이와 같은 것을 미리 알아차리게 하는 말씀이 또 나타난다. "이제 네가 본 것과 지금 있는 일과 이 일 뒤에 일어날 일을 기록하라"(1:19). 불행히도 대다수 해석자들은 이 두 본문을 요한계시록이 제시한 이미지들과 특별한 역사적인 사실들 사이의 일대일 상응 관계를 해독해내는 탐색 작업의 출발점으로 사용해왔다.

이야기를 진전시킬 수 있는 더 좋은 방법은 요한계시록이 사실은 겹치고, 동시성同時性을 띠고, 서로 뒤엉켜 연결되어 있는 몇몇 이야기들로 이루어져 있음을 인식하는 것이다. 이런 내러티브 가운데 특히 다섯 가지 내러티브가 중요한데, 이들은 모두 하나님의 신실하심과 목적 혹

---

16. 특별히 요한계시록이 가진 내러티브 성격에 초점을 맞춘 주석을 보려면, Resseguie, *The Revelation of John*을 보라.

은 선교를 이야기하는 내러티브들이다.

1. **창조와 재창조**. 이것은 신실하시고 선교하시는 창조주 하나님이 인류와 다른 모든 피조물을 그것이 본디 도달해야 할 목표지점으로 인도하심을 다룬 이야기다. 그 목표지점은 하나님의 임재 안에 있는 화해와 화합과 영원한 기쁨이다.
2. **구속**. 이것은 신실하시고 선교하시는 구속주 어린 양과 밀접하게 관련되어 있는 이야기다. 이 어린 양은 살아계시고, 죽으시고, 다스리시다가 다시 오셔서 창조주 하나님의 선교를 행하시고 또 신실하며 선교하는 사람들을 창조하신다.
3. **심판**. 이것은 신실하시고 선교하시는 하나님과 어린 양이 악을 끝장내심을 다룬 이야기다. 하나님과 어린 양이 악을 끝장내심은 재창조와 마지막 구속을 이루시는 데 필요한 수단이다.
4. **증언: 순례자로서 고난을 겪는 교회**. 이것은 이 땅에 있는, 신실하고 선교하는 사람들을 다룬 이야기다. 이 사람들은 어린 양이 베푸신 구속을 받고 성령이 주신 능력을 힘입어 위험과 핍박을 무릅쓰고 하나님과 어린 양을 예배하며 증언한다.
5. **승리: 승리하는 교회**. 이것은 하나님과 어린 양이 계신 곳에서 지금뿐 아니라 영원토록 하나님과 어린 양을 예배하는, 신실하고 선교하는 사람들을 다룬 이야기다. 이 예배야말로 이들이 죽기까지 신실함을 지킨 것에 주어진 적절한 보상이다.

이 다섯 가지 내러티브는 요한계시록의 주요 인물들과 갈등과 줄거리

를 일러준다. 우리는 이런 요소들을 요한계시록 곳곳에 들어 있는 환상
들과 다른 종류의 본문들에서 발견한다. 이 내러티브들은 드라마 같은
내러티브들의 복합체로서 성경 전체라는 거대한 내러티브를 매듭짓는
데 알맞은 정경의 결론을 제공한다. 우리는 이 책 7장에서 요한계시록
이 가진 이런 드라마 같은 측면을 더 충실히 살펴보겠다.[17]

복을 선언하는 책

요한계시록에는 복 내지 지복^{至福}을 선언하는 본문이 일곱 개 등장한다.
이것들은 요한계시록이 가진 예전의 성격을 드러내는 한 차원이지, 단
순히 아름답게 보이려고 집어넣은 장식품이 아니다. 오히려 그 반대로,
복 내지 지복을 선언하는 이 본문들은 어린 양 예수가 다시 오시는 것
과 더불어 종말에 있을 축하연—새 예루살렘에서 있을 어린 양과 그의
신부인 신실한 교회의 "혼인 피로연"—을 기대하는 가운데 이 예수의
신실한 제자로 살아가라는 요한계시록 메시지의 핵심에 자리해 있다.
요컨대 신실한 자들은 복이 있다.

1. 예언의 말을 큰 소리로 읽는 사람은 복이 있으며, 그 말을 듣고 그 안
   에 기록된 것을 지키는 사람들도 복이 있도다. 이는 때가 가깝기 때
   문이라(1:3).
2. 또 내가 하늘에서 말하는 음성을 들었으니, "이것을 기록하라. 이제
   부터 주 안에서 죽은 자들은 복이 있도다." 영(성령)이 말하되, "그들

---

17. 아울러 Wall, *Revelation*, 29-32에 있는 논의를 보라.

은 그들의 수고에서 벗어나 쉬리니, 이는 그들이 한 일들이 그들을 따르기 때문이라"(14:13).[18]

3. "보라, 내가 도둑같이 오리라! 깨어 옷을 입고 벌거벗은 채 다니지 않으며 부끄러움을 드러내지 않은 자는 복이 있도다"(16:15).

4. 천사가 내게 말하기를, "이것을 기록하라. 어린 양의 혼인 잔치에 초대받은 사람들은 복이 있도다." 그리고 그가 내게 말하기를 "이것이 하나님의 참된 말씀이라"(19:9).

5. 첫째 부활에 참여하는 자들은 복이 있고 거룩하도다. 둘째 죽음이 이들을 다스릴 권세가 없고, 도리어 이들이 하나님과 그리스도의 제사장이 되어 그와 함께 천 년 동안 다스리리라(20:6).

6. "보라, 내가 속히 오리라! 이 책에 있는 예언의 말을 지키는 자는 복이 있도다"(22:7).

7. 그들의 두루마기를 빠는 자들은 복이 있나니, 이로 말미암아 그들이 생명나무에 다가갈 권리를 갖고 문들로 그 성에 들어갈 수 있기 때문이라(22:14).

다시 한 번 말하지만 우리는 이 본문에서 예전과 제자도를 서로 나눌 수 없으며, 또 양자가 소망과 결합해 있음을 본다.

계시와 감각들

우리가 읽고 있는 이 예전 문서와 관련하여 한 가지 더 언급하고 넘어

---

18. "For All the Saints"(William How, 1864)라는 찬송은 이 본문을 토대로 만든 것이다.

가야겠다. 요한계시록은 인간의 감각을 아주 예민하게 자극하는 텍스트다. 요한계시록에 집중하다 보면, 우리의 심상은 그 모든 감각을 다 활용하는데, 특히 시각과 청각과 후각을 활용한다. 요한계시록은 그 속에 들어 있는 환상들로 유명하지만, "마찬가지로 청각을 자극하는 책"이다(우리는 이 책에서 천둥소리와 천사들의 외침과 수금 소리와 나팔 소리와 그리고 밀어닥치는 물소리 같은 소리를 듣는다). 때문에 "이 책에서는 소리가 없음도 중요할 수 있다"(8:1; 18:22-23을 보라).[19] 향의 향내음(5:8; 8:3-4)은 요한계시록이 기도와 예배에 맞추는 초점의 중심이다. 더욱이 미각味覺도 몇 차례 중요한 역할을 하며(3:16; 8:11; 10:9-10), 심지어 촉각도 요한계시록에서 나타나는 특징이다(가령 5:2-3, 7-8).[20]

신정(神政)을 선언하는 텍스트: 제국에 대한 비판이자 시민 종교에 반대하는 선언문

성경 전반이 그리고 특히나 요한계시록이 우리에게 하나님에 관한 이야기 혹은 그분에 대한 이야기들을 들려준다면, 그와 동시에 이 성경은 우리 관심을 끌려고—그리고 우리의 충성을 받으려고—경쟁하는 또 다른 이야기들이 있음을 우리에게 끊임없이 되새겨준다. 이렇게 경쟁하는 이야기들 가운데 하나로서 가장 음험할 수도 있는 것이 인간 권력자가 신인 체 행세하는 이야기다. 이 이야기는 요한계시록을 이해하

---

19. Mangina, *Revelation*, 37.
20. 감각들이 하는 역할을 살펴보려면, 특히 Peterson, *Reversed Thunder*, 15-17을 보라.

고 해석하는 데 중심이 된다.

거의 모든 요한계시록 해석자들은 요한계시록 전체가 로마 제국과 황제 숭배를 비판하고 비꼰 내용이라고 인정한다. 황제 숭배는 1세기 후반 로마 제국의 아시아 속주에 널리 퍼져 있었다. 요한계시록은 "로마"라는 말을 쓰지는 않지만, 로마를 하나님 백성을 대적하는 큰 원수인 도시 바벨론으로 비유하여 묘사한다.[21] 요한계시록은 억압이라는 본질을 가진 황제 권력, 그리고 하나님을 모독하는 식으로 그 권력을 내세우는 주장들을 조롱하고 비판한다. 이런 이중적인 비판은 황제 숭배를 겨냥한다. 이 황제 숭배야말로 로마의 권력과 소위 이 권력의 신성한 성격이 결합하여 나타나는 곳이기 때문이다. 워렌 카터[Warren Carter 22]는 이를 이렇게 묘사한다.

"황제 숭배"는 황제를 떠받든 엄청난 신전과 형상과 제의와 이런 일을 맡은 사람과 황제를 신이라 내세우는 주장이 있었음을 일러준다. 특정 황제에게 바쳐진 신전과 다른 신전에 있던 황제상皇帝像은 신들에게 황제와 그의 일가를 안전히 보호하고 이들에게 복을 내려달라고 감사하며 기도하던 핵심 요소였다. 분향과 제물과 매년 바치는 서약은 시민의 충성을 표현하는 동시에 갱신시켜주었다. 이와 관련된 거리 행진과 잔치는 종종 지배층 인사들이 자금을 댔는데, 이런 자리를 빌려 황제에게

---

21. 요한계시록 17:9이 로마의 지형을 암시하는 "일곱 산"을 언급함은 "바벨론"이 무엇보다 로마를 가리킴을 분명하게 일러주는 것 같다. 베드로전서 5:13과 70년 이후에 나온 당대 유대교 문헌과 기독교 문헌도 로마를 가리키는 말로 "바벨론"을 사용한다.
22. 뉴질랜드에서 태어나 미국 프린스턴 신학대학원에서 박사 학위를 받고 텍사스 브라이트 신학대학원에서 가르치는 신약 신학자다—역주.

공경과 감사를 표시하고 황제 생일, 황제 등극이나 황제에 얽힌 전승들 같은 중대한 사건을 기념했다. 아울러 예배 행위가 장인匠人이나 종교 집단 같은 그룹들의 모임에 흡수되었다.…[시민과 집단은] 신의 자리에 오른 황제가 관장하는 제국을 다양한 형태로 찬미했다.[23]

요컨대 황제 숭배는 정교한 "신과 나라"God and country 현상 내지 일종의 "도시"civic 종교 혹은 시민 종교로서(더 자세한 내용은 아래를 보라), 다양한 방법으로 로마 제국과 황제 자신에게 신성함을 부여했다. 이런 황제 숭배는 어떤 이데올로기 내지 정치 신학을 자세히 표현한 것이었는데, 카터는 이 이데올로기 내지 정치 신학이 다음과 같은 세 가지 주요한 신념으로 이루어져 있다고 말한다.

- 신들이 로마를 택했다.
- 로마와 로마 황제는 인간들 가운데서 신들의 통치와 뜻과 구원과 임재를 대행하는 대리자다.
- 로마는 로마의 통치에 복종하는 자들에게 신들이 베푸는 복들— 안전과 평화와 정의와 신실함과 풍요로움—을 드러낸다.[24]

---

23. Carter, *Roman Empire*, 7-8. 더 긴 개관을 보려면, Howard-Brook and Gwyther, *Unveiling Empire*, 87-119와 223-35을 보라. 상세한 연구서를 보려면, Friesen, *Imperial Cults*와 Price, *Rituals and Power*를 보라.
24. Carter, *Roman Empire*, 83. 아울러 로마의 자료를 많이 인용한 Carter, *Matthew and Empire*, 20-34을 보라.

다시 말해 "신들, 그중에서도 특히 주피터는 로마를 택하여…신들의 통치와 임재와 은총을 온 세상에 드러내게 했다."[25] 예를 들어 스타티우스 Statius[26]는 요한계시록이 기록되었을 때 로마 황제였을 가능성이 큰 도미티아누스[27]를 묘사하면서, "주피터의 명령으로 그를 대신해 복 받은 세계를 다스린다"라고 썼다.[28] 아울러 스타티우스는 도미티아누스를 "정복한 세계를 다스리는 자", "세상의 확실한 구원", "복된 보호자요 구원자"라고 불렀다.[29] 이런 신학은 신들에게 제국과 황제를 보호해줄 것을 비는 기도와 제사를 올림은 물론이요—백성들의 아버지요 지도자이며 주피터를 대신하는 대리 통치자vice-regent인—황제 자신에게도 기도와 제사를 바칠 것을 요구했다.

황제 신학imperial theology과 관련하여 카터가 말한 세 가지 신념에 세 가지를 덧붙일 수 있겠다.[30]

• 로마를 통한 신들의 통치는 폭력과 위압과 평화롭지 않은 "화해"를 통해 이루어졌고 폭력과 지배와 평화롭지 않은 "화해"로 나타났다. 그 유명한 **로마의 평화**Pax Romana는 무력을 앞세운 정복, 노예 삼기, 다른 형태의 폭력에 의존한 로마의 통치권 확립이었다.

---

25. Carter, *Roman Empire*, 7.
26. 45-96. 로마 시인으로 상류층 생활을 묘사한 시를 많이 썼다—역주.
27. 자신을 주(*dominus*)요 신(*deus*)이라 부르게 했던 황제다—역주.
28. Carter, *Roman Empire*, 85에서 인용.
29. Carter, *Matthew and Empire*, 25에서 인용.
30. 세 가지 가운데 첫 번째와 두 번째에 도움을 주는 글이 Rowe, *World Upside Down*, 107-111이요, 세 번째에 도움을 주는 글이 Howard-Brook and Gwyther, *Unveiling Empire*, 114-115이다.

- 황제 자신이 당연히 찬양과 섬김과 충성을 받아야 할 존재가 되었다. 동시에 그는 주, 만유의 주, 신, 신의 아들, 구원자처럼 신이나 신에 준하는 존재에게 붙이는 칭호를 당연히 가져야 할 이가되었다. 1세기에 황제를 신앙의 대상으로 섬긴 사례는 아주 많다. 예를 들어 적어도 일부 사람들은 도미티아누스를 "온 땅의 주", "살아 있는 신", 그리고 "주이자 신"*dominus et deus*으로 불렀으며, 마지막 칭호는 황제가 자기 자신에게 직접 붙인 칭호일 가능성이 높다.[31] 하지만 황제는 신인데도 여전히 인간이었다. 이 때문에 기도와 희생 제사는 황제에게 드릴 수 있었지만 황제를 위하여 드릴 수도 있었다.
- 로마 제정帝政 시대는 사람들이 오랫동안 기다려온 황금시대였으며 진정한 종말의 시대였다. 이 시대에는 인류의 소망이 이루어졌지만, 다른 한편으로는 그 소망이 미완의 상태로서 영원히 지속되었다.

사람들은 황제 신학의 이 여섯 가지 요점을 다양한 방법으로 다양한 논거를 내세워 천명했다. 우리는 당대의 가장 훌륭한 저술가인 베르길리우스[32]와 에픽테투스*Epictetus*[33]가 쓴 글에서 이런 황제 신학을 발견

---

31. Carter, *Matthew and Empire*, 25-26; Witherington, *Revelation*, 5-6.
32. Publius Vergilius Maro, 기원전 70-19. 로마의 국민 서사시인 "아이네이스"를 쓴 시인이다—역주.
33. 55-135. 헬라어로 에픽테토스(*Epiktētos*), 그리스의 스토아 철학자다. 본디 노예로 태어났던 인물이다—역주.

할 수 있으나, 무엇보다 로마가 보통 사람들의 마음과 생각을 사로잡았다는 게 특히 중요하다. 로마는 특히 전달 매체를—행진, 경기, 웅장한 광경, 동상, 군인들이 드는 군기軍旗, 주화를—활용하여 사람들의 마음과 생각을 사로잡았다. 1세기 주화는 황제를 신으로(실제로 다양한 신으로), 온 우주를 구하고 다스리는 자로, 전쟁을 그치게 하고 평화를 가져온 자로, 적들을 굴복시킨 자 등으로 묘사한다.[34]

황제 숭배는 특히 소아시아와 요한계시록에 나오는 교회들이 자리한 도시들에 널리 퍼져 있었다. 초대 황제와 다름없는 아우구스투스[35]는 기원전 29년에 "사탄의 권좌"—온 도시를 압도하듯 내려다보는 아크로폴리스 꼭대기에 있던 황제 숭배 신전을 가리키는 말일 가능성이 높다—가 있는 곳인 버가모(계 2:13)가 그와 로마를 섬길 신전을 세우도록 허가해주었다. 에베소와 서머나 같은 도시도 황제를 숭배하는 중요한 신전을 갖고 있었다. 에베소는 황제 숭배에 합당한 수호자로 자주 인정받았으며, 아르테미스 예배와 황제 예배를 혼합했다. 서머나는 기원전 195년에 로마 여신을 섬기는 신전을 세웠고, 기원후 26년에는 티베리우스 황제[36]를 섬기는 신전을 세웠다. 이처럼 요한계시록에 나오는 일곱 도시는 모두 어떤 식으로든 황제를 숭배했다.

따라서 요한계시록은 신정적인 텍스트다. 이 책은 누가 참 하나님

---

34. 이 많은 주화를 찍은 사진을 보려면, Kraybill, *Apocalypse and Allegiance*를 보라.
35. Gaius Julius Caesar Octavianus, 기원전 63-기원후 14. 율리우스 카이사르의 양자였다. 두 번째 삼두 정치의 최종 승리자가 되어 로마 공화정에 마침표를 찍었다. 그 자신은 로마 시민 중 첫째라고 말했지만, 원로원으로부터 "존엄한 자"를 뜻하는 "아우구스투스"라는 칭호를 받고 사실상 황제 노릇을 했다—역주.
36. Tiberius Julius Caesar Augustus, 기원전 42-기원후 37, 재위 14-37—역주.

이신지, 그리고 하나님과 사회-정치 질서 사이에 존재하는 옳고 그른 관계들을 놓고 여러 가지 주장을 제시한다. 요한계시록은 제국의 정치 신학과 이 정치 신학의 바탕이 되는 종교적 이데올로기에 도전한다. 아울러 요한계시록은 하나님과 어린 양만이 참 주권자요, 모든 복의 근원이시며, 예배를 받으시기에 합당한 분이심을 분명히 밝힌다. 더욱이 요한계시록은 우리에게 진정 누가 주권자이신지 뿐만 아니라, 참 하나님이 행사하시는 주권이 어떤 종류인가도 일러준다. 그 주권은 많은 이들이 폭력 및 강압과 거리가 먼 "어린 양의 권세"라고 불러온 것이었다. 이어질 장들에서 이 "어린 양의 권세"를 다루겠다. (지금은 다만 요약으로 다음에 살펴볼 장들을 미리 눈요기만 해두어야겠다. 즉 요한계시록에서 폭력 장면처럼 보이는 장면들은 하나님과 어린 양이 실제로 무력을 동원하여 폭력을 행사하시는 사례들이 아니라 상징이나 비유로 이해함이 적절하다.)

요한계시록을 다룬 많은 글 가운데 요한계시록이 제시하는 이런 비판 및 신정의 차원과 관련하여 인용할 수 있는 글 중에는 특히 돋보이는 몇 가지 작품이 있다. 리처드 보컴은 요한계시록이 가진 묵시 및 환상의 성격과 요한계시록의 로마 비판을 제대로 연계하면서, 요한계시록을 "제정 로마를 상징하는 이미지에 맞서는 그리스도의 예언 속 이미지들을 모아놓은 것"이라고 부른다.[37] 칠레의 요한계시록 해석자인 파블로 리차르드[Pablo Richard][38]도 요한계시록이 가진 예전禮典 성격과 제국

---

37. Bauckham, *Theology*, 7.
38. 1939-. 칠레에서 태어나 파리 소르본 대학교에서 박사 학위를 받았다. 현재는 코스타리카에서 사제로 있으면서 신학을 가르친다―역주.

에 맞서는 태도 사이에 연관성이 있음을 올바로 보여준다. 그는 요한계시록이 "신학 선언이자 정치 선언에 이른 예전 텍스트"라고 말한다.[39] 하워드-브룩[Wes Howard-Brook][40]과 과더[Anthony Gwyther][41]는 그들이 쓴 책 『제국의 베일을 벗기다: 그때와 지금의 요한계시록 읽기』*Unveiling Empire: Reading Revelation Then and Now*에서 요한계시록이 로마의 다섯 가지 신화에 상응하는 다섯 가지 반대 신화로 대답한다고 주장한다.[42]

로마 신화 (즉 잘못된 주장들)	요한계시록이 말하는 반대 신화 (즉 뒤집는 진리들)
제국	우리 하나님의 제국
로마의 평화(팍스 로마나)	피를 흘리게 하는 자 바벨론
로마의 승리	어린 양과 그를 따르는 이들의 승리[43]
믿음	예수를 믿는 믿음을 지킴
(=황제/로마에게 바치는 충성)	
영원함	그들(성도들)이 영원히 다스림

---

39. Richard, *Apocalypse*, 40.
40. 미국 신학자이며 시애틀 대학교 교수다—역주.
41. 호주 브리즈번 그리피스 대학교에서 박사 학위를 받았으며, 가톨릭 운동가로서 여러 활동을 펼치고 있다—역주.
42. Howard-Brook and Gwyther, *Unveiling Empire*, 223-235. 아울러 Thompson, *The Book of Revelation*을 보라.
43. 로마의 승리 대 그리스도인의 승리와 관련하여, Rossing, *Rapture Exposed*, 115-122도 보라. 로싱은 요한계시록의 메시지가 폭력으로 "승리한다는 모든 (로마식) 개념의 틀을 새롭게 바꿔버린다"라고 말한다(121).

더욱이 근래 「해석」*Interpretation*이라는 신학 저널에서 다룬 테마의 제목이 "제국 비판서인 요한계시록."*Revelation as a Critique of Empire*이었다. 크레이그 쾨스터는 이 문제를 다룬 권두 논문에서 요한계시록이 다루는 제국은 세 가지 불가분^{不可分} 요소로 이루어져 있으며, 요한계시록은 이 세 요소 전부에 도전한다고 말한다. 그 세 요소는 정치 지배, 정치 질서와 신의 질서를 동일시하는 종교, 그리고 지배층을 우대하고 인간 착취를 허용하는 경제 네트워크다.[44] 따라서 요한계시록은 "제국의 야만스러운 측면", "인간 권력자를 신으로 떠받듦", 그리고 "더러운 상거래 모습"을 "환상을 통해 비판한 책"이다.[45]

또 이렇게 해석하는 이들은 대부분 로마 제국의 여러 측면과 오늘날 제국의 형태—전 세계를 한 체제로 묶는 자본주의 경제 그리고 강력한 정치권력, 군사력, 경제력을 가진 실체인 미국—를 연계한다. 미국 밖에 있는 많은 이들이 주장했듯이, 이 두 가지는 무관하지 않다. 예를 들어 파블로 리차르드는 이렇게 썼다.

지난 20년 동안 우리는 [중앙아메리카에서] 미국의 정치 및 군사 관료체제가 짐승처럼 통치하는 독점 시장 제국을 살벌할 정도로 무시무시하게 체험했다.…우리 [중앙아메리카의] 나라들은 오만하고 잔인한 제국적 권력을 행사하는 미국 정부가 주도하여 전 세계를 하나의 경제와 문화와 군사 체제로 묶어놓는 바람에 억압받고 배척당하는 삶을 살고

---

44. Koester, "Revelation's Visionary Challenge," 9-12.
45. Koester, "Revelation's Visionary Challenge," 12-18.

있다.[46]

이는 강력한 선언이다. 모든 사람이 이 말에 동의하지는 않겠지만, 그럼에도 북미의 중요한 요한계시록 해석자들도 이와 비슷한 결론들을 이끌어냈다. 남미와 인도 같은 여러 곳에서 요한계시록을 가르쳤던 주류 성경 신학자들은 그들이 가르친 학생들이 요한계시록 13장의 짐승과 미국을 연계함을 발견했다.[47] 윌슨-하트그로브 Jonathan Wilson-Hartgrove 는 2003년 미국이 이라크를 침공했을 때와 그 이후에, 그리스도인 평화운동가 팀들과 더불어 실제 바벨론 땅(이라크)을 방문한 동안 바벨론인 미국을 체험했던 사연을 상세히 설명한다.[48] 그는 대중이 더 쉽게 알아들을 수 있는 말로 방금 언급한 이들 못지않은 통찰을 보여준다. 하워드-브룩과 과더는 로마와 이 시대에 "세계 자본"이라는 형태로 나타난 제국 사이의 유사점을 정밀하게 묘사한다. 이 세계 자본에는 물론 미국도 참여하고 있다. 그러나 하워드-브룩과 과더는 미국은 물론이요 다른 어떤 나라도 이제는 더 이상 세계 전체를 일괄 지배하는 제국이 아니라고 말한다.[49]

미국은 제국인가? 이 질문의 답은 제국을 무엇이라고 정의하느냐를 포함하여 몇 가지 요인에 따라 달라진다. 나는 우리가 살펴볼 제국을 다음과 같이 정의하고 싶다.

---

46. Richard, "Reading the Apocalypse," 146-147.
47. Kraybill, "Apocalypse Now"; deSilva, *Seeing Things John's Way*, 337-338.
48. Wilson-Hartgrove, *To Baghdad*.
49. Howard-Brook and Gwyther, *Unveiling Empire*, 236-237.

마음먹고 어떤 힘—경제, 정치, 군사, 그리고/또는 종교의 힘—을 극한까지 사용하여 (전 세계에 혹은 거의 전 세계에) 지배권을 확장함으로써 식민지 같은 고객을 만들어내고, 이렇게 지배권을 확장하는 존재를 억압하는 이로 인식하는 반대자들을 만들어내는 존재.

하워드-브룩과 과더는 다음과 같은 것을 미국이 적어도 "제국의 특징"을 가졌음을 보여주는 증거로 제시한다. 즉 "노예를 부린 노동, 원주민들을 악마로 몰아 학살하고 거주지에서 쫓아낸 일, 먼 곳에 있는 땅들을 식민지로 삼은 일, 문화를 내세운 오만, 전 세계를 좌지우지하는 군사력."[50] 미국이 이전에도 그리고 지금도 계속하여 제국적 성격을 갖고 있다는 결론을 쉬이 거부할 수 있는 사람은 많지 않다. 물론 나 자신도 거부하기가 힘들다.

하지만 우리는 요한계시록이 로마 제국은 물론이요("바벨론"이 로마 자체와 같지는 않다는 점에서), 보다 더 일반적인 의미에서 제국을 비판한 책이라는 점에는 의견을 같이할지 몰라도, 무엇이 제국인가, 과거의 미국이 혹은 현재의 미국이 제국인가, 그리고 더 나아가 제국은 애초부터 악한가라는 질문에는 분명 의견이 분분할 것이다.[51] 물론 많은 이들은, 사람들이 아무리 미국 대통령의 군사 작전 성공을 하나님이 그를

---

50. Ibid., 236.
51. 요한계시록 18장을 참조하면, 요한계시록이 제국의 정체를 밝히면서 염두에 둔 것을 적어도 일부는 알아차릴 수 있다. 이 제국은 온 세상에 고객을 둔 오만한 국제적인 경제 강국이다. 이 제국에서는 모든 이가 그 끝을 모를 사치에 빠져 있고, 상거래에는 심지어 사람을 사고파는 거래도 들어 있다. 이것은 과거와 현재의 많은 정치 실상을 적절히 묘사한 말 같다.

부르시고 그에게 복을 주신 결과로 여길지라도, 또 미국이 잇달아 이룩한 군사, 정치, 경제적 정복들 덕택에 초강대국이 되고 온 세계에 미국의 전초 기지와 미국의 고객인 국가들이 생겨났더라도, 미국의 대통령을 신이라 부른 적은 없다고 주장한다.[52]

우리는 최소한 미국의 군사력과 정치력과 경제력의 영향을 받은 세계 많은 지역의 수많은 사람들이 미국을 제국인 강대국으로 **인식한다**는 것만큼은 인정해야 한다. 하지만 제국의 정확한 본질, 혹은 제국의 본질이 미국의 정황에서 어떻게 현실로 나타나고 있는가를 다룬 논증이라도, 요한계시록이 현상status quo에 퍼붓는 예리한 비판을 듣지 못하게 하는 논증은 허용하지 말아야 한다. 더 중요한 것은 우리가 요한계시록을 어디에서나 또 어떤 식으로든 폭압으로 자신을 표현하는 세상 권력을 비판하는 책으로, 특히 사람들이 **신성하다** 여기고 섬기며 충성하는 세상 권력을 비판하는 책으로 보는 것이다. 권력을 이렇게 표현하고 신성시하는 것도 분명 미국의 상황 중 한 부분이다. (아울러 다른 나라들이 겪는 체험 가운데 일부이기도 하다.) 그래서 넬슨 크레이빌은 근래 이런 내용으로『묵시와 충성: 요한계시록에 나타난 예배, 정치, 그리고 섬김』*Apocalypse and Allegiance: Worship, Politics, and Devotion in the Book of Revelation*(『요한계시록의 비전』, CLC 역간)이라는 제목을 붙인 요한계시록 연구서를 하나 썼다. 그의 통찰력 있는 관점에서 보면 "오늘날 서구 국가들에는 자신들의 지도자를 드러내놓고 예배하는 나라가 전혀 없지만, 우리에겐 수많은 사

---

52. 그러나 신약 신학자인 앤디 존슨(Andy Johnson)은 미국 의회의사당 원형 천정 홀의 프레스코가 "조지 워싱턴을 신으로 떠받들면서" 그가 하늘로 "올라간" 것으로 묘사해놓았음을 나에게 되새겨주었다.

람들이 묻지도 따지지도 않고 충성을 바치는 정치, 군사, 경제 권력들이 있다.…그[요한]가 살았던 세계—로마 제국—와 그의 환상이 만들어낸 상징성을 지닌 우주는 오늘날 우리가 살아가는 환경과 엄청난 유사점들을 갖고 있다."[53]

세상 권력이 신성하다 여김을 받고 섬김과 충성을 받을 가치가 있다고 여김을 받을 때, 결국 시민 종교라는 현상이 나타난다. 이 시민 종교는 다음과 같이 정의해볼 수 있겠다.

> 세상 권력(보통은 국가 그리고/또는 국가의 우두머리)에 신이 베푸는 복의 근원이라는 신성한 지위를 부여하면서, 이 신성한 세상 권력과 이 권력이 내세우는 가치들, 이 세상 권력의 신성한 지위와 이 권력으로부터 혜택을 받는 자들이 심지어 죽는 순간까지 다해야 할 섬김과 충성이라는 신성한 의무를 강조하는 다양한 내러티브와 여러 텍스트와 의식(儀式)과 전달 매체로 표현한 모든 것을 마음과 생각(뜻)과 몸을 다해 섬기고 충성할 것을 요구하는 것.[54]

시민 종교를 이렇게 정의함은 시민 종교라는 것이 크게 세 가지 차원

---

53. Kraybill, *Apocalypse and Allegiance*, 15.
54. 세속 국가, 혹은 종교의 전통적 표현들을 금지하는 나라도 시민 종교라는 것을 가질 수 있는 가라는 의문이 있을지도 모르겠다. 종교를 궁극의 실제와 가치를 다루는 것이라고 이해한다면, 그런 나라에도 시민 종교는 있을 수 있다. 그렇다면 우리는 시민 종교를 "세속 권력에 궁극의 지위를 부여하는 것"으로 정의해도 될 것 같다. 물론 이 정의에도 늘 전통적 종교 언어와 상징들로부터 빌려온 개념들이 들어 있다. 그런 점에서 아이러니하지만 이를 "세속적 시민 종교"라고 불러도 되겠다.

을 가졌음을 암시한다.

1. **이데올로기/신학: 국가를 신성한 존재로 만듦.** 여기에는 (a)국가 권력, 국가 번영, 국가 안녕, (b)국가 활동과 국가가 이룬 성과들, 특히 세력 팽창과 전쟁에서 거둔 성과들, (c)국가를 이끄는 신화들과 가치들, (d)국가의 과거 영웅들과 현재의 지도자들을 신성한 존재로 만드는 것이 포함된다.

2. **헌신/관습:** 더불어 국가를 **엄숙히 섬기고 충성할 것**을 신성한 책임으로 요구하면서 이런 섬김과 충성(이런 섬김과 충성에는 국가를 위하여 죽이거나 죽겠다는 의지도 포함된다)을 **공공 의식에서 표현할 것**을 요구함.

3. **혼합주의: 그 문화를 지배하는 종교 전통(들)을 재해석**하여 이렇게 국가를 신성한 존재로 만드는 것과 국가에 엄숙히 충성하는 것을 결합하고, 종교의 신앙 및 관행과 정치적, 민족적 주장 및 관행을 혼합함.

따라서 더 넓게 보면, 요한계시록은 시민 종교를 비판한다(무엇보다 로마의 시민 종교를 비판하지만, 비단 이것만 비난하는 게 아니다). 즉 요한계시록은 다양한 신화와 관행—말하자면 신경信經들과 예배 의식들—을 통해 세상의 정치권력과 경제력 그리고 군사력을 신성한 존재로 만들면서 이런 권력에 충성하기를 요구하는 것을 비판한다.

　시민 종교는 권력과 아주 긴밀히 연결되어 있기 때문에, 때로는 제국과 제국의 모습을 띤 국가(현대 초강대국이 그런 예다)와 같은 극단적인 형태로 나타나기도 한다. 이런 현상의 밑바탕에는 (전쟁이나 다른 일에서 거둔) 세력 팽창과 승리야말로 신이 베푼 복과 보호를 보여주는 표지들이라는 가정, 하나님은 강자 편이라는 통념이 깔려 있다. 그러나 시민 종교는 제국과 초강대국만이 향유하는 재산이 아니다. 이런 시민 종교는 이전의 제국, 초강대국 행세를 하는 나라, 보통 국가, 심지어 가난한 개발도상국에서도 발견할 수 있다. 인간은 그들이 속한 정체政體, political bodies나 그들을 다스리는 자들, 그리고 그런 존재들이 한 행동들에 신성한 성격이나 적어도 그에 버금가는 성격을 부여하지 않으면 안 되는 존재인 것 같다. 이 때문에 그 집단이 국가든 민족이든 혹은 종족이든 자신이 속한 집단의 사람들은 신성한 존재로 만들고, 반대로 자신이 속한 집단 밖 사람들은 마귀로 몰아붙이는 비극이 빈번히 일어나곤 한다. 바로 이런 시민 종교로부터 증오를 쏟아내고 심지어 폭력을 휘두르는 문화가 나온다. 우리는 현대에 일어난 이런 사례들을 아주 많이 알고 있다.

시민 종교가 존재하거나 번성하는 데는 기성 교회(국가 교회)나 기성 종교나 기성 예배의 의식이 필요하지 않다. 따라서 시민 종교는 "교회"와 "국가"를 인위적으로 분리해놓은 곳에서도 번성할 수 있다. 시민 종교는 그 나라에 거주하는 대다수 사람들이 자기 나라를 기독교 국가(혹은 유대교, 이슬람교 등을 믿는 국가)로 인식하느냐와 상관없이 번성할 수 있다. 예를 들어 (나의 조국인) 미국도 그 나름대로 시민 종교의 형태를 갖고 있다. 우리도 미국의 이데올로기—말은 이데올로기나 사실은 미국의 신학—를 이야기하고, 미국의 관습을 이야기할 수 있으며, 이 둘은 물론 서로 연결되어 있다. 시민 종교가 가진 이런 몇몇 특징과 유사한 모습은 다른 곳에도 존재한다.

21세기의 시작과 미국 시민 종교의 신학/이데올로기[55]

미국의 시민 종교에는 서로 연관성을 지닌 몇 가지 신화 혹은 신학적인 주제가 스며들어 있다. 이 주제들은 전부는 아니어도 대다수가 오랫동안 존속해왔다(심지어 미국이 세워질 때까지 거슬러 올라가는 것도 있다). 물론 이 주제들도 미국이라는 나라와 더불어 진화해왔다.

하나님이 미국을 다스리신다는 것을 내세우는 한 가지 근본적인 확신 내지 신성한 신화가 미국 **예외주의**exceptionalism다. 이는 미국이 하나님의 계획에서 유일무이한 위치를 차지하며,[56] 어떤 의미에서는 **택함을 받은** 나라라는 생각이다. 이 예외주의는 미국 역사에서 청교도가 표방했던 "언덕 위 도시"(마 5:14), 명백한 운명, 미국과 "세상의 빛"을 동일시했던 것(마 5:14; 요 8:12; 9:5)과 같은 믿음으로 나타났다. 이 예외주의와 비슷하고 때로는 이 예외주의로부터 자라난 것이 미국이 메시아라는 미국 **메시아주의**messianism다. 이는 미국이 세상의 구원에서 특별하고 중심적인 역할을 할 소명을 받았으며, 특별히 미국의 자유로운 관습과 미국식 민주주의를 널리 퍼뜨려 세상을 구원할 소명을 받았다고 믿는 신념이다. 미국이 자유를 널리 퍼뜨릴 비범한 역할을 떠맡았고 또 메시아적 역할을 할 운명을 졌다는 이런 믿음은 미국 국가 종교의 중추다.[57] 이 국가 종교로부터 **무죄**라는 신화가, "메시아는 오류가 없다는 요소"를

---

55. 이 주제를 다룬 훌륭한 글들이 많이 있지만, 그 가운데 특히 Hughes, *Myths*; Boyd, *Myth*; Jewett and Shelton, *Captain America*; 그리고 Jewett, *Mission and Menace*를 보라.
56. 내가 "하나님"이라는 말을 쓴 이유는 대다수 미국인들이 유일신론자요, 많은 미국인들이 (좀 모호하긴 해도) 그들이 생각하는 하나님이 성경의 하나님 개념과 일치한다고 믿기 때문이다. 물론 미국의 시민 종교가 섬기는 신은 분명 미국만의 독특한 특징들을 갖고 있다.
57. Müller-Fahrenholz, *America's Battle*, 8.

가진 신화가 등장한다.[58] 이 세 번째 신화는 미국이 늘 세상에서 지극히 고결한 윤리와 도덕을 좇아 활동하며, 사람들이 미국을 비판하고 공격해도 미국은 죄 없고 의로운 희생자일 뿐이라고 주장한다.

미국은 예외적 존재요 메시아 역할을 맡은 나라라는 신념은 자연히 또 다른 신성한 확신을 (그리고 이 확신과 결합된 관습을) 만들어낸다. 그것이 바로 미국이라는 나라를 더 이상 사랑할 수 없을 만큼 사랑한다는 **극단적 애국주의**extreme patriotism요, 자기 나라, 곧 이 경우에는 미국이라는 나라가 다른 모든 나라보다 위에 있다는 신념을 뜻하는 **국가주의**nationalism다. (내가 여기서 사용하는) "국가주의"는 자기 나라를 "세상에서 가장 위대한 나라"요, 거의 무조건 충성해야 하는—때로는 묻지도 따지지도 말고 언제나 충성해야 하는—나라로 철저히 떠받드는 신념이다. 이렇게 자기 나라를 떠받드는 바탕에는 그 나라가 하나님이 택하시고 복 주시며 사명을 주신 나라이며, 그 나라의 힘과 부야말로 하나님이 그 나라를 인정하신다는 표지라는 확신이 깔려 있다. 미국은 "하나님이 보시기에 유일무이한 나라"다. 따라서 자기 나라와 그 나라가 세상에서 맡은 사명을 떠받듦은 결국 종교의 섬김과 같다. 사람들은 위대함을 특히 재정, 정치, 그리고 군사 분야의 막강한 힘으로 정의한다. 이 정의에는 미국과 미국인이 힘이 있고, 안전한 지위를 누리고 이 지위를 배경 삼아 활동하는 것은 당연하다는 확신이 함께 따른다. 약함은 미국다움이 아니다. 미국인들은 늘 넘버원이고 싶어 한다. 많은 이들이 이런 세

---

58. 이 용어는 Müller-Fahrenholz, *America's Battle*, 8에서 가져왔다("미국은 무슨 일을 해도 결코 잘못이 아니다"라는 신화를 말한다—역주.)

상의 힘을 하나님이 주신 힘의 표현으로 보고 있다.

미국 시민 종교는 **인간의 자유와 권리를** 하나님이 주신 선물로 소중히 여기며, 이 선물을 미국이라는 나라가 가장 소중히 여기는 가치들 가운데 하나로, 어쩌면 막강한 힘과 동급인 것으로 여긴다. 따라서 자유를 지키고 더 키워나감은 하나님이 주신 명령이요 사명이다. 지금도 쓰는 개념인 정치의(집단의) 자유와 인간의(개인의) 자유는 생명권과 자유권과 행복추구권을 하나님이 주신 권리들(따라서 결코 양도할 수 없는 권리들)로 여기는 개념이다. 이런 개념은 계몽주의와 시민 종교가 가장 신성시하는 문서 가운데 하나인 미국 독립선언서에서 나온 개념이다. 이에 함께 따라붙는 신화가 **세속 칼뱅주의**secularized Calvinism라는 형태다. 이는 부지런한 노동과 다른 사람들에게 베푸는 적절한 너그러움이 결합하면 그 결과로 반드시 훨씬 더 큰 자유와 번영을 얻으며, 이 자유와 번영을 하나님이 복을 베푸신 표지로 흔히 간주한다. (소위 "번영 복음"은 이 신화에서 뻗어나간 가지다.)

그러나 미국 시민 종교에는 또 한 가지 신성한 핵심 신화가 있으니, 그게 바로 **군사력만능주의**militarism**와 신성한 폭력**이라는 신화다.[59] 이 신화는 곧 미국이 역사 속에서 예외적 존재이자 메시아 역할을 할 위치에 있다 보니, 평화로운 수단이 바람직하지 않거나 소용이 없을 때는 미국이 폭력을 사용해도 좋다고(원주민들을 죽이거나 어떤 나라를 침공하거나 전쟁을 벌이거나 다른 식으로 무력을 사용해도 좋다고) 하나님이 허락

---

59. 물론 이것은 오로지 미국에만 해당하는 이야기가 아니다. 가령 내가 이번 장을 편집하고 있을 때도 북한은 "성스러운 보복전[핵전쟁]"을 시작하겠다고 공언했다.

하셨다는 확신, 심지어 폭력을 사용하라고 명령하셨다는 확신을 말한다. 신성하다고까지 말하는 이런 폭력은 다양한 세력 팽창에 정당성을 제공해주었고, 요 근래에는 자유와 정의를 보호하고 증진한다는 메시아적 사명에 정당성을 부여해주었다. 이 신화는 묵시 사상에서 말하는 이원론에 뿌리박은 십자군 정서("세상에서 악을 몰아낸다"는 정서)를 조장하지만, 우리가 요한계시록에서 발견하는 비폭력에는 털끝만큼도 관심을 두지 않는다.

월터 윙크Walter Wink[60]는 "남을 구원하는 폭력이라는 신화가 미국 대중문화와 시민 종교와 국가주의와 대외정책을 떠받치고 있다"고 주장한다.[61] 이런 주장은 국가의 이익을 지키려고 남을 죽이거나 자신이 죽는 것이 신성한 의무요 심지어 특권이라는 믿음을 확인해준다. 국가에 봉사함은—특히 군 복무, 그리고 특별히 조국을 위해 죽음은—시민으로서 그리고 신앙인으로서 할 수 있는 가장 고귀한 헌신이다. 결국 시민 종교도 "사람이 자기 벗을 위하여 그 목숨을 버리는 것만큼 위대한 사랑이 없다"(요 15:13)는 예수의 말씀을 인용하지만, 이 종교가 인용하는 말씀은 잘못 해석한 말씀일 뿐이다.[62]

---

60. 1935-2012. 미국의 신학자요 목회자이며 평화 운동가다—역주.
61. Wink, *Engaging the Powers*, 13.
62. 이 본문을 사용하는 것은 어떤 식으로든 기독론과 연관성을 가진 미국 시민 종교의 몇 가지 특징 중 하나다. 보통은 신을 거론해도 그 신이 누구인지 특정하지 않는 것이 국가주의의 목표를 다루는 데 훨씬 더 편하기 때문이다. 그러나 여기에서도 기독론에 초점을 맞추긴 했지만, 무늬만 기독교요 사실은 엉뚱한 방향으로 엇나간 기독교의 모습만 보여줄 뿐이다. 미국의 시민 종교는 예수가 그 자신과 사람들을 구원하는 그 자신의 죽음과 제자들에게 적용하신 교훈을 예수 자신의 사례 및 가르침과 아무 상관없는 일반 명제로 만든 다음, 전투 상황에서 발생하는 죽음(곧 죽이는 것)이 정당함을 확인해주는 기독교 원리처럼 써먹는다. 그러나 예수

이것들이 미국 시민 종교의 근간을 이루는 몇몇 신성한 신화와 확신이다. 이런 이데올로기 내지 신학은 위에서 논한 로마 제국의 황제 숭배 신학과 명백한 유사점을 갖고 있다.

미국 시민 종교의 몇 가지 상징들과 관습들

신성한 상징과 공간과 의식, 그리고 거룩한 날은 시민 종교의 신성한 신화를 표현하고, 북돋아주고, 영예롭게 해주고, 확산시켜준다. 여기에는 신성한 언어와 음악과 문서와 이야기들이 활용된다. 지면이 한정되어 있어서 이런 내용을 다 다루지는 못하지만, 미국이 내세우는 이런 상징과 관행을 몇 가지만 열거해보겠다. 물론 다른 곳에서도 이런 상징 및 관습과 아주 비슷한 것들을 어렵지 않게 찾을 수 있다.

- 신성한 상징과 공간
  - 신성한 대상인 국기
  - 교회에 있는 국기("기독교의 깃발"과 나란히 놓아둘 때도 있다)[63]
  - 군대처럼 교회가 아닌 다른 상황에서 사용하는 십자가(가령 십자가 모양을 한 군대 훈장)
  - 기독교의 이미지와 국가의 이미지를 혼합(가령 십자가와 기旗, 예수와 기)

가 본을 보여주시거나 옹호하신 죽음은 엄밀히 말해 이런 유의 죽음이 아니다.

63. Boyd, *Myth*, 12을 보라: "우리 마음속에는 십자가와 미국 국기가 나란히 서 있다—이런 모습은 우리네 예배당에서도 자주 본다."

• 신성한 의식과 축일(祝日)

◇ 종교 의식이 되어버린 민간 의식

　► 공식 기도일

　► 국경일/축일

　　– 마틴 루터 킹의 날(미국인의 삶과 시민 종교에서 보기 힘든 선지자

　　　같은 모습을 인식할 수 있는 날이다)

　　– 대통령의 날[64]

　　– 현충일Memorial Day(논쟁의 여지가 있지만 실제는 그렇지 않을지라도

　　　원칙상 주요한 국가 기념일이다. 이 날이 자유 그리고 신성한 폭력을

　　　행사하며 치른 희생과 여러 가지로 관련이 있기 때문이다)[65]

　　– 독립기념일/7월 4일

　　– 재향 군인의 날Veterans Day

　　– 추수감사절

　► 국장國葬

　► 묵념

　► 의회 목사Congressional chaplain

　► 정치 행사와 민간 행사에서 기도함

　► 국기 게양대 둘레에 모여 기도함

　► 국가 기도일, 국가 조찬기도회

　► 학교나 다른 민간단체에서 "하나님의 보호 아래" 있는 국가임을 상징하는 국

---

64. 미국 대통령인 조지 워싱턴과 에이브러햄 링컨을 기려 만든 날로 2월 셋째 주 월요일이다—
　　역주.
65. 예를 들어 Müller-Fahrenholz, *America's Battle*, 13이 이를 암시한다.

기를 보며 충성을 맹세함

▶ 스포츠 행사에서 국가를 부름

▶ 성경에 손을 얹고 맹세함

▶ 군인이 전투에 나가기 전에 군목이 하는 기도

◇ 민간 의식이 되어버린 종교 의식

▶ 교회에서 하는 충성 서약

▶ 국가 공휴일에 교회에서 현역 군인이나 예비역들을 포상함

▶ 교회가 "우리나라를 섬기는 이들"이나 "군/우리 군"을 위해 기도함[66]

▶ 어른이나 어린이를 상대로 애국을 주제로 삼아 설교함

▶ 예배 때 애국을 강조하는 음악을 사용함

▶ 국가 공휴일에 종교 행사를 함

▶ 국가 위기 때 종교 집회를 엶

• 신성한 언어

◇ 전쟁을 "사명"이라 표현

◇ "신성한" 의무/영예

◇ 신성 수동태divine passive voice: (가령 역사의 어떤 순간에, 대개 전쟁을 앞두고) "우리는 하나님으로부터 부르심을 받았다"고 표현함

---

66. 그리스도인이 기도나 다른 형태의 담화에서 "우리 군대"라는 말을 쓰는 것은 신학적으로 적절치 않다. "우리"(교회, 그리스도인)는 군대를 갖고 있지 않기 때문이다. 이런 말은 우리가 그리스도인임과 미국인임(또는 영국인임 등)을 혼동한 채, 요한계시록이 강조하는 교회의 두 가지중요한 측면을—교회가 세계의 모든 종족 및 민족들로부터 모인 사람들로 이루어진 국제적인 모임의 성격을 가진 점(요한계시록 7장)과 어린 양의 공동체로서 평화롭고 폭력을 쓰지 않는 성격을 가진 점을—까맣게 잊어버렸음을 그대로 드러내는 말이다.

◇ "하나님, 미국에게/우리 군대에게 복을 내리소서"

◇ 보통 사람들이 나누는 담화나 정치 담화에서 성경을 인용하거나 언급함

◇ 하나님이나 하나님의 백성을 가리키는 성경 언어를 미국에 적용함(가령 "세상의 빛", "언덕 위 도시" 같은 말을 미국에 적용함)

◇ 신학이 가지는 특수성을 인정하지 않음(가령 공공 집회에서 올리는 기도와 성경 낭독 때 예수의 이름을 빼버림)

• 신성한 음악/국민 송가

◇ 종교 언어를 많이("God Bless America"), 상당히("America/My Country, 'Tis of Thee"), 혹은 전혀 사용하지 않으면서도(미국 국가) 애국을 강조하며 신성한 섬김을 말하는 노래들

◇ 국가주의 언어와 군대 언어를 분명하게 사용한 노래들(가령 "Battle Hymn of the Republic"이나 "Navy Hymn")

◇ 풍유인 군대 언어를 문자 그대로 사용하며 국가주의를 고취하는 노래들(가령 "Onward Christian Soldiers")

• 신성한 문서

◇ 독립선언서, 헌법, 그리고 권리 장전

◇ 신성한 지도자와 영웅(가령 패트릭 헨리, 에이브러햄 링컨, 더글러스 맥아더, 존 케네디, 마틴 루터 킹)이 남긴 유명한 말들

◇ 자유 그리고 구원을 가져오는 폭력처럼 국가가 소중히 여기는 가치를 지지해주는 것으로 보이는 성경 본문들

- 신성한 지도자와 영웅을 다룬 신성한 이야기들("성자들"/"순교자들"/"선지자들")

  ◇ 미국을 세운 선조들

  ◇ 위기 때 미국을 이끈 지도자들(가령 케네디의 『용기 있는 사람들』*Profiles in Courage*)

  ◇ 위대한 전사들(가령 2차 대전 때 활약한 패튼 장군)

  ◇ 예비역 군인들

미국 시민 종교가 지닌 이런 다양한 모습은 두 갈래 영역에서 나타난다. 하나는 시민 사회와 정치 영역이요(연설, 퍼레이드, 학교 행사, 스포츠 행사, 군대 의식 따위), 다른 하나는 종교 영역이다(교회 예배).

우리는 이 목록에서 로마 시민 종교와 이 시대 미국 시민 종교 사이에 또 다른 유사점이 있음을 본다. 로마 시민 종교는 신성한 것을 정치 영역에 끌어들였고(특히 제국[황제]과 연계했다), 정치와 관련된 것들을(특히 제국[황제]과 관련된 것들을) 신성하게 만들었다. 이는 미국에서 일어난 일들과 비슷하다. 미국에서 많은 민간 행사와 정치 행사가 종교성을 가지며, 종교 행사가 때로는 시민 사회 및 정치 성격—특히 국가주의, 심지어 군과 관련된 성격—을 띤다. 이런 과정은 법에 따른 공식적인 제약과 이런 제약에 따른 관습의 변화(예를 들어 학교에서 올리는 기도를 폐지함)가 있음에도 오늘날까지 계속되고 있다.

하지만 로마 시민 종교와 미국 시민 종교 사이에는 대단히 중요하게 인식해야 할 한 가지 큰 차이점이 있다. 로마 시민 종교가 보여준 혼합주의는 로마의 이데올로기와 이교異教 신앙을 혼합했으나, 미국 시민 종교가 보여준 혼합주의는 미국의 이데올로기와 기독교 신앙, 혹은 적어도 하나님을 인정하면서 기독교와 유사한 신앙을 혼합한 게 그 차이점이다. 초기 교회가 로마 시민 종교를 의심한 건 당연했다. 이 시민 종교는 나름 매력이 있었을지는 몰라도 이교를 따르고 우상을 숭배하는 모습을 아주 확연히 드러냈기 때문이다. 우리 시대 그리스도인들은 기독교 혹은 기독교와 엇비슷한 신앙 사상과 언어와 관습이 자애롭고 심지어 하나님이 인정해주신 것이라고 훨씬 더 쉽게 단정할지도 모른다. 이 때문에 미국 시민 종교는 더욱더 매력이 넘치게 되었다. 즉 더욱더 사람들을 미혹하고 위험에 빠뜨리게 되었다. 기독교라는 탈을 썼지만 속은 이교인 게 미국 시민 종교다.

교회가 무엇을 선포하던 간에 미국 기독교는 두 가지 예전 절기를 지키는 것 같다. 하나는 대림절부터 부활절(혹은 어쩌면 오순절)까지 이어지는 거룩한 절기Holy Season요, 다른 하나는 현충일로부터 추수감사절까지 이어지는 시민 절기Civic Season—시민 종교 절기—다. 미국에서 시민 종교는 결코 사라지지 않지만, 그 주요 축일들은 그 6개월이라는 기간 속에 들어 있다. 하나님과 국가를 연계하는 언어와 의식은 널리 퍼져 있고 교회 안에 혼합주의("미국 국기 속의 붉은 색을 보면, 우리에게 자유를 안겨주려고 죽은 이들의 피를 생각하고, 더불어 예수가 우리에게 **진정** 자유를 안겨주고자 흘리신 피를 생각하라")가 넘쳐나지만 여기에 의문을 제기한 이는 거의 없다.

그러나 우리가 미국 시민 종교의 본질과 범위를 주의 깊게 살펴보면, "이것 역시 우상 숭배요 '국가주의를 신으로 섬기는 것'인가?"라는 질문을 피하기가 힘들다.[67] 미국 시민 종교가 특히 사람들을 끌어당기는 이유는, 이 시민 종교가 기독교로부터 아주 많은 것을 빌려왔기 때문이다. 미국 시민 종교는 미국 사회를 지배하는 종교적 전통(들)을 재해석했다. 이런 재해석은 여러 신을 섬기는 이교와 뒤섞인 혼합 종교가아니라, 기독교식 미국주의 내지 미국식 기독교주의라는 혼합 종교를만들어낸다. 이런 신앙 형태는 널리 퍼져 있어서, 마틴 루터 킹이 주장한대로 미국이 다른 이들에게 저지른 원죄가 인종차별이라면, 미국이하나님께 저지른 원죄는 시민 종교라 주장해도 틀리지 않을 것이다. 물론 이 말이 인종차별이나 시민 종교가 오직 미국에만 있다는 뜻은 아니다. 이것은 다만 미국 역사가—따라서 미국 기독교가—이 두 가지 근본적인 잘못, 곧 수평 관계에서(사람이 사람에게) 저지른 잘못과 수직 관계에서(사람이 하나님께) 저지른 잘못으로 오염되었다는 뜻일 뿐이다.

"시민 종교 거부" 선언이자 명령인 요한계시록

요한계시록은 시민 종교를 거부하는 선언이자 시민 종교에 맞서 하나님을 예배하고 증언하라는 명령이다.

요한계시록은 세상 권력—군사력, 정치권력, 경제력—으로부터 그 신성함을 계속 벗겨냄과 동시에, 하나님과 어린 양을 신성함을 주장할 정당한 권리를 가진 이들로, 신성한 영예를 받아 누릴 유일한 자격을 가진 자로 계속 인정한다. 요한계시록은 시민 종교가 아닌 종교가존재하며, "시민 종교를 거부하는" 사람들이 모인 공동체가 있을 수 있

---

67. Reddish, *Revelation*, 105.

음을 선포한다. 결국 요한계시록의 주요 목적 가운데 하나는 사람들이 신성시하는 제국의 권력—그리고 사람들을 그릇된 길로 인도하는 이런 권력의 유혹—에 맞서 대안적인 권력의 그림을 제시함으로써 제국의 권력에 도전장을 던지는 것이다. 이 대안적인 권력은 신자들에게 위로와 확신과 소망을 주고, 특히 예수가 보여주신 패러다임을 따라 제국의 권력에 맞설 용기를 준다. 이 대안적인 권력은 한분이신 참 하나님과 죽임 당하신 어린 양, 곧 "신실한 증인이요, 죽은 자들 가운데서 처음 나신 분이며, 온 땅의 왕들을 다스리시는 분"인 그리스도의 능력이다(1:5). 이 능력은 교회에게 "그리스도를 따르는 선지자가 가질 법한 대항 이미지들", "제국에 대항하는 대본"을 제공한다.[68] 따라서 요한계시록은 어린 양을 예배하고 따르는 길로 인도하는, 예언과 목회와 환상이 담긴 안내서요, 시민 종교에 맞서면서 참 하나님을 참되게 예배하는 신실한 증인의 모습을 담은 틀이다. 요한계시록은 우리더러 거짓되지만 매혹적인 제국의 복음과 시민 종교를 배우지 말고 내어버리라고 요구함과 동시에, 어린 양의 영원한 복음에 담긴 진리를 예배하고 증언하는 가운데 배우고 실천하라고 요구한다.

바로 이런 이유 때문에 요한계시록을 예전禮典 텍스트로 읽으면, 결국 이를 신정(하나님의 정치) 텍스트로 읽을 수밖에 없다. 우리가 상상하고 예배하는 신(신들), 특히 공적인 영역에서 그리하는 신(신들)은 하나님과 다를지도 모른다. 칼뱅은 사람 마음은 쉴 새 없이 우상을 만들

---

68. 첫째 문구는 보컴의 글에서 인용했고(Bauckham, *Theology*, 17), 둘째 문구는 캐리의 글에서 인용했다(Carey, "The Book of Revelation as Counter-Imperial Script").

어낸다는 유명한 주장을 했다(사 44:9-11을 보라). 우리가 받아들이곤 하는 우상들은 무엇인가? 1세기 만신전萬神殿, pantheon에는 아프로디테, 아스클레피오스, 디오니소스, 마르스와 카이사르를 비롯하여 다른 많은 신들이 있었다. 오늘 우리에겐 이 신들에 상응하는 다른 이름들이 있다. 성性, 건강, 건강하고 단단한 몸, 쾌락, 전쟁, 힘, 안녕을 비롯한 것들이 그런 이름들이다. 고대 사람들은 그들이 섬기는 신을 표현하는 신전과 신상과 명문銘文을 갖고 있었다. 마찬가지로 우리도 각종 전달 매체들이 전해주는 우리의 우상들을 발견한다. 잡지와 책, 우리가 즐기는 영화와 음악, TV와 온라인이 이런 우상들을 전한다. 어처구니없게도 이 우상들은 우리가 그들을 위하여 살고 죽고 죽여도 될 만큼 소중한 이들로 떠받들어질 수도 있다. 사람들이 이 우상들을 **최고선**을 구성하는 요소로, 문화의 최고선에 없어서는 안 될 요소들로 이해하면, 이 우상들은 결국 그것을 위하여 죽이고 죽는 것도 정당하게 만들어버리는 고상한 명분이 되어버린다. "세상 나라는 하나같이 그 시민의 이기심을 한데 모아 집단성을 띤 부족의 힘으로 바꿔놓음으로써 그 나라 자신을 지키고 또 그 나라의 대의명분을 고취한다. 이런 부족의 힘은 각 시민으로 하여금 그가 그 사회를 이롭게 하는 선이라 믿는 것을 위해 기꺼이 죽고 죽이게 만든다."[69]

서양에서 가장 흔한 우상은 권력과 성과 돈이라는 말이 심심치 않게 있었다. 나는 이런 말에 크게 반대하지 않는다. 그러나 이런 우상들은 아메리칸 드림이나 어느 누구에게도 양도할 수 없는 자유와 시민과

---

69. Boyd, *Myth*, 56.

인권처럼 더 넓은 시각에서 삶을 바라보는 견해와 연결되어 있다. 때문에 이런 우상들도 한 국가가 따르는 시민 종교의 일부가 된다. 사실 나는 미국에서 사람들을 유혹하는 가장 치명적인 우상은 어디에나 존재하는 잡탕 신, 곧 가벼운 기독교와 결합한 국가주의라는 신이라고 주장하곤 했다. 이 우상을 섬기는 이들은 겉으로 보면 그리스도인 같으나, 이들이 드러내는 믿음과 신앙 언어와 신앙 관습에는 국가주의 신화 및 관습이 들어 있다. 슬프게도 이 시민 종교를 따르는 이들 대부분이 교회에 속해 있다. 바로 이런 이유 때문에 요한계시록 저자는 요한계시록을 (바벨론이 아니라) 일곱 **교회**에게, 시민 종교를 숭배하고 싶어 하는 모든 그리스도인들에게 써 보낸다.

요약해보자. 요한계시록은 제국 비판서인가? 그렇다. 그러나 제국 비판이 요한계시록이 행하는 궁극의 신정神政 기능은 아니다. 제국이 맞을 운명은 확실하다. 확실하지 **않은** 것은 현재 제국을 숭배하는 데 참여하는 이들이 맞을 운명이다. 더 중요한 비판은 교회를 향한 비판이요, 특히 교회가 제국을 숭배하는 데, 시민 종교 내지 국가주의라는 종교를 우상으로 떠받드는 데 참여함을 비판한 내용이다. 교회는 회개할 것인가? 이제 교회 앞에는 한 가지 큰 문제, 곧 "짐승을 따르느냐 아니면 어린 양을 따르느냐?"라는 문제가 등장한다.

요한계시록의 구조

요한계시록 해석자 중 많은 이들이 요한계시록에 일곱이 한 그룹을 이룬 것과, 일곱 가지를 차례로 나열해놓은 것들이 많음을 언급했다. 실제로 아래에 정리해놓은 틀은 6세기 프리마시우스Primasius[70], 그리고 8세기 비드Bede[71]가 제시한 틀과 그리 달라 보이지 않는다.[72]

구분	주요 내용
1:1-8	프롤로그: 묵시/예언/서신/예전/신정 성격을 띤 도입부
1:9-20	첫 환상: 교회들 가운데 계신 그리스도
2-3장	그리스도가 교회에게 주시는 일곱 가지 목회-예언 메시지
4-5장	중심부에 자리한 중심 환상: 하늘 보좌가 있는 방에 계신 하나님과 어린 양(그리스도)
6:1-8:1	일곱 인(印)(7:1-17=여섯째 인과 일곱째 인 사이의 간주곡)
8:2-11:19	일곱 나팔(10:1-11:13=여섯째 나팔과 일곱째 나팔 사이의 간주곡)
12:1-13:18	원수와의 싸움: 거룩하지 않은 삼위일체를 보여주는 환상들
14:1-20	간주곡: 구원과 심판을 보여주는 환상들
15:1-16:21	일곱 대접들
17:1-19:10	일곱째 대접의 팽창: 바벨론의 몰락과 하늘 잔치
19:11-22:5	마지막 환상에서 정점에 이른 마지막 때의 일곱 장면들: 새 하늘, 새 땅, 새 예루살렘(21:1-22:5)
22:6-21	에필로그: 묵시/예언/서신/예전/신정 성격을 띤 결론

---

70. ?-560?. 옛 카르타고 땅이었던 하드루메툼 주교였으며 요한계시록 주석을 썼다. 이 주석은 히포의 아우구스티누스에게 영향을 준 4세기 인물 티코니우스가 쓴 요한계시록 주석을 활용했다 한다—역주.

71. 672-735. 잉글랜드 수도사였다. 영국 교회사 저작 가운데 시초라 할 『잉글랜드인의 교회사』(Historia ecclesiastica gentis Anglorum)를 썼다—역주.

72. Murphy, "Revelation," 683에서 인용. Talbert, Apocalypse, 88-103은 마지막 환상들 묶음(19:11-22:5)에 일곱(7)이라는 패턴이 있다고 말한다.

요한계시록의 구조는 다음과 같이 간단하게 나타낼 수 있다.

I. 요한계시록 1-3장: 부활하신 주님과 그분이 말씀하신 일곱 가지 목
회-예언 메시지를 보여주는 첫 환상
II. 요한계시록 4-5장: 하나님과 어린 양을 보여주는 중심부의 중심
환상
III. 요한계시록 6-20장: 하나님의 심판을 보여주는 환상들과 간주곡들
IV. 요한계시록 21-22장: 새 창조를 보여주는 마지막 환상

간략히 정리한 이 구조는 이 책의 중요한 네 개 장(5, 6, 8, 9장)을 구성
하는 틀을 제공한다.

묵시 문학이 흔히 그렇듯이 요한계시록의 내용은 이 세상이 아닌
저 세상으로의 여행이 대부분이며, 일련의 "개개 환상들과 계시를 담은
내러티브들"(4:1-22:5)로 이루어져 있다.[73] 주요 환상들과 내러티브들은
하나님의 심판을 이야기하며, 간주곡들은 (듣는 이들/읽는 이들에게 숨을
돌릴 틈을 주면서) 하늘의 여러 장면과 찬송을 들려주고 종말론과 관련
된 결론을 미리 보여준다. 이 여러 환상과 에피소드는 눈에 보이지 않
는 현재와 아직 오지 않은 미래를 함께 계시한다. 한 내러티브가 선형
線形으로 길게 이어지기보다 짤막한 환상들과 내러티브들이 연이어 등
장하는데, 이들은 뒤의 것이 앞의 것을 되풀이하는 모습을 얼마간 보여
주지만 동시에 뒤의 것이 앞의 것을 강하게 부연하는 모습도 늘 보여

---

73. Aune, *Revelation 1-5*, lxxxiii.

준다. 더불어 심판을 말하는 일곱 인과 일곱 나팔(6:1-11:19)은 일곱 천사 및 일곱 대접(14:6-19:10)과 평행을 이룬다. 일곱 가지씩 묶어 두 그룹으로 제시한 이 심판 환상들 사이에 거룩하지 않은 삼위일체를 보여주는 환상들(12:1-13:18)과 구원 및 심판을 다시 이야기한 짧은 환상들(14:1-20)이 들어 있다. 마지막으로 갱신과 구원을 보여주는 환상들이 결론(19:11-22:5)이자, "종말의 아트 갤러리를 통과하는 여행"a tour through an eschatological art gallery을 이룬다.[74]

이 긴 주요 부분 앞에는 그리스도를 보여주는 요한계시록의 첫 환상이 나온다(1:9-20). 그리스도는 요한계시록에 나오는 환상들의 근원이요 주인공이시다. 그가 첫 환상에 뒤이어 등장하는 일곱 메시지를 말씀하시기(2-3장) 때문이다. 그 일곱 메시지는 또한 하나님과 어린 양을 보여주는 요한계시록의 중심 환상인 하늘 보좌가 있는 방 환상(4-5장)으로 연결된다. 이것들은 모두 이 책 대부분을 차지하는 것으로 유명한 심판(과 구원)을 보여주는 긴 환상들을 시작하는 도입부다. 요한계시록 전체는 그 내용을 봉투처럼 감싸는 북엔드로 시작하고 북엔드로 마친다(1:1-8과 22:6-21). 이는 요한계시록이 여러 가지 특성을 함께 가졌을 뿐 아니라 예전과 신정神政에도 관심이 있음을 일러준다.

요한계시록의 주요 부분에 자리한 내러티브는 엄밀히 말해 연대순이 아니다. 미첼 레디쉬는 이렇게 말한다.

---

74. Boring, *Revelation*, 195. "내가 보니"라는 말이 이 대목에 있는 일곱 환상을 하나씩 구분해 준다.

요한계시록이 묘사하는 사건들은 분명 어떤 진전을 보여주려고 한다. 일곱 인印을 떼고 나서 이어 일곱 나팔을 말함이 그 증거다. 그러나 이 진전은 엄밀히 말해 직선이 아니다. 오히려 가끔은 뒤의 사건들이 앞의 사건들을 다시 이야기하기도 한다.…요한계시록은 직선을 그리며 앞으로 나아가는 구조라기보다 나선 모양으로 움직이는 모습을 보여준다. 뒤의 사건은 앞의 사건을 다른 형태로 제시하면서 다른 이미지를 사용한다.[75]

이런 내러티브 움직임을 요약 반복recapitulation이라 부른다. 그렇다고 요한계시록이 어떤 플롯을 가졌다는 주장을 부인하는 것은 아니다. 오히려 우리는 요한계시록의 플롯이 하나의 교향곡처럼 펼쳐짐을 인식해야 한다. 이 교향곡은 막바지를 향해 나아가면서, 곡의 큰 주제를 활용한 변주곡들을 여러 개 들려준다. 직선 모양이 아닌 이런 움직임은, 요한계시록의 윤곽이 서로 연결된 원들이 계속적으로 이어지는 가운데 앞으로 나아가는 나선 모양에 더 가까움을 뜻한다.[76]

요한계시록 내용 중 다시 한 번 강조해야 할 한 가지 요소는, 비록 휴거가 『레프트 비하인드』 시리즈와 대중성을 띤 다른 많은 요한계시록 해석서들의 신학적 출발점이긴 해도, **요한계시록에는 휴거가 전혀**

---

75. Reddish, *Revelation*, 21. 쉬넬레는 요한계시록이 "일련의 동심원들"에 더 가까우며, 이미 시작된 하나님과 예수의 나라는 환상을 보는 자가 가진 사상의 기초요 중심 역할을 한다고 주장한다(Schnelle, *New Testament Theology*, 754).

76. Koester, *Revelation and the End of All Things*, 39에 있는 그림을 보라.

없다는 사실이다.[77] (사람들은 요한계시록의 중심 환상을 이야기하기 시작하는 4:1이 휴거를 말하는 구절이라고 추측한다.) 이를 내가 가르쳤던 한 수업에서 지적하자, 어떤 학생이 그리스도의 재림을 부인한다면서 나를 거의 이단으로 몰아붙였다. 그때 그 학생에게도 말했고 지금도 다시 말해두지만, 요한계시록은 그리스도가 다시 오신다고 분명히 말하며, 그 독자들에게 그리스도가 다시 오시길 기도하라고 요구한다. 요한계시록에는 그리스도의 재림이 없는 게 아니라, 그리스도가 실제로 재림하시기 전에 그 예비 조치로서 은밀히 교회를 하늘로 들어 올리시리라는 말이 없다. 전자—그리스도가 다시 (그리고 마지막으로!) 오심—는 요한계시록은 물론이요 신약 성경 나머지 부분과 신경들과 기독교 신앙이 역사 속에서 가르쳐온 내용 가운데 하나다. 내가 지금 쓰는 이 책은 그리스도가 미래에 다시 오심을 주저 없이 인정한다.[78]

결론: 신학시적이며 신정적이고 목회-예언적인 텍스트

요한계시록이 말하는 대상은 현실에 순응한 교회와 핍박받는 교회다. 목회-예언적인 진정한 메시지를 담은 말이 늘 그렇듯이, 요한계시록은 현실에 순응한 교회에는 도전을 던지고, 또한 핍박받는 교회에게는

---

77. 특히 톰 라이트가 쓴 논문 "Farewell to the Rapture"를 보라⟨http://www.ntwrightpage.com/Wright_BR_Farewell_Rapture.htm⟩.

78. 재림을 가리키는 전문 신학 용어는 파루시아(*Parousia*)이며, 이는 "임재" 혹은 "강림"을 뜻한다. 마 24:3, 27; 고전 15:23; 살전 2:19; 3:13; 4:15; 5:23 등을 보라. 신약 성경은 이 말을 종종 황제나 권세 있는 관리들이 시찰 왔음을 나타내는 말로 사용했으나, 이 말이 예수와 결합하면 하나님의 정치에 여전히 강조점이 있다.

위로를 전한다. 요한계시록은 신학시적이고 신정적인 텍스트로서, 현재는 물론 미래에도 이루어질 하나님과 죽임 당하신 어린 양(그리스도)의 통치, 제국과 시민 종교를 겨눈 강력한 비판, 그리고 신실하게 저항하고 삶으로 예전을 표현하며 복음을 전할 소망을 가진 공동체 안에서 어린 양을 따르라는 도전을 던지는 권면을 영감이 넘치는 환상에 담아 우리에게 전해준다. 요한계시록은 "[이 책을 듣는 이들이] 두려움을 제어하고, 다시금 새롭게 헌신하며, 품은 소망을 굳건히 지킬 수 있게 하려고" 쓴 책이다.[79] 요한계시록은 결코 과장하여 해석해서는 안 될 이미지와 상징을 잇달아 제시함으로써(이런 이미지와 상징을 그대로 다 체험한 것으로 해석해서는 안 된다고 말하는 이들도 일부 있다) 그런 기록 목적을 이뤄간다. 이런저런 세부 내용의 의미 그리고 그와 관련된 문화에 관한 논의들은 불가피하지만, 그래도 이런 논의들이 신학시적인 본문의 환상을 체험하는 것을 방해해서는 안 된다. 사실 어떤 비평가가 존 키츠[John Keats][80]가 쓴 "그리스 항아리에 부치는 시"[Ode on a Grecian Urn]에 담긴 이미지의 세부 내용을 놓고 말한 대로, 이런 토론들은 그 텍스트가 가진 "수수께끼 같은 풍성한 의미를 증언해준다."[81] 그러나 무엇보다도 요한계시록이 제시하는 상징의 세부 내용을 다룰 때는 그것이 마치 역사의 종말을 상세히 묘사한 기록인 것처럼 다루어서는 안 된다. 오히려 그런 세부 내용은 예전 및 신정을 이야기하는 더 커다란 주제를 섬기는 역할을 한다.

---

79. Metzger, *Breaking the Code*, 106.
80. 1795-1821. 바이런과 더불어 영국 낭만주의 시를 대표하는 시인이다—역주.
81. Abrams, *Norton Anthology*, 2:663 주1.

1. 요한계시록이 예전(禮典) 텍스트라는 것은 무슨 뜻인가요? 요한계시록을 이렇게 규정하는 것이 요한계시록 해석에 어떤 영향을 미칠지 이야기해보세요. 요한계시록이 정치적 혹은 신정적 텍스트라는 것은 무슨 뜻인가요? 요한계시록을 이렇게 규정하는 것이 요한계시록 해석에 어떤 영향을 미칠지 이야기해보세요.

2. 기독교의 정상 궤도를 벗어난 시민 종교가 서구 세계, 특히 미국에서 대세를 이루고 있다는 주장을 어떻게 생각하나요? 또 요한계시록이 1세기나 21세기에도 시민 종교에 맞서는 선언문이라는 주장을 어떻게 생각하나요? 요한계시록을 이렇게 규정하는 것은 요한계시록 해석에 어떤 영향을 미칠까요?

3. 요한계시록을 목회-예언적 텍스트로 규정하는 것은 요한계시록 해석에 어떤 영향을 미칠까요?

4. 요한계시록을 이번 장에서 제시한 방식으로 읽어내는 것이 가능할까요? 여전히 요한계시록이 미래를 미리 일러준다고 믿을 수 있을까요?

4장 우리는 요한계시록을 어떻게 읽어야 하는가?

요한계시록 해석

How Do We Read It? Interpreting Revelation

우리는 요한계시록을 어떻게 읽고 어떻게 해석해야 하는가? 이는 기본적으로는 요한계시록이 밧모섬을 떠난 그날부터 문제가 되어왔다. 사실 일부 해석의 결과들은 상상에서 나온—그리고 이상한—것이었다. 체스터턴[G. K. Chesterton][1]이 한 평評이 딱 맞다. "복음서 기자인 요한이 환상 가운데서 요상한 괴물들을 많이 봤지만, 그래도 그가 본 괴물 중에 자신을 평한 비평가들 같은 야수는 전혀 없었다."[2] 루터도 같은 말을 했다. "어떤 사람들은 제멋대로 머리를 굴려 요한계시록으로 바보 같은 것들을 많이 만들어냈다."[3]

요한계시록을 읽은 이들이 보인 반응 중에는 요한계시록을 정말로 성경에서 제거하거나 성경 구실을 못하게 함으로써—무시함으로써—이 책을 교회로부터 쫓아내버린 경우도 있었다. 따라서 우리는 요한계시록에 대한 해석을 살펴보기 전에, 그 책이 성경 내지 정경 안에 존재

---

1. 1874-1936. 영국의 작가요 언론인이며 기독교 변증가였다—역주.

2. Chesterton, *Orthodoxy*, 13.

3. Luther, "Preface to the Revelation of St. John[II]," 400.

한다는 것부터—요한계시록이 정경이라는 것부터—간단히 살펴봐야 한다.

요한계시록을 정경에 넣느냐 마느냐? 요한계시록은 정경인가라는 문제

요한계시록을 성경에 넣자고 강력히 주장하는 이들이 초기 교회에도 일부 있었지만, 이 책이 성경 안으로 들어온 것은 아슬아슬했다.[4]

완성되어가던 기독교 정경에 넣을 책을—특히 신약 성경이 될 책을—선정할 기준들을 정리해서 제시한 이는 아무도 없었다. 그러나 사람들이 활발히 논의하던 관심사들은 분명 있었다. 초기 교회 지도자들은 자신들이 신앙과 삶에 권위가 있다고 여기곤 했던 기록들이 충분히 오래되고 사도적이며 교회 전체가 인정하는 것들인지, 또 정통 신학을 담은 것들인지 확실하게 알고 싶어 했다.

처음에 초기 교회 지도자들은 대개 요한계시록을 충분히 오래되고 또 사도로부터 유래한 기록으로 보고 그들이 쓴 작품에 인용했다. 그러나 얼마 지나지 않아 요한계시록의 기이한 환상과 이미지는, 다른 많은 이들이 이상하다 여긴 믿음을 가진 신학자들의 놀이마당이 되었다. 1장에서도 언급했듯이, 몬타누스파는 그들의 신학 중 많은 부분을 요한계시록에서 (특히 소위 천년왕국을 다룬 20:1-6로부터) 끄집어냈지만, 정통파 지도자들은 이 책의 저자가 사도라는 데—그리고 이 책이 정통이라는 데—의문을 제기했다. 교회사가인 유세비우스 시대(4세기 초)에

---

4. 간단한 논의를 살펴보려면, Wall, *Revelation*, 25-32을 보라.

이르자, 어떤 이들은 요한계시록을 정경으로 인정했으나 다른 이들은 이 책을 거부했다. 때문에 유세비우스는 교회가 완성중인 정경을 놓고 벌인 논쟁에서 "논란을 벌인" 혹은 심지어 "가짜로 여긴" 책 속에 요한계시록을 포함시켰다. 서방 교회는 4세기에 이르러 정경이 완성될 때 요한계시록을 정경에 집어넣었지만, 동방 교회는 여전히 이 책을 가짜라 의심했다. 예루살렘의 키릴루스[315-386]는 요한계시록을 정경에서 빼버리고, 심지어 사람들이 모인 자리나 혼자 있을 때도 읽지 못하게 했다. 대체로 동방 교회에는 천년왕국(20:1-6)이 "기독교의 영적 본질을 왜곡했다"고 말하는 이들이 많았다.[5] (오늘날까지도 정교회 성구집에는 요한계시록이 없다.)

이런 논쟁들에서는 요한계시록 저자뿐 아니라 해석학적인 문제도 논쟁거리가 되었다. 요한계시록을 어떻게 읽어야 하는가? 본문을 문자 그대로 받아들여야 하는가, 아니면 상징이나 알레고리로 받아들여야 하는가? (누가 한 말마따나 변하는 것들이 많아질수록 변하지 않는 것들도 많아진다!) 교회가 요한계시록을 정경에 넣어야 한다고, 또는 정경 속에 그대로 두어야 한다고 결정했지만, 이 요한계시록을 어떻게 해석해야 하는가라는 문제는 사라지지 않았다. 사실은 요한계시록이 정경이 되자 이런 해석상의 문제는 더 뜨거운 쟁점이 되었다. 이제는 그리스도인들이 이 책을 해석**해야만** 했고, 이 책과 성경의 다른 책들을 통합**해야** 했기 때문이다. 논쟁이 달아오르기 시작했다. 그러나 요한계시록 해석사에서 볼 수 있는 큰 흐름들은 교회사 첫 몇 세기에 이 책을 진지하게

---

5. Boring, *Revelation*, 3.

다룬 신학 작품들이 등장하면서 이미 나타났다.[6] 요한계시록의 환상은 특정한 인물과 사건을 가리키는가 아니면 역사 속 특정 인물이나 사건을 넘어 역사 전체를 통해 반복적으로 나타나는 인물과 사건을 가리키는가? 천년왕국은 진짜 천년왕국인가 아니면 상징인가, 땅 위에 있는가 아니면 하늘에 있는가? 요한계시록의 주요 내용은 심판을 미리 일러주는 말들인가 아니면 그리스도와 교회의 본질인가? 이 외에도 여러 가지 해석상의 문제들이 등장했다.

요한계시록을 정경으로 삼은 것을 진지하게 받아들이는 입장에는 하나의 대안이 있다. 우리는 초기 루터 그리고 칼뱅을 흉내낼 수 있다. 이들은 요한계시록의 상징이 그리스도를 가리기 때문에 평범한 그리스도인들에게는 이 책이 좋지 않다고 생각했다. 그러나 우리는 이 대안을 십중팔구 실수로 봐야 할 것이다. 대체로 보면 종교개혁자들의 신학은 교부들에게 큰 빚을 지고 있는데, 이 교부들 가운데에는 요한계시록의 여러 난제에도 불구하고 신학적인 면에서 요한계시록에 신세 진 이들이 많았기 때문이다. 따라서 요한계시록을 피하는 것은 실제로 책임 있게 신학을 하는 자세가 아니며, 그와 다른 해석을 위한 전략이 필요하다.

요한계시록에 대한 접근법

주디스 코바취 Judith Kovacs[7]와 크리스토퍼 로우랜드 Christopher Rowland[8]는 요

---

6. 해석사를 다룬 문헌들을 보려면, 이 책 "전주곡"의 각주 6번을 보라.
7. 미국 성경 신학자이며 버지니아 대학교 교수다—역주.
8. 1947-. 영국 성경 신학자요 성공회 사제로서 옥스퍼드대 교수다—역주.

한계시록 해석과 그 해석이 끼친 영향에 관한 역사를 연구하는 학자들이다. 이들은 여러 요한계시록 해석이 분포한 넓은 스펙트럼에 두 극極이 있다고 주장한다. 그것은 "암호를 해독하는"decoding 쪽과 "현실에 적용하는"actualizing 쪽이다. 암호를 해독하는 해석자들은 본문의 세부 사항들에 초점을 맞추면서 본문과 특정 사건 및 사람(이전에 교회사 속에서, 또는 그들 자신의 시대 속에서 일어난 사건과 존재한 사람) 사이의 상호 관계를 찾아낸다. 반면 현실에 적용하는 해석자들은 "그 본문의 영혼을 전달"하려 하면서 이 본문을 새로운 상황에서 "실행"하려고 한다. 코바취와 로우랜드는 모든 요한계시록 해석이 해석 스펙트럼에서 이 두 극 사이의 어딘가에 자리하고 있다고 말한다.[9] 이 두 극은 **조화(일치)의 해** 석 hermeneutic of correspondence과 **유추(유비)의** 해석 hermeneutic of analogy, 혹은 해석 전략이라고도 부를 수 있다.

또 코바취와 로우랜드는 다른 사람들이 언급한 견해도 제시한다. 요한계시록 해석자들은 요한계시록을 읽을 때 과거나 현재나 미래에 초점을 맞춘다. 다시 말해 어떤 이들은 요한계시록을 우선 고대 교회에 준 고대 기록으로 읽어야 하거나 오로지 고대 교회에 준 고대 기록으로 읽어야 한다고 생각하지만, 또 어떤 이들은 요한계시록을 누구보다 오늘날 우리에게 이야기하는 텍스트로 (즉 요한계시록 메시지는 시간을 뛰어넘은 것이기에 어느 시대에나 적용된다고) 보며, 또 다른 사람들은 요한계시록을 본디 미래에 관한 예언들을 묶어놓은 것으로 본다. 하지만 시대의 연관성에 초점을 맞추지 않는 해석자도 이런 연관성을 배제하

---

9. Kovacs and Rowland, *Revelation*, 8.

고 해석하는 이는 거의 없다. 홀 린지와 팀 라헤이처럼 대중에게 인기 있는 해석자들은 요한계시록이 주로 미래에 닥칠 고난 및 그와 연관된 사건을 우리에게 일러준다고 믿지만, 그럼에도 요한계시록이 1세기는 물론이요 우리 시대에도(정녕 모든 시대에도) 공히 적용되는 텍스트라고 생각하기는 마찬가지다.

이 간단한 두 가지 요한계시록 접근법 분류 체계를 함께 묶어보면, x축과 y축으로 이루어진 그림을 만들어볼 수 있으며, 이 그림 위에 암호를 해독하는 전략과 현실에 적용하는 전략 사이에, 그리고 과거와 현재와 미래라는 초점들 사이에 자리한 해석자들의 관심사들을 그려볼 수 있겠다.[10]

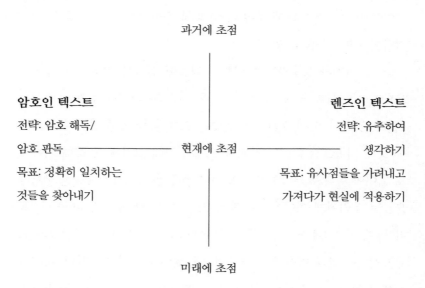

과거에 초점

암호인 텍스트
전략: 암호 해독/
암호 판독
목표: 정확히 일치하는
것들을 찾아내기

현재에 초점

렌즈인 텍스트
전략: 유추하여
생각하기
목표: 유사점들을 가려내고
가져다가 현실에 적용하기

미래에 초점

---

10. 나는 로우랜드가 Kovacs and Rowland, *Revelation*, 8을 비롯하여 여러 강의와 출판물로 제시한 몇몇 비슷한 그림들을 응용하여 이 그림을 만들었다.

다섯 가지 해석 전략

오늘날 사람들이 따르는 요한계시록 해석 전략에는 적어도 다섯 가지가 있다. (전부가 그렇지는 않지만, 실제로 대부분은 요한계시록 해석사에서 아주 오랜 역사를 갖고 있다.) 이 다섯 가지 전략을 제시해보면, 방금 한데 묶어 제시해본 두 가지 유익한 분류 체계—암호를 해독하는/현실에 적용하는 축과 과거/현재/미래에 초점을 맞춘 축—를 훨씬 더 넓게 확장해볼 수 있겠다. 그러나 이 다섯 가지 접근법은 서로를 배제하지 않는다.[11]

1. 첫 번째 접근법은 요한계시록을 **예언으로 보는** 접근법predictive approach 이다. 이것은 가장 흔한 접근법으로 미래에 초점을 맞춘다. 하지만 이 접근법은 근래에 만들어진 게 아니다. 이 접근법은 기독교 초창기의 몇몇 요한계시록 해석자까지 거슬러 올라가는데, 2세기 순교자 유스티누스와 이레나이우스, 3세기 빅토리누스Victorinus[12]가 그 예다. 이들은 지금도 남아 있는 첫 요한계시록 주석을 써냈다. 여러 세기에 걸쳐 많은 그리스도인 해석자들은 요한계시록이 말하는 고난이나 천년왕국이나 인물들이 그들 자신의 시대에 이루어지거나 아주 가까운 미래에 이루어지리라고 보았다. "요한계시록을 역사를 예언하는 데 사용하려는 잘못된 시도 때문에 역사가 난장판이 되었다."[13] 시대의 중요한 분기점(가

---

11. 여러 가지 요한계시록 접근법을 나타내는 용어, 그리고 여기서 내린 그 용어의 정의는 내 자신이 만든 것이다 보니 혹 다른 학자들이 쓰는 것과 다를지도 모르겠다.

12. 초기 교회 저술가로 디오클레티아누스 황제의 기독교 박해 때 순교했다—역주.

13. Barr, "John's Ironic Empire," 20.

령 1000년이나 2000년)이 눈앞에 이르고, 세상이나 교회에서 혼란스러운 정치 사건들이 일어날 동안에는 사람들이 암호를 해독하고 그것들을 서로 꿰맞춰보는 데 더 큰 관심을 기울였다.

우리는 이 접근법에서 두 가지 기본 형태를 찾아냈다. 일부 해석자들은 역사에 초점을 맞추면서, 요한계시록이 세계사나 교회사를 (적어도 서양 역사를) 내다본 예언이라고 생각한다. 이 경우 그 역사는 해석자의 시대나 해석자의 시대와 가까운 시대에 정점에 이르는 것이 보통이다. 12세기에 활동한 피오레의 요아힘[Joachim of Fiore 14]과 14세기에 활동한 리르의 니콜라스[Nicholas of Lyra 15]는 요한계시록을 교회사 순서도順序圖로 읽었다. 이들의 요한계시록 읽기 전략은 후대의 많은 해석자들에게 영향을 주었다.

근래 요한계시록을 예언으로 보는 대다수 해석자들은 종말론에 초점을 맞추면서, 요한계시록이 주로 "마지막 때"에 관심이 있다고 본다. 가끔은 미래에 초점을 맞춘 접근법이라 부르는 이 접근법은, 요한계시록을 마지막 때를 미리 보여주는 DVD나 청사진으로 보는 많은 대중 서적과 웹사이트와 다른 미디어에서 분명하게 발견할 수 있다. 오늘날 이 접근법 가운데 가장 널리 알려진 형태는 세대주의다. 세대주의는 특히 플리머스 형제단 교사인 다비[J. N. D. Darby, 1808-1882]가 대중에게 널리 알렸고, 이어 스코필드 성경, 이어 홀 린지(그가 쓴 『대 유성 지구의 종말』),

---

14. 1135-1202. 이탈리아 신비주의 영성가요 수도사이며 신학자다. 이탈리아에서는 피오레의 지오아키노라고 부른다―역주.
15. 1270-1349. 프랑스 프란체스코회 수도사요 성경 주해 학자다. 프랑스에서는 리르의 니콜라라고 부른다―역주.

그리고 최근에는 팀 라헤이와 제리 젠킨스(『레프트 비하인드』 시리즈)가 널리 알렸다. 앞서 말했지만, 세대주의자들은 역사를 여러 세대 내지 시대로 나누어, 하나님이 그리시는 이야기 속에 이런 세대 내지 시대들이 있다고 본다. 또 세대주의자들은 요한계시록 6-19장이 말하는 고난과 다니엘 9:25-27이 말하는 일흔 번째 주를 연계하며, 예수의 2단계 재림 내지 이중 재림이 요한계시록 4:1 및 다른 곳에서 발견할 수 있다고 생각하는 교회 "휴거"와 함께 시작한다고 믿는다. 이것은 암호 해독이라는 관점에서 요한계시록에 다가가는 방법으로, 요한계시록에 나오는 상징과 후대의 인물 및 사건, 특히 해석자와 같은 시대의 인물 및 사건을 연계하는 데 관심을 보인다. 예를 들어 홀 린지는 요한계시록 9장에 나오는 황충蝗蟲이 공격용 헬리콥터일지 모른다고 주장했다.

이 접근법은 정치성이 아주 강할 수 있음을 유념해야 한다. 사람들은 요한계시록에 등장하는 인물과 사건을 정치인 및 정치 상황과 연계하려고 하며, 가끔은 이 접근법이 정치 전략에 직접 영향을 미친 때도 있었다. 미국의 대 중동中東 관계가 그런 예다.[16]

2. 두 번째 접근법은 우리가 **과거에 초점을 맞춘** 접근법preterist approach이라 부르는 접근법이다. 이 접근법은 오로지 과거에 초점을 맞춘다. ("preterite"는 언어학에서 과거 시제를 가리키는 말이다.) 가끔 기록 당시의 역사에 초점을 맞춘 접근법contemporary-historical approach이라고도 부르는 이

---

16. 예를 들어 Boyer, *When Time Shall Be No More*; Tuveson, *Redeemer Nation*; Jewett and Shelton, *Captain America*를 보라.

접근법은 신학적 접근법은 아니나 학문성을 띤 접근법으로서, 성경 연구에 쓰는 역사비평 방법을 쓰거나, 사회학–수사학의 방법론을 사용할 수도 있다. 어느 경우든 이 접근법은 요한계시록을 엄격하게 이를 기록한 시대가 만들어낸 기록이요, 그 시대에 적용하려고 쓴 기록이자 고대 종교 문학의 표본으로 본다. 이 접근법이 발전한 데에는 요한계시록을 미래에 초점을 맞춰 읽어내는 접근법에 대한 반발도 한 원인이 되었다. 이 접근법을 따르는 해석자는 본문에서 예언으로 보이는 것들에는 전혀 관심이 없을 수도 있고, 심지어 그 본문이 후대에도 계속 적용되는가라는 문제에도 관심이 없을지 모른다. 이 접근법을 쓰는 해석자는 요한계시록의 상징들이 오직 1세기에 가졌을 법한 의미들을 확실히 밝혀내려고 암호를 해독한다. 큰 호평을 들은 데이비드 오니의 세 권짜리 주석 같은 책도 이 범주에 들어간다.[17]

나머지 세 가지 접근법은 요한계시록이 현재에 던지는 메시지, 혹은 그 메시지가 시간을 초월한 성격을 가진다는 점에 초점을 맞춘다. 여기서 시간을 초월했다timeless는 말은 요한계시록이 신학 색채가 없이 모호하고 두루뭉술한 이야기로 가득하다는 말이 아니라, 어느 시대에나 늘 통하는timely 살아 있고 운동력이 있는 말씀이라는 뜻이요, 요한계시록이 기록될 당시는 물론이요 후대 맥락에서도 능력이 있고 예리한

---

17. 그렇다고 오니가 신학에 관심을 보이지 않는다는 말은 아니다. 오히려 오니는 신학에 관심을 보이며, 다른 곳에서 그런 관심을 드러낸다. 그러나 그가 쓴 주석은 과거에 초점을 맞추는 역사비평 접근법을 보여주는 한 예다. 반면 벤 위더링턴은 그가 쓴 주석에서 사회학–수사학 해석들을 분명히 결합하는데, 그 자체만 놓고 보면 과거에 초점을 맞춘 접근법일 수 있지만, 이 시대의 신학 성찰도 함께 들어 있다.

말씀으로 선포할 수 있다는 뜻이다. 요한계시록이 시간을 초월하면서도 또한 어느 시대에나 통한다고 보는 세 가지 접근법은 모두 이 책에서 중요한 역할을 한다.

3. 우리는 세 번째 접근법을 가리켜 요한계시록을 **시**詩 **또는 신학시**神學詩**로 보는 접근법**이라고 부른다. 이 접근법을 따르는 이들은 요한계시록이 신화 혹은 시 같은 표현을 사용하여 하나님과 악과 역사 등에 관한 큰 진리들을 표현한다고 주장한다. 이 접근법은 가끔씩 이상주의자의 접근법이나 영적 접근법이나 비非역사적 접근법이나 시간을 초월한 접근법 또는 시간을 관통하는 접근법으로 부르기도 한다. 이 접근법은 요한계시록을 예언으로 보는 접근법이 범하는 해석 남용 사례들과 요한계시록을 순전히 그 시대 역사를 놓고 말한 것으로 보는 접근법에 대응하면서, 늘 다소간 반동 성향을 띠었다. 3세기 알레고리 성경 해석의 거봉이었던 오리게네스 같은 교부들은 물론이요, 그 정도는 덜했지만 티코니우스Tyconius[18]라는 해석자가 남긴 작품을 토대로 해석을 펼쳐 보인 아우구스티누스354-430는 요한계시록을 미래 일을 말한 책으로 보는 해석에 반대했다.

　요 근래 폴 미니어Paul Minear[19]는 요한계시록을 "생기발랄하고 열정이 넘치는 온갖 생각의 춤"이라 불렀고, 스위트J. P. M. Sweet는 요한계시록이

---

18. 4세기에 활동한 도나투스파 저술가로 아우구스티누스가 주장한 하나님의 도성 개념에 영향을 주었다고 한다—역주.
19. 1906-2007. 미국 신약 신학자로 예일대 명예 교수였다—역주.

"이성이 돋보이는 담화라기보다 음악에 더 가깝다"라고 말했다.[20] 유진 피터슨은 요한계시록에 "해독을 요구하지 않고 도리어 경탄을 불러일으키는 신학시"라는 이름표를 붙였으며, 리처드 헤이스는 요한계시록의 "신학시적" 언어에 대해 글을 썼다.[21] 물론 이 해석자들도 역사적 연구를 배제하지는 않는다. 그러나 이들은 요한계시록을 암호로 보고 암호 해독에 치중하는 접근법을, 그 접근법이 과거에 초점을 맞추느냐 혹은 미래에 초점을 맞추느냐와 상관없이, 요한계시록의 장르와 언어를 무시한 것이라며 거부한다. 따라서 이 접근법은 단순히 다른 접근법에 대한 반동이 아니다. 이 접근법은 요한계시록의 중요성과 요한계시록이 말하는 진리가 로마 그리고 이 요한계시록을 기록할 당시의 특수한 역사 정황에만 적용되거나 미래에 있으리라 추정하는 사실에만 적용되는 게 아니라고 주장한다.

4. 네 번째 접근법은 **정치 혹은 하나님의 정치라는 관점에서** 요한계시록을 바라보는 접근법이라 부를 수 있다. 우리가 말하려는 취지를 고려할 때, 이 접근법은 요한계시록을 예언으로 보는 세대주의식 접근법들이 정치와 관련하여 암시하는 의미들을 염두에 둔다기보다, 요한계시록을 본디 위로와 (특히) 저항을 담은 문서로 보는 견해를 염두에 두고 있다. 여기서 위로와 저항이라는 말은 남아프리카 신학자인 앨런 부색 Allan Boesak[22]이 아파르트헤이트 시대에 쓴 요한계시록 해석서 제목인 『위

---

20. 미니어의 말은 Peterson, *Reversed Thunder*, xii에서 재인용; Sweet, *Revelation*, 13.
21. Peterson, *Reversed Thunder*, 7, xiii; Hays, *Moral Vision*, 170, 173, 184.
22. 1945-. 남아프리카 목회자요 정치 운동가이며 신학자다—역주.

로와 저항』*Comfort and Protest*, 1986에서 빌려왔다. 미국 평화 운동가인 대니얼 베리건Daniel Berrigan[23]과 남미 해방 신학자인 파블로 리차르드도 요한계시록을 다룬 비슷한 분량의 책을 내놓았다. 반면 다른 이들은 역사 쪽에 더 치중한 접근법과 정의에 초점을 맞춘 해석을 혼합하거나(엘리자베스 쉬슬러 피오렌자), 역사 쪽에 더 치중한 접근법과 반제국주의에 초점을 맞춘 해석을 혼합했다(예를 들어 하워드-브룩과 앤터니 과더의 경우). 마틴 루터 킹도 그가 쓴 "버밍햄 감옥에서 쓴 서신"과 설교들에서 요한계시록을 원용했다. 하나님의 정치라는 관점에서 요한계시록에 다가가는 방법은 불의를 비판하거나 변화와 정의를 독려하는 데 초점을 맞출 수도 있고, 양자 모두에게 초점을 맞출 수도 있다.[24]

5. 다섯 번째 접근법은 **목회-예언의 시각에서** 요한계시록을 바라보는 접근법이라고 부를 수 있겠다. 이 접근법은 요한계시록을 무엇보다 교회가 적대 세력과 벌일 수밖에 없는 싸움에서 신실함을 지키게끔 독려할 목적으로 그리스도인이 쓴 문서로 본다. 이 접근법과 꼼꼼한 역사 연구를 결합한 주석가가 찰스 탤버트Charles Talbert[25]다. 탤버트는 요한계시록이 "순결한 영혼을 지키고 일편단심으로 하나님을 섬기게 하는, 혹은 첫 번째 계명을 신실히 지키게 하는 역할을 한다"고 써놓았다.[26] 다른

---

23. 1921-. 미국 가톨릭 사제요 시인이며 평화 운동가다―역주.
24. 여기에는 윌리엄 스트링펠로(William Stringfellow)와 자크 엘륄(Jacques Ellul)의 작품도 포함시켜야 한다. 물론 엘륄의 접근법은 신학시에 초점을 맞춘 접근법이기도 하다.
25. 미국 신약 신학자이며 베일러 대학교 석좌 교수다―역주.
26. Talbert, *Apocalypse*. 그는 "우리가 사는 시대가 이 선지자가 처한 정황을 거의 그대로 보여 준다"고 주장한다(12쪽).

이들도 있지만, 특히 게르하르트 크로델Gerhard Krodel[27]과 로버트 월Robert Wall[28]이 쓴 주석들이 비슷한 색깔을 띤다.

목회-예언의 시각에서 요한계시록에 접근하는 이 방법은 앞서 말한 두 접근법과 긴밀한 연관을 가질 수밖에 없다. 과거에 초점을 맞춘 접근법은 요한계시록이 말하는 바벨론을 단지 로마라 말할지 모른다. 또 미래에 초점을 맞춘 접근법을 따르는 사람 중에는 그 바벨론이 (요한계시록의 기록 시점으로부터) 미래인 현대 유럽에 나타난 로마 제국의 변형이라고 주장할지 모른다. 그러나 요한계시록을 시로 읽어내면서, 요한계시록의 바벨론은 단순히 로마 혹은 현대 유럽에 나타난 로마 제국의 변형도 분명 아니라고 결론짓는다면, 오히려 우리는 우리 시대의 정치적 현실에서 우리를 유혹하고 억압하는 바벨론의 힘을 느낄 수 있다. 우리는 그 힘을 규명하고 그 힘에 맞서야 한다. 마지막에 살펴본 세 접근법은 서로 비슷하다. 이 접근법들은 새로운 상황에 응전하면서 단순히 어떤 말씀이 어떤 것에 해당하는지 따지는 차원을 넘어 하나님과 악과 제국과 시민 종교처럼 좀 더 시대를 초월한 관심사로 나아가기 때문이다.

이 책은 과거나 미래(보통 사람들이 말하는 의미의 과거나 미래)를 무시하지 않으면서, 요한계시록이 현재 교회에 주시는 말씀이라는 데 초점을 맞춘다. 따라서 우리는 요한계시록을 (신학)시로 보는 접근법, (하나님의) 정치라는 관점에서 요한계시록을 바라보는 접근법, 목회-예언의 시각에서 요한계시록을 바라보는 접근법을 결합해보겠다. 우리는

---

27. 미국 신약 신학자로 루터 신학대학원 명예 교수다―역주.
28. 미국 신약 신학자이며 시애틀 퍼시픽 대학교 교수다―역주.

요한계시록이 1세기 교회에 던지는 메시지를 기초로 삼아 이 시대 상황에서 요한계시록을 해석하는 가운데 이 시대 현실과 1세기 현실의 유사점을 찾아내는 한편(바로 앞장에서 시민 종교라는 문제를 다룰 때 이 방법을 사용했다), 하나님이 지으신 세계가 맞을 미래에 주어진 약속으로서 특히 요한계시록 21-22장에 들어 있는 내용을 늘 주목하여 살펴봄으로써 위의 세 가지 접근법을 결합할 수 있다. 이 책은 전통 있는 많은 요한계시록 주석과 달리, 세부 사항보다 큰 그림에 초점을 맞췄다. 세부 사항—본문에 들어 있는 많은 요소가 특별히 1세기 정황에서 상징하는 의미—을 살펴보려면, 좋은 주석을 참조하기 바란다. 요한계시록의 의미는 요한계시록이 최초 맥락(처음 기록 당시 정황)에서 가지는 의미로 한정하여 이해하면 안 된다. 하지만 요한계시록을 바르게 해석하려면 이 요한계시록이 처음에 가졌던 의미, 혹은 그 문언에 가장 가까운 의미를 이해하고 그 의미를 기초로 삼는 것이 대단히 중요하다.

흔히 저지르는 실수와 이를 바로잡는, 책임 있는 해석의 일반 원리

요한계시록을 읽는 사람 중에는 이 책을 어떻게 다루어야 할지 모르는 이들이 많다. 때문에 그들은 요한계시록을 액면 그대로, 다시 말해 글자 그대로 읽어내려 한다. 대중 설교자들과 저술가들이 요한계시록을 그런 식으로 해석하는 것을 보거나 들었기 때문이다. 앞서 논의한 내용과 그 앞 두 장에서 다룬 내용은 우리가 요한계시록을 읽어낼 때 여러 렌즈를 함께 사용하는 것이 좋으리라는 것을 일러주었다. 이제 우리는 사람들이 요한계시록을 읽을 때 흔히 저지르는 몇 가지 실수를 간략히 언급하고, 우리가 지금까지 논한 내용을 토대로 간단한 해독제를 몇 가지 제시해볼 수 있겠다. 이런 내용을 대강 논의한 다음, 『레프트 비하인드』가 따르는 요한계시록 접근법을 더 자세히 비판적으로 살펴보고 (『레프트 비하인드』를 살펴보는 이유는 이 책이 폭넓은 영향을 미치고 있기 때문이다), 이어 이 책에서 대안으로 제시한 접근법의 세부 내용을 좀 더 제시해보겠다.

사람들이 요한계시록을 해석할 때 가장 흔히 저지르는 몇몇 실수와 그 해독제는 다음과 같다. 이들은 모두 서로 긴밀하게 연결되어 있다.

요한계시록을 해석할 때 흔히 저지르는 실수와 해독제

실수	해독제
1. 요한계시록이 묵시적 성격을 가진 점, 그리고 묵시 문학의 성격과 기능을 인식하지 못함.	1. 묵시 문학의 특징(상징주의, 시, 상상에 호소함)과 위로하고 도전하며 소망과 경고를 제시하는 묵시 문학의 기능을 이해함.
2. 요한계시록을 그 시대 산물이자 그 시대에 주는 메시지로 진지하게 받아들이지 못함.	2. 무엇보다 요한계시록이 1세기 말 소아시아 신자들에게 말하고자 했을 의미를 밝혀줄 실마리를 찾아봄.
3. 예언과 역사는 현재 틀림없이 정점에 이르렀다는 의심스러운 가설을 토대로 묵시가 말하는 상징과 환상이 이 시대에 이루어졌다고 제멋대로 생각함.	3. 21세기 틀보다 우선 1세기 틀 속에서 요한계시록이 제시한 상징을 해석해보고, 요한계시록의 풍부한 상징이 문자적이고 특수한 미래의 현실보다

	요한계시록을 기록한 시대의 현실과 비슷한 이 시대의 현실에게 던지는 메시지를 찾아봄.
4. 장차 일어날 사건을 이해한답시고 성경을 짜 맞춰야 할 조각들로 이루어진―여기 이 책에서 가져온 본문과 저기 저 책에서 가져온 본문 등으로 구성된―퍼즐처럼 다룸.	4. 요한계시록을 비롯하여 성경 각 책을 전체로 그리고 그 맥락을 고려하여 읽어냄으로써 요한계시록이 던지는 독특한 메시지를 찾아냄.
5. 요한계시록에 나온 짐승의 정체, 아마겟돈, 천년왕국의 길이와 임할 날처럼, 요한계시록에서 확실히 알 수 없는 것들이나 그리 중요하지 않은 요소들의 의미가 뭔지 묻는 물음(때로 그릇된 물음)에 집착함. 천년왕국에 관한 특정 견해를 축으로 삼아 요한계시록 전체를 읽어내는 경우도 이런 실수에 속한다.	5. 세부 사항보다 더 큰 주제를 제시하는 문제들에 계속 초점을 맞추고, 요한계시록이 신학적/영적 문제들과 관련하여 절도 있고 넓은 지식에 근거한 심상에 호소력을 발휘하게 하며, 요한계시록을 미래를 미리 보여주는 비디오처럼 다루지 않음.
6. 요한계시록을 더 커다란 기독교 전통과 이 시대 학문 연구에 비추어 들지 못함.	6. 홀 린지, 팀 라헤이, 제리 젠킨스, 데이비드 제리마이어 같은 사람들이 요한계시록의 으뜸가는 해석자나, 유일한 해석자나, 가장 뛰어난 해석자가 아님을 유념하기.

『레프트 비하인드』 시리즈(그리고 이와 비슷한 요한계시록 해석) 의 문제점

팀 라헤이와 제리 젠킨스가 책과 영화와 관련 미디어 작품으로 내놓은 『레프트 비하인드』 시리즈를 간단히 논해보려는 이유는 방금 지적한 점 때문이다. 이 작품이 얼마나 팔렸는지 사람마다 추산치가 다르지만, 7천 5백만 부 정도로 보는 것이 얼추 맞을 것이다. 그 책이 처음 제시한 것은 아니었지만, 『레프트 비하인드』 시리즈 자체 혹은 다른 수많은 비슷한 출판물이 제시한 접근법은 미국은 물론이요 십중팔구는 전 세계를 통틀어 가장 인기 있고 가장 영향력 있는 요한계시록 해석 방법임이 분명하다. 하지만 『레프트 비하인드』가 따르는 접근법은 해석학과 신학, 그리고 정치적인 약점을 포함하여 요한계시록 해석 방법으로는 문제가 많다. 지면이 한정되어 있어 이런 문제를 빠짐없이 열거하고 전부 다루지는 못하지만, 아래에서 열거하는 간단한 목록만으로도 이 문제가 얼마나 광범위하며 중요한 비중을 가지고 있는지 나타낼 수 있다.[29]

『레프트 비하인드』 식 접근법이 가진 해석 문제

1. 이 시리즈는 사실 픽션이라기보다 예고편 DVD처럼 신학과 미래를 예견하는 다큐멘터리의 결합물이다. 성경의 예언을 "미리 기록해놓은 역사"로 보기 때문이다(*Left Behind*, 214). 이 책과 라헤이가 쓴 주석

---

29. 『레프트 비하인드』 시리즈를 비판하는 책은 많다. Rossing, *The Rapture Exposed*; Tuck, *The Left Behind Fantasy*; Olson, *Will Catholics Be "Left Behind"?*; 그리고 Standaert, *Skipping Towards Armageddon*이 그런 책들이다.

*Revelation Unveiled*이 일치하는 것은 의미심장하긴 해도 놀랍지는 않다.

2. 이 시리즈는 성경을 짜 맞춰야 할 퍼즐로서 미래 일을 일러주는 기록
   으로 다룬다. 이 시리즈는 맥락(정황)과 상관없이 여러 책에서 여러
   본문을 뽑아 짜 맞춘 다음, 이를 현재 사건이나 앞으로 일어나리라 예
   상하는 사건과 연결한다. 사람들은 이 방법을 때로 성경 "돌차기 놀
   이"라 불렀다. 이렇게 짜 맞춘 결과, 조각 누비이불이 하나 만들어졌
   으며, 이 누비이불에서는 요한계시록에 있는 장면들이 가장 두드러
   지고 가장 선명하게 주제를 전달해준다.

3. 이 책은 성경을 글자 그대로 따랐다고 주장하지만, 사실은 그렇지 않
   으며 설령 그렇다 해도 본문을 마음대로 골라 뽑아 따랐을 뿐이다. 차
   라리 이 책은 자기 생각과 정확히 일치하는 곳들을 찾아 자기 생각과
   그곳을 서로 연결했다고 말하는 게 더 나으며, 그런 점에서 이 책은
   성경을 글자 그대로 따르거나 또는 유추한analogical 것과 정반대 방법
   을 썼다.

4. 이 책은 예언 문학과 묵시 문학의 본질과 기능을 오해한다. 아울러 이
   책에서 사용한 모든 성경 본문은 대단히 잘못 해석되었다. 예언은 단
   순히 앞일을 미리 말한다는 의미가 아니며, 묵시 역시 상징의 의미가
   크다.

5. 이 책은 재림을 다루면서 성경에 있지도 않은 요소들을 성경에서 찾아
   낸다. 가령 요한계시록이 예수가 두 번에 걸쳐 오신다고 말하며 휴거
   를 말한다고 본 것이 그 예다. 그러나 "예수는 다시 오신다. 한 번만."[30]

---

30. Rossing, *The Rapture Exposed*, 186.

6. 이 책은 19세기 신학이 만들어낸 세대주의라는 이질적인 틀을 고대에 쓰인 성경 본문에 도입한다.

7. 이 책은 휴거와 환난이 우리에게 임박했으며, 실제로 이 휴거와 환난만이 중요하다고 가정한다.

8. 이 책은 요한계시록에서 가장 중요한 움직임을 놓친다. 그 움직임은 시간에 따른 움직임이 아니라 신학에 따른 움직임이다. 요한계시록이 알파이자 오메가이신 하나님께 초점을 맞추는 것(1:8; 21:6; 22:13)은 요한계시록이 "휴거로부터 천년왕국으로 움직이지 않고 하나님으로부터 하나님으로 움직여감"을 뜻한다.[31]

『레프트 비하인드』식 접근법이 가진 신학적, 영적인 문제

1. 이 시리즈는 신약 성경이 "마지막 때"를 언급한 말들을 오해한다. 신약 성경에서는 "마지막 때"가 예수의 초림부터 재림에 이르는 기간이기 때문이다.

2. 이 시리즈는 복음을 "하나님과 예수와 휴거와 영광스러운 나타나심"으로 축소하여, 결국 예수의 재림을 둘러싸고 일어날 사건들의 세부 내용에만 몰두하는 건강하지 못한 모습을 보인다.

3. 이 시리즈는 회심의 으뜸가는 이유를 두려움으로 돌린다.

4. 이 시리즈는 제자도를 (a) 휴거 받지 못한 채 남아 있거나 멸망당하는 것을 피하기 위해 예수의 죽음을 믿음, (b) 다른 사람들이 휴거 받지 못한 채 남아 있거나 멸망당하는 일이 일어나지 않게 하기 위해

---

31. Koester, "On the Verge of the Millennium," 135.

그들에게 복음을 전함, (c) "성경의 예언"과 현재 일어나는 사건들을 연계함, (d) 복음/하나님 나라를 위하여 죽거나 죽일 준비를 함으로 축소한다.[32]

5. 이 시리즈는 도피주의를 따르고 있어서 두 시대 사이, 곧 예수의 초림과 재림 사이에 계속 견지해야 할 삶의 윤리를 갖고 있지 않다. 즉 이웃을 사랑하고, 자비로운 일을 행하며, 평강과 정의를 이루는 일을 하라고 강권하지 않는다. 이는 데살로니가전서가 재림이 임박했다고 말하면서도 윤리를 말하는 것에 어긋난다. 실제로 데살로니가전서는 재림을 소망하면서도 삶의 윤리를 제시하기 때문이다.

6. 이 시리즈는 애초부터 전쟁을 좋아한다. 평화주의나 국제 협력이나 비무장과 닮은 것은 어떤 것이든 사탄으로 생각하며, 신자는 정복자이신 예수의 재림이 승리를 보장한 진짜 전쟁에 참여하라는 부름을 받았다고 본다. 그리스도를 믿는 영웅들은 예수와 함께 하면서, 우지 기관총과 같은 무기를 들고 사용해야 한다고 본다.

7. 이 시리즈는 애초부터 가톨릭에 반대한다. 선하고 구원받은 가톨릭 신자들은 본디 개신교 신자라고 본다.

8. 이 시리즈는 교회가 제국에 평화를 가져다 줄 대안임을 보지 못하고, 오히려 제국의 군목이나 싸움을 일으키는 반대자로 본다.

---

32. 내 제자인 캐롤라인 로슨 딘(Caroline Lawson Dean)은 1972년에 인기를 끈 전도 영화 "한밤의 도둑"(A Thief in the Night)과 그 속편을 다룬 논문에서 이런 휴거 영화가 영화 속에 "교훈을 일러주는" 여러 장면이나 "가르침을 담은 요소"를 담는 경향이 있으며, 이런 장면이나 요소로 두 가지 기본 사항을, 즉 그리스도인이 휴거 뒤에 어찌 될 것인가 그리고 종말에 일어날 사건들은 그 순서가 어떠한가를 설명한다고 지적했다.

『레프트 비하인드』식 접근법이 가진 정치 문제

1. 이 시리즈는 무턱대고 미국 편만 든다.
2. 이 시리즈는 현대의 국가 이스라엘을 아무 비판 없이 특별 취급한다.
3. 이 시리즈는 국제연합이나 국제기구가 하는 일과 관련된 일이면 무조건 의심부터 하고 본다.
4. 이 시리즈는 중동 전쟁을 하나님의 계획 중 일부로, 따라서 사실상 필요한 일 내지 선으로 본다.
5. 이 시리즈는 독자들의 마음에 우리는 우리 스스로 지켜야 한다는 생존주의 정서와 십자군 정서를 불어넣는다.[33]

이 시리즈를 개괄적으로 평가해보자. 이 시리즈가 따르는 접근법은 성경과 신학과 그리스도인의 삶을 철저히 잘못 이해한 접근법이다. 이 시리즈는 아마추어 눈높이로 보면 그럴싸한 픽션일지 모르나, 사실은 신학이다. 그것도 **위험한** 신학이다. 특히 그 시리즈의 마지막 두 책에 이르면 정상궤도를 완전히 이탈해버린다. 신실한 제자도가 이르러야 할 궁극의 지점을 예수를 위하여 죽는 것으로 묘사하면서 예수를 전사로 묘사하기 때문이다. 이 시리즈 전체가 영적, 신학적, 정치적 차원에서 위험한 이유는 바로 그런 점 때문이다. 크레이그 힐[Craig Hill]은 "휴거 옹호자들이 성경의 증언을 절단 내어 거의 알아듣지 못할 말로 망쳐놓았다"라고 말한다.[34]

---

33. 이전에 요한계시록을 이와 비슷하게 읽어냈던 한 유명한 복음 전도자는 요한계시록 6장이 말하는 청황색 말(기근)이 임할 것을 예상하여 자기 추종자들에게 냉동 건조 식품을 팔았다.
34. Hill, *In God's Time*, 207.

이런 식으로 요한계시록을 잘못 읽어내는 것을 치료할 수 있는 유일하고 올바른 출발점은 요한계시록의 기본적인 신학 줄거리, 주제, 그리고 목적을 파악하는 것이다. 때문에 우리는 요한계시록의 신학을 간단히 살펴본 다음에, 이어서 『레프트 비하인드』 시리즈가 취하는 접근법 및 이와 유사한 요한계시록 접근법의 대안으로 제시한 해석 전략을 다시 논해보도록 하겠다.

요한계시록의 신학: 개관

우선 우리가 다루려는 요한계시록의 모든 측면을 꼼꼼히 살펴본 다음에 이 책 끝부분에 가서 요한계시록의 신학 내지 "가르침"을 논해보는 것도 해봄 직한 일이다. 그러나 그리하면 십중팔구는 실수를 저지르기 쉽다. 요한계시록을 바르게 읽어낼 때 직면하는 문제 중 하나가 요한계시록 전체를 아우르는 해석의 틀 혹은 해석학적 틀을 가지는 것이기 때문이다. 우리는 그 틀 안에서 요한계시록을 읽어낸다. 때문에 우리는 우선 큰 그림을 살펴보고 나서 몇 가지 세부 내용을 탐구해보겠다. 물론 우리가 개관하여 내놓은 이 큰 그림은 모든 세부 내용을 꼼꼼히 연구하여 얻은 결과다. 이 세부 내용 중에는 가끔 우리를 곤혹스럽게 하는 것도 있다. 그러나 독자 여러분은 이어질 장들에서 세부 내용을 탐구해가면서 여기서 논한 주장들을 검증해보길 바란다.[35]

---

35. 요한계시록의 신학을 간단히 요약해놓은 다른 책을 보려면, Reddish, *Revelation*, 22-26과 Beale, *Revelation*, 171-177을 보라. 요한계시록의 신학을 탁월하게 철저히 다룬 책을 보려면, Bauckham, *Theology*를 보라.

요한계시록의 목적을 밝혀내기

이미 말했듯이, 대다수 사람들은 요한계시록이 세상 종말을 미리 알려 주는 예고편 DVD라고 해석한다. 이 사람들은 요한계시록이 마지막 때의 일을 다루는 종말론에 초점을 맞춘다고 생각한다. 물론 어떤 의미에서 보면 성경 마지막 책인 이 책은 정말 종말론에 초점을 맞춘다. 그러나 이 책의 의미를 깊이 파 들어가면, 요한계시록이 겨냥하는 **궁극의 초점**은 종말론이 아니다. 오히려 성경 나머지 책에서도 그러하지만, 우리가 요한계시록에서 발견하는 종말론도 목표(종착점)에 이르는 방법이다. 요한계시록의 의도는 시련과 시험의 시대를 살아가는 사람들에게 소망을 주어, 이들이 하나님과 맺은 언약에 끝까지 신실함을 지키면서 헌신하게 하는 것이다.

다시 말해 요한계시록의 목적은 고금을 막론하고 요한계시록을 듣고 읽는 자들을 권면하여 과거나 현재에 당하는 고난 속에서도, 또 미래에 있을지도 모를 고난 속에서도—그 고난이 어떤 형태를 띠든, 또 그 고난의 근원이 어디이든—하나님께 끝까지 신실함을 지키게 하는 것이다. 간단히 말해 신실하게 살아가도록 하는 것이 요한계시록의 목적이다. 기억이나 경험이나 공포 때문에 불가능하다 생각할지 모르나, 요한계시록은 예수가 언약에 신실하셨으므로 우리도 언약에 신실함을 지키는 것이 **가능하며**, 하나님이 우리와 모든 피조 세계를 위하여 영광스러운 미래를 예비해두셨으므로 언약에 신실할 만한 **가치가 있다** 고 말한다.

요한계시록은 부도덕하고 또 우상 숭배를 일삼는 제국의 죽음의 문화에 "동화同和하길 거부하는 사람"이 되어 그런 문화를 상대로, 그런 문화에 맞서, 그런 문화 안에서 생명을 주시는 그리스도를 증언할 것을 생명력이 넘치고 상상을 자극하는 예언으로 우리에게 요구한다.[36] 요한계시록은 이를 요구할 때, 하나님이 미래에 이루실 구원을 내다보는 소망을 제시하는 방법을 쓸 뿐 아니라, 하나님이 지금도 주권자이심을 우리에게 보여주는 방법을 사용한다. 미래에 있을 구원을 확실히 보장함과 동시에 현재 하나님이 주권을 행사하신다는 사실을 함께 제시한다는 것은, 이제 우리가 하나님과 어린 양을 예배하고 신실히 따르는 삶을 살아야 하며 그런 삶을 살 수 있다는 것을 뜻한다.

우리는 요한계시록을 대략적으로 이렇게 개관하면서, 요한계시록에는 일곱 가지 신학적인 주제가 있고, 이 주제가 결합하여 요한계시록의 메시지를 이룬다고 말할 수 있겠다. 나는 이 지점에서 요한계시록의 특정한 본문을 제시하지 않았다. 요한계시록이 가진 환상의 성격을 살펴볼 때, 여기서 한 구절을 뽑아 제시하고 저기서 한 구절을 뽑아 제시한다고 해서 요한계시록의 환상들이 가진 힘이나 그 환상들이 제시하는 신학적인 주장의 완전한 의미는 물론이요, 그런 환상들이 통합하여 한 책을 이루었다는 사실이 미치는 효과를 파악할 수 있는 것은 아니다.

요한계시록의 일곱 가지 신학적 주제

1. **보좌: 하나님과 어린 양의 통치.** 창조주 하나님이 통치하신다! 죽임 당하신 어린 양이신 구속주 예수는 주님이시다! 처음이요 마지막이신, 영원하신 하나님의 통치는 단지 미래나 과거 일이 아니라 **현재** 일

---

36. "동화하길 거부하는 사람"(anti-assimilationist)는 말은 Talbert, *Apocalypse*에서 가져왔다.

이다. 이 통치는—만물에서도 드러나지만 무엇보다—죽임 당하신 어린 양을 통해 나타난다. 하나님과 어린 양은 서로 떼려야 뗄 수 없다. 하나님과 어린 양을 모두 알파와 오메가라 부를 수 있으며, 두 분이 함께 한 보좌에 앉아 다스리신다. 이것이 십자가를 중심으로 삼고, 십자가 형상을 따라서 하나님의 능력을 이해한 것이다.

2. **현실로 존재하는 악과 제국**. 악은 실제로 있다. 제국 역시 바로 지금, 단지 미래나 과거가 아니라 **현재** 존재한다. 제국은 본질상 악한 길로 유혹하고 하나님을 모독하며 부도덕한 주장을 내세우고, 더불어 수직 관계(사람과 하나님의 관계)와 수평 관계(사람과 사람의 관계)의 질서를 무너뜨리는 일들을 행하며, 생명을 주겠다고 약속하지만 실상은—육신과 영혼의—죽음을 가져다준다.

3. **우상 숭배와 부도덕으로 유혹함**. 교회는 제국의 우상 숭배와 부도덕의 유혹에 쉽게 넘어간다. 이런 주장과 관습이 종종 종교적인 의미와 권위를 가지면서 우상 숭배와 부도덕이 시민 종교가 되기 때문이다. 이런 이유로 부도덕은 결국 우상 숭배, 곧 폭력과 억압과 탐욕과 정욕을 우상으로 섬기는 것과 같다. 인간이 인간성을 잃어버리는 것은—인간이 같은 인간을 처분할 수 있는 물건으로 취급하는 것은—결국 창조주요 구속주이신 하나님을 공격하는 일이 되고 만다.

4. **언약에 신실할 것과 저항을 요구함**. 교회는 하나님과 맺은 언약을 신실히 지키려면 제국과 시민 종교 한 가운데 있더라도 당연히 이것들에 맞서 저항해야 한다. 그것들이 어떤 형태를 띠든, 이 의무는 변함이 없다. 이 요구를 지키려면 선지자들처럼 영을 분별할 수 있어야 하며, 이 요구를 지키다 갖가지 고난을 겪을 수도 있다.

5. **예배와 다른 시각.** 교회가 영을 분별할 수 있으려면 이번에는 하나 님과 현실을 다른 식으로 볼 수 있는 시각을 가져야 한다. 이 시각은 제국의 정체를 폭로하고 제국에 도전하는데, 이 시각을 가지려면 알 고 적용하는 성령의 지혜가 필요하다. 요한계시록은 이런 시각으로 "시민 종교를 거부하는" 예배와 환상을 제시하는데, 이는 영원하고 거룩하신 하나님과 신실하고 죽임 당하신 어린 양, 그리고 다가오는 새 창조에 초점을 맞춘다.

6. **신실한 증인: 그리스도가 보여주신 모범.** 그리스도인이 제국과 우 상 숭배에 맞서는 것은 예수 그리스도와 그의 사도들과 성도들과 선 지자들(가령 요한)과 순교자들이 보여준 모범과 닮았다. 이들은 모두 신실하고, 참되고, 용감하고, 의롭고, 비폭력적이었다. 이 모범은 수 동적이 아니라 능동적이며, 오직 하나님께만 충성하겠다고 맹세하 는 공동체와 개인, 벗은 물론이요 적에게도 폭력을 쓰지 않고 사랑 을 베풀며 살아가는 공동체와 개인, 복수는 하나님께 맡기는 공동체 와 개인, 그리고 하나님의 영을 힘입어 죽음을 안겨주는 제국의 문화 에 맞선 대안으로 생명을 가져다주는 미니 문화를 만들어내는 공동 체와 개인을 형성한다. 이것은 제자도와 선교를 어린 양의 형상 혹은 십자가의 형상을 따라 이해한 것이다.

7. **임박한 심판과 구원/하나님의 새 창조.** 창조주 하나님과 구속주 그 리스도는 악과 불의를 심각하게 받아들이시며, 곧 오셔서 인류를 심 판하시고 신실한 자들을 구원하시며 온 우주를 새롭게 하실 것이다. 하나님의 뜻은 모든 사람이 어린 양을 따라 하나님이 영원히 우리와 함께하심으로 가져다주는 구원의 생명에 동참하는 것이다.

우리는 이어질 장들에서 요한계시록을 한 대목씩 살펴봄과 동시에 방금 말한 주제들을 이 책의 나머지 부분에서 펼쳐보겠다. 아울러 우리는 마지막 장에서 오늘날 요한계시록의 메시지를 따라 살아가는 삶을 곱씹어보면서 이 주제들을 다시 다뤄보겠다.

하나의 메시지?

이 모든 주제를 하나의 주제나 하나의 메시지로 축소할 수 있을까, 혹은 축소해야 할까? 우도 쉬넬레는 요한계시록이 "하나의 생각을 전달한다. 요한계시록은 위협받는 지상地上 공동체가 천상의 승리를 확실히 보장받았음을 전해준다"라고 말한다.[37] 프랜시스 머피Frances Aran Murphy[38] 도 이와 약간 비슷한 의견을 밝힌다. 그는 요한계시록의 메시지가 "부활", "또는 부활하여 영생을 얻음"이라고 말하면서, 이는 "유한한 피조물의 삶에서 영원한 피조물의 삶으로 옮겨간다"는 뜻이라고 말한다.[39] 그러나 머피는 이에 덧붙여 "요한계시록의 중심 모티프는 심판과 결합해놓은 예배"라고 말하는데, 옳은 말이다. 이 예배는 죽임 당하신 어린 양께 초점을 맞춘다. 이 어린 양의 희생이 세상을 심판하고, 어린 양의 제자들 역시 어린 양의 운명에 동참함으로써 어린 양을 증언한다.[40]

요한계시록은 몇 군데서 자신이 전하는 메시지를 요약하여 제시하

---

37. Schnelle, *Theology of the New Testament*, 772.
38. 호주 출신 조직 신학자로 영국에서 박사 학위를 받고 지금은 미국 노트르담 대학교에서 가르친다—역주.
39. Murphy, "Revelation," 686.
40. Murphy, "Revelation," 686.

는 것으로 보이는데, 거기에는 위에서 언급한 일곱 주제 중 많은 것이 들어 있다. 그런 곳들을 들어보면, 요한계시록이 곳곳에서 일곱 가지 복을 말한 부분(이 책 3장의 "예전 텍스트" 대목 중 "복을 선언하는 책"[98-99페이지]에서 논한 내용을 보라), 요한계시록 14장(특히 1-13절), "하나님 의 마지막 일곱 말씀"이라 부를 수 있는 21:5-8, 그리고 에필로그(22:6-21)다. 따라서 나는 이 책의 부제를 조금 확장하여 다음과 같은 말로 표현하면, 이 본문들이 말하는 내용을 그대로 보여주면서 요한계시록의 메시지를 훌륭히 요약해주는 말이 되리라고 생각한다. **시민 종교를 거부하는 참된 예배와 증언, 어린 양을 따라 타락한 바벨론으로부터 새 창조로.**[41] 이 말은 물론 상당히 조심스럽게 펼쳐봐야 할 것이다.

대안으로 제시하는, 십자가를 본받는 해석 전략

해체가 있으면 재건이 뒤따라야 한다. 우리는 요한계시록의 신학을 요약하는 일로 이런 재건 과정을 시작했다. 이어서 할 일은 요한계시록을 읽어내는 일련의 원리를 대안으로—즉 어린 양을 중심으로 삼고 십자가를 본받는 해석 전략 내지 해석학을—제시하는 것이다. 이것은 『레프트 비하인드』시리즈가 취하는 접근법 및 그와 유사한 접근법이 보여주는 것과 같은, 대중에게 인기 있는 요한계시록 읽기 방법을 대신할 방법이다. 그러나 이 해석은 특이하지 않다. 오히려 이것은 우리가 앞

---

41. 일부러 그럴 필요는 없지만, 이것을 보며 존 하워드 요더가 쓴 고전 『예수의 정치학』의 부제 *Vicit Agnus Noster*를 떠올려도 잘못은 아니다. 이 세 단어는 옛 모라비아 신경의 전반부다. 즉 *Vicit Agnus Noster, Eum Sequamur*(우리 어린 양이 이기셨다. 그를 따르자).

서 언급했고 또 앞서 요약 제시한 신학은 물론이요, 앞 장에서도 요구했던 몇 가지 주요한 요한계시록 해석 흐름들을 통합하고 종합해준다. 이미 언급했듯이, 이 접근법은 대체로 요한계시록을 하나님의 정치(시민 종교를 거부함), 신학시(예배), 목회-예언(증언)의 시각에서 바라보는 접근법이라고 부를 수 있다. 이런 해석 접근법은 다음과 같은 구체적 해석 전략들을 통합해준다.

1. **요한계시록에서 가장 중요하고 중심에 있는 이미지가 죽임 당하신 어린 양이심을 인식하라.** 요한계시록은 그리스도가 우리 죄 때문에 죽으셨지만, 아울러, 아니 오히려, 하나님께 맞서는 세력들 앞에서도 하나님께 신실함을 지킴을 보여주는 화신이자 모범으로 죽으셨다고 말한다. 그리스도는 주요, 그리스도는 승리하신 분이다. 그리스도는 십자가라는 형태로 신실히 저항하심으로, 폭력을 행사하지 않고 폭력을 감내하심으로, 사람을 죽이는 행동이 아니라 능력 있는 말씀을 선포하심으로 정복하셨다.[42] 요한계시록은 제국에 대항하면서, 많은 이들이 "어린 양의 능력"이라 부르는 것으로 로마가 내건 승리와 힘의 신학에 도전한다.[43] 우리 역시 바벨론이나 로마나 이와 비슷한 제국의 힘이 아니라 어린 양을 따름으로 승리한다.

2. **요한계시록은 무엇보다 1세기 그리스도인이 1세기 그리스도인들을 염두에 두고 1세기의 문학 도구와 이미지를 사용하여 기록했음**

---

42. 이것은 8장에서 상세히 다루겠다.
43. 가령 Rossing, *Rapture Exposed*, 103-122; Ewing, *Power of the Lamb*을 보라.

을 기억하라. 이 이미지는 1세기에 실제로 존재하던 것을 되비쳐주며, 21세기에 실제로 존재할 것들을 특별히 미리 일러주지는 않는다. 하지만 다른 강력한 이미지와 마찬가지로 요한계시록의 이미지들도 우리 자신이 사는 시대를 포함하여 다른 시대에 존재한 비슷한 것들과 연관이 있음을 일깨워준다.

3. **요한계시록을 역사를 미리 기록해놓은 책처럼 여기면서 소위 문자적, 직선적 접근법으로 이 책에 다가가는 것을 그만두고, 요한계시록과 이 시대를 서로 연계하기보다 양자를 유비하는 해석 전략을 활용하라.** 요한계시록은 이미지요 은유요 시요 정치 풍자만화다. 요한계시록은 상상에 호소하며, 이 세상에서 하나님의 길(방법)을, 특히 죽임 당하신 어린 양 그리스도가 드러내 보여주신 하나님의 길을 반대하는 모든 체제의 본질을 폭로한다. 이런 체제는 미래에 등장할 특정 권력에 국한되지 않고, 동서고금을 불문하고 언제 어디에서나 찾아낼 수 있다. 따라서 우리는 우리가 따르는 갖가지 이데올로기와 무슨 주의-isms를 검토하여 제국주의와 군사력만능주의, 국가주의와 인종차별주의, 계급주의(자기가 속한 집단은 떠받들고 다른 사람이 속한 집단은 깎아내리는 주의)와 소비만능주의, 그리고 쾌락주의(갖가지 물건과 쾌락을 숭배함)에서 나타나는 갖가지 우상 숭배와 부도덕을 검증해봐야 한다. 무엇이 적그리스도인지에 대한 증거들을 고려할 때, 특히 우리 자신이 속한 서구 세계와 북반구와 미국, 그리고 기독교 체제와 가치까지 조사해봐야 한다는 뜻이지, 우리 머릿속에서 상상하는 어떤 단일 세계 정부를 살펴봐야 한다는 뜻이 아니다.

4. **공중公衆 가운데서 예배하고 제자도를 실천하라는 요한계시록의 요**

구에 초점을 맞추라. 요한계시록은 그리스도인들에게 분별 있는 제자도라는 고된 길—세상을 본받지 않고 십자가를 본받아 신실함을 지킴—을 요구한다. 당장은 이 제자도가 소외를 부를 수 있고 심지어 핍박을 초래할 수도 있으나, 결국에는 하나님이 만드실 새 하늘과 새 땅에 있는 자리로 인도한다. 요한계시록은 신자들에게 보복하지 말고 폭력을 행사하지 말라고 요구할 뿐 아니라, 현재와 미래를 통틀어 어떤 전쟁도 요구하지 않는다. 신실함을 지키며 세상을 본받지 않음은 본질상 저항이지만, 이는 현실에서 벌어지는 일들과 완전히 담을 쌓는다는 말이 아니라 도리어 아주 다른 관점에서 비판하는 자세로 그런 일들에 참여한다는 말이다. 이런 자세는 예배 속에서 태어나고 자란다. 그러나 우리는 부지런해야 한다. 해리 마이어^{Harry Maier}[44]가 주장하듯이, 지금 서구 세계에 사는 우리는 대부분 라오디게아 사람과 같으며, 요한계시록을 있는 그대로 읽어야 할 사람들이 많기 때문이다.[45] 마이어의 주장이 옳다면, 우리는 아주 몰골이 엉망이면서도 그런 줄도 모르고 사는 이들인 셈이다. 그렇다면 참 예배와 제자도로 돌아가는 길은 고달픈 여정이 될 것이다.

5. **요한계시록에 나오는 죽음과 파괴의 이미지를 더 큰 소망의 틀 안에 놓고 보라.** 요한계시록에 나오는 죽음과 파괴는 하나님이 행하시는 심판과 정화를 상징한다. 이 심판과 정화는 그리스도가 제시하신 소망, 곧 오직 하나님과 어린 양이 모든 족속과 백성과 나라로부터

---

44. 캐나다 신약 신학자이며 밴쿠버 신학교 교수다—역주.
45. 그가 쓴 *Apocalypse Recalled*, 특히 130-139을 보라.

온, 구속 받고 회복된 사람들을 영원히 다스리실 새 하늘과 새 땅을 향한 소망을 현실로 이루는 데 필요하다. 교회는 미래에 실현될 이 일을 말과 행위로 증언하지만, 장차 마지막에 이르러 이를 이 땅에 이루실 수 있는 분은 오직 하나님뿐임을 안다. 교회가 끊임없이 "오시옵소서, 주 예수여"라고 기도하는 것은 그 때문이다.

요한계시록의 틀 안에서 발전되어온 이 다섯 가지 해석 전략도 세대주의자(혹은 다른 접근법을 따르는 이들)를 설득하여 그들이 따르는 요한계시록 접근법이 잘못이요 무책임하다는 것을 인정케 하는 데는 충분하지 않을지도 모른다. 그렇다면 결국 요한계시록도 미인처럼 제 눈에 안경이라는 말인데 과연 그럴까? 이럴 때는 크리스토퍼 로우랜드의 지혜를 빌려볼 수 있겠다.

요한계시록의 이미지가 본질상 다양하다는 것은 결국 요한계시록을 이렇게 [세대주의를 따르는 도피주의자 식으로] 읽어도 그것을 반박하지 못한다는 것을 뜻한다. 다만 우리는 요한계시록을 그렇게 읽는 것이 복음이 제시하는 더 폭넓은 요구에 일치하는지, 또 여러 세대에 걸쳐 뭇 남녀가 복음을 적용해온 모습과 일치하는지, 다시 말해 이런 남녀가 섬기는 삶을 살고 고난에 참여하며 소외당한 이들과 함께하는 삶을 살면서 요한계시록과 성경의 다른 책을 이 세상을 부인하고 인간을 부인하는 식으로 적용하는 태도에 맞섰던 것과 일치하는지 물을 수 있을 뿐이다.[46]

---

46. Rowland, "The Book of Revelation," 544.

1. 이번 장에서 논한 요한계시록 접근법 중 어떤 접근법(들)에 가장 매력을 느끼나요? 그 이유는 무엇인지 이야기해보세요.

2. 『레프트 비하인드』 시리즈와 다른 여러 사례에서 볼 수 있는 것처럼, 요한계시록을 미래의 일을 미리 일러주는 책으로 보는 접근법이 그토록 꾸준히 인기를 끄는 이유가 무엇이라고 생각하나요?

3. 지금까지 이 책에서 열거한 『레프트 비하인드』의 약점과 그런 접근법의 대안으로 제시한 접근법을 어떻게 생각하나요??

4. 이번 장에서 개관한 요한계시록의 신학과, 여러분이 들어왔거나 주장해온 요한계시록의 메시지에 관한 이해를 비교하면 어떤 차이가 있나요?

5장 부활하신 주님이 주신 일곱 가지 목회와 예언의 메시지
(요한계시록 1-3장)
Seven Pastoral-Prophetic Messages from the Risen Lord

요한계시록 첫 장은 저자 요한이 누구인지 일러준다. 우리는 이미 그가 신실한 증인이요 그리스도를 믿는 선지자로서 유배당한 처지에 있던 사람이라는 것에 대해 어느 정도 이야기했다(1:1-2, 9-11). 그러나 요한이 진정 우리에게 알리고 싶어 하는 것은 그가 누구이며 그가 무슨 일을 했냐가 아니라, 그가 만난 하나님이 누구시며 이 하나님이 그에게 계시하사 교회에 전하게 하신 것이 무엇인가다.

여는 말

이미 봤듯이, 요한은 요한계시록을 시작하면서 먼저 우리에게 이 책이 무엇인지를 일러준다. 요한계시록은 묵시요 예언이며 서신이다. 이 세 요소는 모두 일찌감치 등장한다.

요한계시록은 처음부터—첫 구절부터—읽기 시작하는 것이 중요하다. 어떤 사람들은 요한계시록 1:19이 으뜸이요 가장 중요한 구절인 것처럼 여기며 요한계시록을 읽었다. 이 구절에 따르면 요한은 기록을 하고 요한계시록은 우리에게 "네[요한]가 본 것과 지금 있는 일과 장차될 일"을 일러줄 것이다. 몇몇 해석자는 이 본문에서 요한계시록의 내용과 구조뿐 아니라, 요한계시록을 읽는 목적까지 찾아냈다. 즉 정보를, 특히 장차 될 일—마지막 때에 일어날 사건—에 관한 정보를 얻는것이 요한계시록을 읽는 목적이다. 그러나 이것은 잘못된 출발점이다.

요한계시록 1:3은 요한계시록에 있는 일곱 가지 축도 혹은 복 가운데 첫 번째 것을 담고 있다. (일곱 가지 축도 내지 복은 이 책 3장의 "예전텍스트" 대목 중 "복을 선언하는 책"에서 논한 내용을 보라.) 요한계시록은이 복을 (회중 속에서) 큰 소리로 읽는 자와 이 예언을 듣는 자/지키는자에게 선포한다. 예언의 말씀을 지킴을 강조한다는 것은 이 책이 무엇보다 우리의 호기심을 만족시켜주려고 장차 임할 사건을 묘사한 책이아니라, 도리어 (탤버트가 제대로 표현한 말대로)[1] "첫째 계명에 신실하라"는 요구요, 과거와 현재와 미래 사실을 **밝히 살펴** 회개하고 제자의길을 가라는 요구를 제시한 책이라는 것을 우리에게 일깨워준다. 이 책을 기록한 선지자는 단순히 현재의 위기나 미래의 사건을 말하지 않고,환상을 통해 하나님의 시각에 기초한 또 다른 존재 방식을 이야기한다.

이것은 성경의 예언 개념과 일치하며, 성경 마지막 책인 요한계시록도 첫 장부터 시작하여 시종일관 그런 예언 개념을 강조하고 역설한다. 이 근본 핵심을 놓치는 것은 요한계시록의 핵심을 놓치는 것이며,그렇게 되면 요한계시록의 내용을 바르게 해석하기는 누가 봐도 불가능하다. 따라서 요한계시록 1:3은, 우리가 요한계시록을 읽으려는 동기

---

1. Talbert, *Revelation*, 11.

와 요한계시록을 읽을 때 구사하는 기본 전략을 고려할 때, 요한계시록을 해석하는 (또는 해석학의) 열쇠다. 우리는 요한계시록을 단순히 어떤 정보를 전달하기보다, 오히려 무언가를 만들어내고 바꿔놓을 목적으로 선지자 겸 목자가 한 (따라서 결국은 하나님이 하신) 말씀으로 본다. 요한계시록에서 1:19의 말씀은 말할 것도 없고 1:3에 이어 등장하는 모든 말씀은 이 책이 목회-예언이라는 관점에서 제시하는 약속과 도전을 더 깊이 있게 알려주는 기능을 한다.

여는 환상

아울러 요한계시록은 하나님과 그리스도에 관한 몇 가지 놀라운 주장으로 문을 연다. 이 주장은 황제 자신과 사람들이 황제와 관련하여 내놓는, 하나님을 모독하는 주장들에 이의를 제기하고, 요한계시록을 듣는 이들에게 그들이 누구이며 누구 소유인가를 일깨워주면서, 그 청중과 우리에게 마지막 승리를 거두리라는 소망을 심어준다. 이것은 목회-예언 차원의 목적으로 시의 형태를 빌려 제시한 신학이다.

초기 교회에게는 예수가 그저 인간 영웅이 아니라 신성을 함께 가지신 분이심을 이해하는 게 중요했다.[2] 우리에게도 대단히 중요한 그 사실은 요한계시록 4장과 5장에서 강렬하게 표현되지만, 이미 여기 첫 장에서도 선을 보인다. 은혜와 평강은 한 분 전능자 그러나 삼위로 계신 분—아버지 하나님, 성령(유일하신 하나님의 영이 충만함을 상징하는

---

2. 특히 Bauckham, *Jesus and the God of Israel*을 보라.

"일곱 영"), 그리고 예수 그리스도(1:4-6)—으로부터 온다. 예수가 하나님의 계획 속에서 유일무이하게 감당하신 독특한 역할에 특히 초점을 맞추고 있지만, 동시에 예수와 아버지 하나님 사이에는 서로 유사한 몇 가지 점이 존재한다.

하나님	예수
이제도 계신 분(1:4, 8)	먼저 나신 분(1:5)
전에도 계신 분(1:4, 8), 나는 알파라 (1:8)	나는 처음이라(1:17)
장차 오실 분(1:4, 8), 나는 오메가라 (1:8)	그가 구름을 타고 오시리라(1:7), 나는 마지막이라(1:17)
그의 보좌(1:4)	땅의 왕들을 다스리는 분(1:5), 그에게 영광과 능력이 세세토록 있을지어다(1:6), 참고. 단 7:13-14
전능한 자(1:8), 참고. 단 7:9 "옛적부터 계신 분이 그의 보좌에 앉으셨는데, 그 옷이 눈처럼 희고, 그 머리카락이 티 하나 없는 양털 같더라"	"그의 머리와 머리카락은 흰 양털 같이 희고, 눈같이 희다, 그의 눈은 불꽃같다"(1:14), 참고. 단 7:9

여는 환상(1:9-20)은 다니엘 7:9-14을 끌어다가 그리스도를 능력이 있으시고, 제사장이시며, 현존하시는(교회 가운데 계시는) 분으로 묘사한다. 그러나 요한은 예수에게 사람("사람 같은 이" 혹은 "인자"; 계 1:13; 단 7:9)과 다니엘 7장의 옛적부터 계신 분(계 1:14; 단 7:9)이라는 형상을 모두 적용한다. 이를 통해 그는 예수가 하나님의 정체성과 통치권을 함께 가지신 분이심을 우리에게 일러준다. 이처럼 요한계시록의 프롤로그

(1:1-8)와 여는 환상은 예수가 사실은 주님이시라고 우리에게 말한다.

주님이신 이 예수가 교회 가운데 계시다는 것("촛대"가 이를 상징한다; 1:12-13, 20)은 1:3이 천명한 목회-예언의 기능을 한다. 첫째, 이것은 **안전을 보장**해주는 징표다. 전능하신 이가 교회를 지켜주실 것이다. "두려워하지 말라"(1:17)는 요한에게만 주는 말씀이 아니라 이 말씀을 읽거나 듣는 모든 이에게 주시는 말씀이다. 그들은 어떤 일이 닥쳐도 안전하게 보호받을 것이요, 예수와 함께 정복하고 승리할 것이다. 둘째, 이 환상은 **소망**을 보여주는 징표다. 죽임을 당한 자들이 지금 살아 있으며, 앞으로도 영원히 영광 가운데 살 것이다. 예수는 교회가—예수를 십자가로 이끌었던 신실한 증언(1:5)에 동참한 뒤에—제국과 죽음을 물리친 당신의 승리에 동참하도록 허락하신다. 셋째, 이 환상은 **제자의 길**로 부르심이다. 하나님의 말씀을 하는 이는 교회에게 순종을 요구한다.

이 환상이 지닌 이런 세 가지 측면은 교회에게 주신 일곱 메시지 안에서도 모두 등장한다(2-3장). 그 세 가지는 끝까지 안전을 보장함, 십자가를 본받는 가운데 가지는 소망, 신실한 제자도다.

교회에게 주는 일곱 가지 목회-예언의 메시지

요한계시록 본문 가운데 오랜 세월을 통틀어 가장 잘 이해할 수 있고 또 설교할 수 있는 본문이 일곱 교회에 주는 메시지다. 무엇보다 예수가 당신 입에서 뜨뜻미지근한 라오디게아 교회를 뱉어버리시는 강렬한 이미지(3:16)와 역시 예수가 문 앞에 서서 문을 두드리시는 인상 깊은 이미지(3:20)가 가장 유명한 이 본문은 1세기 일곱 교회의 삶과 그들이 가진 강점 및 약점을 들여다볼 창을 제공해줌과 동시에 이 시대 독자에게도 계속하여 도전을 던진다.

오해 없애기

우리는 요한계시록 2장과 3장을 진지하게 살펴보기에 앞서, 사람들이 보통 이 두 장에 관하여 갖고 있는 오해를 없애야 한다. 어떤 집단에는, 일곱 교회가 사도 시대로부터 "현세"나 "교회 시대"라는 말로도 알려져 있는 현재에 이르기까지 교회사를 구성하는 일곱 시대를 묘사한다는 견해가 널리 퍼져 있다. 물론 이 접근법도 일곱 메시지가 1세기 교회나 그 이후의 개개 신자 및 교회와 직접 연관이 있음을 부인하지는 않는다. 그러나 이 접근법은 이 일곱 메시지의 1차 목적이 미래의 일을 미리 알려줌에 있다고 본다. 사람들에게 큰 영향을 끼친 스코필드 주석 성경이 요한계시록 2-3장을 소개하면서 달아놓은 연구 주^註에 따르면, "전체를 통틀어 볼 때, 이 메시지는 교회의 영적 역사를, 그것도 여기서 말하는 순서 그대로, 정확하게 미리 보여준다."³ 이 접근법—"교회사를 조감^{鳥瞰}하는 접근법"⁴—은 대략 지난 100년 동안 특히 보수 개신교 집단에서 인기를 누렸지만, 사실 그 본질상 이 접근법은 적어도 중세로 돌아갔다고 해도 과언이 아니다.

지난 세기에 이 접근법의 여러 형태 중 가장 유명한 형태가 세대주

---

3. *Scofield Reference Bible*, 1917, 1331-1332.
4. Lindsey, *There's a New World Coming*, 28.

의자들 가운데서 인기를 누렸다. 별다른 변형이 별로 없는 가운데 시종일관 가톨릭에 반대하는 경향을 드러내는 이 해석은 스코필드 성경(1909, 1917년)에 들어 있는 주석들, 침례교 목사인 클래런스 라킨^{Clarence} Larkin이 요한계시록의 내용을 담아 만든 도표들(1919년경),⁵ 홀 린지가 쓴 요한계시록 주해서*There's a New World Coming, 1973, 1984*와 팀 라헤이가 쓴 요한계시록 주해서*Revelation Unveiled, 1999*에서 발견할 수 있다. 이 내용을 표로 제시하면 다음과 같다.

세대주의자가 요한계시록 2-3장의 교회를 해석한 내용

2:1-7	에베소	사도 교회	100년 혹은 150년경까지
2:8-11	서머나	핍박받는 교회	100년경-312년(콘스탄티누스)
2:12-17	버가모	제국의 후원을 받으며 세상과 타협하다 그리스도께 심판받는 교회	312년경-606년(교황 보니파키우스 3세 선출)
2:18-29	두아디라	교황제가 지배하고 미신과 이교 신앙이 두드러지면서 세상에 물들고 해이해진 중세 교회	606년경-1500/1517년(프로테스탄트 종교개혁), 그러나 이 개혁은 요한계시록이 말하는 고난까지 이어짐

---

5. 라킨의 몇몇 작품은 〈http://www.sacred-texts.com/chr/tbr/img/01900.jpg〉에서 볼 수 있다. 린지는 자신이 스코필드 주석 성경에 의지했다고 밝혀놓았다(Lindsey, *There's a New World Coming*, 27).

3:1-6	사데	종교개혁 교회, 아직도 중세 교회와 아주 많이 비슷하며, 살아 있다기보다 죽어 있음	1517년경-1750년, 그러나 오늘날까지도 이어짐
3:7-13	빌라델비아	그리스도가 사랑하시는 참 교회로서 부흥과 선교 활동이 그 특징임	1750년경-20세기 초, 그러나 휴거 때까지도 이어짐
3:14-22	라오디게아	미지근하고 배교하며 초자연성을 거부하는 교회	1900년경-요한계시록이 말하는 고난까지

이 접근법은 나름 독창적이고 매력이 있을 수 있지만, 몇 가지 큰 문제가 있다. 첫째, 요한계시록은 교회의 특별한 "시대"에 관심이 있음을 내비치지도 않고, 이런 "시대"를 알지도 못한다. 도리어 요한계시록 2-3장의 실제 내용은 물론이요, 이 두 장의 문맥은 미래 교회에 관심을 보이기보다 1세기의 여러 문제와 맞닥뜨린 1세기의 진짜 교회에 관심을 보인다. 이는 이 2-3장이 교회에 어떤 상징으로서 계속하여 의미를 가짐을 부인하는 말이 아니다. 도리어 우리는 2-3장의 실제 내용과 문맥이 1세기의 진짜 교회에 관심을 보이는 것을 신학적인 면에서 꼼꼼히 곱씹어봐야지, 엉뚱한 공상 대상으로 삼아서는 안 된다. 둘째, 이것이 어쩌면 첫째보다 더 중요할지도 모르겠는데, 이런 종류의 체계는 보수성이 아주 강하고(대부분 근본주의적이고) 미국 개신교 색깔이 아주 강한 시각을 아무 비판 없이 그대로 반영한다. 이런 시각은 (적어도 이 경우에는) 초대 교회와 개신교 선교 운동에서 추종할 만한 영웅을 찾고, 가톨릭교회와 주요 종교개혁 및 그 후손들인 "주류 개신교" 속에서 그 적을 발견한다. 이런 시각이 이렇게 한쪽으로 치우쳤음은 위에서 제시

한 서술 내용과 연대가 고스란히 보여준다. (가령 1900년은 근본주의와 근대주의가 여러 다툼을 벌였던 때를 대충 집어 이야기한 것이다). 이런 식의 교회사 해석은 성경 본문에 아무런 근거가 없고, 단지 해석자의 편견을 보여줄 뿐이며, 본문을 그야말로 유럽과 미국 중심으로 읽은 것에 불과하다. 요한계시록 2-3장은 아주 풍성한 신학을 담고 있기 때문에 이런 식으로 본문을 무책임하게 읽는 것은 올바르지 않다.

메시지 형태

서아시아의 일곱 교회에 보낸 이 본문은 서신이라 부를 때가 많지만, 십중팔구는 계시에 따른 예언이라고 규정하거나 어쩌면 목회-예언의 메시지라고 규정하는 것이 더 나을 것이다. 몇몇 학자들은 심지어 이 본문이 제국 포고령과 비슷하다고 주장했는데, 그중 데이비드 오니가 가장 두드러진 사람이다.[6] 예수는 왕, 아니 황제 같은 분으로서 요한을 통해 교회에게 말씀하신다. 예수의 말씀은 지극히 진지하게 받아들여야 한다. 그러나 예수는 동시에 교회 사이를 거니시는 목자로서 말씀하신다(2:1; 참고. 1:13). 교회의 여러 "사자"使者에게 주는 메시지는 목회자가 차례로 목회지를 돌아보는 방문인 셈이다.[7] 예수는 두려움을 불러일으키는 분이요 교회 가운데 계신 분이다. 때문에 그는 위로와 도전을 담은 말씀을 강력히 선포하시고, 교회의 생각(이성)뿐 아니라 마음(감성)도 뒤흔들어놓으실 수 있다.[8]

이 일곱 메시지를 읽는 대부분의 독자들은 어떤 구조상의 패턴에 주목하곤 한다. 일부 해석자들은 이 일곱 메시지의 형태와 고대 제국의 포고령을 구성하는 요소 및 고대의 수사修辭 담화를 연계하려고 노력해 왔다. 이런 분석은 그럴듯하다. 아무튼, 최소한 우리는 여기서 다음과 같은 부분들로 이루어진, 상당히 일관된 문학적 구조를 밝혀낼 수 있다.

- 교회의 "사자"(= 메시지 전달자? 지도자? 선지자? 수호천사?)에게 하시는 말씀
- 대부분 여는 환상으로부터 가져온, 그리스도를 묘사한 말
- 칭찬(라오디게아를 제외한 모든 교회가 칭찬을 들음)
- 꾸지람(서머나와 빌라델비아를 제외한 모든 교회가 꾸지람을 들음)
- 도전: 권면/경고

---

6. Aune, *Revelation 1-5*, 126-129을 보라.

7. Richard, *Apocalypse*, 52.

8. deSilva, *Seeing Things John's Way*, 175-192; 229-255을 보라.

- 이기는 이들(신실한 이들)에게 주시는 종말의 약속
- 성령에 귀를 기울이라는 권면

유진 피터슨은 이 일곱 부분을 내용상 "영적 지도"를 구성하는 세 요소로 줄인다. 그것은 바로 인정, 바로잡음, 동기를 불어넣는 약속이다.[9] 이 세 차원이 각 메시지의 중심일 수 있다. 그러나 다른 요소도 요한계시록 전체와 연결되어 있다는 점에서 아주 중요하다. (특히 경고가 그러하다.) 다음 표에서는 이 일곱 요소가 각 메시지 안에 어떻게 들어 있는지 요약해보았다. (성령에게 귀를 기울이라는 권면은 표에 넣지 않았다. 이 권면은 변함이 없기 때문이다.)

요한계시록의 교회들을 향한 목회-예언적 메시지들

본문과 교회	그리스도	칭찬	꾸지람	도전: 권면/경고	이긴 자들/신실한 자들에게 주시는 마지막 때의 약속
2:1-7 에베소	일곱 별을 가지고 일곱 촛대[10] 사이를 거니심 (1:13, 16을 보라)	행위와 수고와 인내; 악한 자들을 용납하지 않고 거짓 사도를 시험하며, 약해지지 않고 고난을 견뎌냄; 니골라당의 행위를 미워함	첫 사랑을 버림	넘어진 곳을 기억하라; 회개하라; 이전처럼 행하라. 그러지 않으면 촛대를 제거하리라	생명나무 열매를 먹음(22:2, 14, 19; 창 2:9; 3:22을 보라)

---

9. Peterson, *Reversed Thunder*, 50-52.
10. 혹은 메노라(menorah).

본문과 교회	그리스도	칭찬	꾸지람	도전: 권면/경고	이긴 자들/신실한 자들에게 주시는 마지막 때의 약속
2:8-11 서머나	처음이요 나중; 전에 죽었다가 살아나심(1:8, 17을 보라)	환난과 궁핍, 유대인이라 하는 자들로부터 모욕을 당함	없음	임박한 고난을 두려워하지 말라; 몇몇 사람은 옥에 갇히리라; 10일 동안 고난을 받으리라. 죽기까지 신실하라	생명의 관, 두 번째 죽음을 피함 (20:6, 14; 21:8을 보라)
2:12-17 버가모	좌우에 날이 선 예리한 칼을 가지심(1:16을 보라)	사탄의 권좌가 있는 도시에서 예수의 이름을 굳게 붙잡고, 심지어 안디바는 순교함	일부 사람들이 발람을 따라 우상숭배/음행을 저지름(=니골라당)	회개하라. 그러지 않으면 그리스도가 오셔서 발람/니골라당을 좇는 자들과 싸우시리라	감추었던 만나, 새 이름이 기록된 흰 돌(22:4을 보라)
2:18-29 두아디라	하나님의 아들 (1:6을 보라)은 불꽃같은 눈과 불에 단 주석 같은 발을 가지심(1:14-15을 보라); 생각과 마음을 살피시고 행한 대로 갚으심	행한 일: 사랑과 믿음과 섬김과 인내; 근래에 행한 일이 이전에 한 일보다 큼	우상 숭배/음행을 저지르는 거짓 선지자 이세벨을 용납함 (가르침 = "사탄의 깊은 것"); 회개를 거부함	간음한 자들이 회개하지 않으면 고난 가운데 던지리라; 이세벨의 자녀에게 죽음이 있으리라; 다른 이들: 굳게 붙잡으라.	만국을 다스리는 권세(시 2:8-9을 보라), 새벽 별 (22:16을 보라)
3:1-6 사데	하나님의 일곱 영과 일곱 별을 가지심 (1:4, 16을 보라)	[책망에 이어:] 몇몇 사람은 더러운 옷을 입지 않고 흰 옷을 입은 채 예수와 함께 다니니 이들은	이름/살아 있다는 말을 들으나 사실은 죽어 있음; 불완전하거나 부족한 행위	깨어 죽는 순간에도 남은 것을 굳게 하라; 기억하고 지키고 회개하라; 그러지 않으면 그리스도가 도둑같이	신실한 자처럼 흰 옷을 입음; 그리스도가 이름을 생명책(21:27)에서 지우지 않으시고 도리어 아버지와 천사들 앞에서 그

본문과 교회	그리스도	칭찬	꾸지람	도전: 권면/경고	이긴 자들/신실한 자들에게 주시는 마지막 때의 약속
		합당한 자들이다		오시리라	이름을 시인하심(참고 21:7)
3:7-13 빌라델비아	거룩하신 분, 참되신 분, 다윗의 열쇠를 가지신 분이요, 열고 닫으시는 분이며, 그가 행하신 일은 아무도 돌이킬 수 없는 분	행위: 적은 능력을 가지고도 인내하라는 그리스도의 말씀을 지키며 그리스도의 이름을 부인하지 않음	없음	사탄의 회당(=거짓 유대인)이 그들에게 절하고 그리스도가 그들을 사랑하시는 줄을 알리라; 장차 온 우주에 임할 시련에서 보호받음; 굳게 붙잡으라	그리스도가 그들을 하나님 성전의 영원한 기둥으로 만드시고(참고 21:22), 하나님의 이름과 새 예루살렘(21:2, 10을 보라)의 이름과 그리스도 자신의 새 이름을 그 기둥 위에 쓰시리라
3:14-22 라오디게아	"아멘"이요, 신실하고 참되신 증인(1:5을 보라); 하나님의 창조의 기원/시작	없음	행위가 차지도 않고 뜨겁지도 않아 미지근함; 부요하기는커녕 곤고하고 가난하고 눈이 멀고 헐벗고 불쌍함	차갑든지 뜨겁든지 하라; 그들이 그러하지 않으므로 입에서 토해내리라; 그리스도로부터 금과 흰옷과 안약을 사라; 그리스도가 사랑하시는 자를 책망하고 징계하심; 열심을 내고 회개하라; 그리스도가 문밖에서 서서 두드리시고, 들어가 문을 연 이와 함께 잡수시리라	보좌에 앉으신 그리스도가 함께 있을 자리(5장을 보라)

메시지 내용

우리는 이 일곱 메시지를 읽을 때면 교회가 당면한 두 가지 큰 문제에 깜짝 놀란다. 그중 하나는 여러 종류의 핍박이요, 다른 하나는 현실에 순응하라는 유혹이 강력했다는 점이다. 일부 사람들은 현실과의 타협이 핍박을 피하거나 그치게 할 방법이라고 여겼을지도 모른다. 이 일곱 메시지는 교회 안에 현실에 철저히 순응하는 이들로부터 핍박을 받는 자들에—핍박을 받은 자들은 필시 현실에 순응하지 않았다는 이유로 핍박을 받았을 것이다—이르기까지 넓은 스펙트럼이 있었음을 우리에게 일러준다.

여기서 문제 삼는 현실 순응의 가장 두드러진 형태는 여러 잡신(그리스도인의 관점에서 보면 우상)에게 희생 제물로 바쳐진 음식을 먹는 것이다. 이는 그 시대의 문화가 요구하는 규범으로 당연한 일이었으며, 정치 현실과 사회 현실을 인정한다는 뜻을 나타내는 행위였다. 교회에서는 여러 개인과 그룹이 이런 일을 행하고 옹호했는데, 요한은 이런 개인과 그룹에게 상징성을 지닌 이름을 붙여, 버가모 교회에서 이런 일을 한 자에겐 발람 추종자요 니골라당이라는 이름을(2:14-15), 에베소 교회에서 이런 일을 한 자에겐 (암시를 통해) 니골라당이라는 이름을(2:6), 두아디라 교회에서 이런 일을 한 자에겐 이세벨과 그 추종자라는 이름을 붙인다(2:20-25).[11] 그는 이 운동을 이끈 이들을 거짓 사도요 거

---

11. 발람은 이스라엘이 미디안 족속과 더불어 우상 숭배와 부도덕에 빠진 일과 관련이 있는 선지자였다. 그는 나중에 심판을 받고 이스라엘 사람들에게 죽었다(민 31:8). 이세벨은 페니키아 출신인데, 이스라엘 왕 아합의 아내로서(왕상 16:31) 야웨의 선지자들을 적대시하고 죽이면

짓 선지자라 부르며(2:2, 20), 그 앞에 있던 다른 선지자들과 마찬가지로 이런 우상 숭배를 영적 음행이요 간음이라 일컫는다(2:14, 20-22).

펍박은 다음과 같은 몇 가지 형태로 다가왔던 것 같다. 에베소와 빌라델비아에서는 그리스도인(예수의 이름을 가진 자)임이 밝혀지자 괴롭힘을 당했다. 서머나와 빌라델비아에서는 어떤 유대인에게 비방을 받음은 물론 경제와 사회 분야에서 펍절한 처지로 내몰렸다. 서머나에서는 곧 닥칠 체포를 두려워했는데 이는 속주 관원들이 그리스도인을 조사했음을 시사한다. (이 관원들은 아마도 황제 숭배를 관장하는 관원들이었을 것이며, 유대교 지도자들의 밀고를 바탕으로 조사가 이루어졌을 가능성이 있다.) 버가모에서는 괴롭힘을 당하고 심지어 폭행으로 목숨까지 잃었다. 요한은 이런 펍박이 결국 사탄이 한 일이라고 보는데(2:9, 13, 24; 3:9), 이는 그가 요한계시록 12장과 13장에서 사탄 및 사탄의 짐승을 묘사한 내용(이 책 7장과 8장에서 논한다)과 일치한다.

이 초기 그리스도인 공동체들이 모임을 가졌던 지역은 중요한 도시의 중심지들이었으며, 그 가운데 일부는 인구가 10만 명 이상인 도시들이었다. 에베소(20-25만 명), 서머나(7만 5천-10만 명), 버가모(12-18만 명), 사데(10만 명).[12] 조그만 가정 교회에서 모인 그리스도인들은 그 수가 미미했다. 그런 그들이 그 시대의 문화와 정치와 종교의 "규범을 따르라는" 압력을 물리치고 어떻게 살아남을까? 우리는 이 일곱 메시지를 살펴보면서 그들의 투쟁과 그리스도가 그들에게 주신 말씀을 얼마

서 바알 선지자들을 옹호했다(왕상 18-21장). 니골라당은 달리 알려져 있지 않으나, 그 이름은 "사람들을 정복한 자들"이라는 뜻이다.

12. 여러 자료를 보고 추산한 숫자다. 가령 Stark, *Rise of Christianity*, 131-132을 보라.

간이라도 배워보도록 하자.

각 교회

지면이 한정되어 있기 때문에 각 교회에 보내는 메시지를 짧게 살펴보도록 하겠다.

2:1-7. 에베소 교회는 속주 총독(임명직 정무관)이 살고, 아르테미스 여신과 황제에게 바친 거대한 신전들이 있는 큰 항구 도시에 있었다. 에베소의 아르테미스는 제국 전역에서 숭배되었으며, 아르테미스 신전은 고대 세계 7대 불가사의 가운데 하나로 알려져 있었다. 사람들은 종종 에베소의 문제를 영성(하나님을 사랑함)의 실패나 정행正行(올바른 실천, 특히 이웃 사랑)의 실패로 이어질 수밖에 없는 경직된 정통(올바른 믿음에 강조점을 두는 태도)이 갖는 여러 위험한 모습과 연계해 생각한다. 그러나 이렇게 보는 견해는 성경이 말하지 않은 두 가지 생각, 곧 (1) 믿음(동의)과 사랑은 서로 다르며 구별된다는 생각과, (2) 하나님을 사랑하는 것이 하나님의 뜻에 대한 성실한 행동이라기보다 내면의 태도라는 생각을 널리 퍼뜨린다. 에베소 사람들은 굳건한 심지로 현실에 순응하지 않는 태도를 보여 칭찬을 받았으며, 이런 태도는 다른 사람들도 확인할 수가 있었다. 따라서 에베소 교회의 상황은 **정통을 바로 따르지 않아** 경직된 믿음으로 보이는 것들을 거부해야 할 상황이라기보다는 **정행이 불완전하여** 회개와 보완이 필요한 상황으로 보는 것이 더 좋다. 현실에 순응하는 거짓 교사들과 괴롭히는 이웃이 들끓는데도 불구하고 에베소의 성도들은 분명 하나님께 충성하고 하나님을 사랑했다. 그러나 에베소 성도들은 그들끼리 서로 나누는 사랑을 되찾아야 했

에베소에 있는 아르테미스와 황제를 섬기던 신전

다(요한복음 13-17장을 보라).[13]

2:8-11. 서머나 교회 역시 그 아름다움과 오랫동안 변함없이 로마에 바친 충성으로 유명한 항구 도시에 자리해 있었다. 이 도시는 왕성한 황제 숭배로 로마에게 충성을 표현했다. (또 이 도시는 유명한 순교자 폴리카르포스 주교가 순교한 곳으로 유명하다. 그는 156년경 예수께 충성한다는 이유로 여기서 죽임을 당했다.) 일부 유대인이 경제력을 쥔 사람들(오늘날 노조와 비슷한 상인 조직인 상인조합에서 일하는 관리나 신전에서 일하며 은행 역할도 했던 관리였을지도 모른다), 그리고/또는 서머나 교회를 핍박하던 로마 정부 관리와 한 통속이 되어 (요한의 눈으로 볼 때) 하나님

---

13. 다른 해석자들은 잃어버린 사랑을 하나님을 향한 사랑, 또는 하나님과 다른 이를 향한 사랑이라고 생각한다.

백성이라는 유대인의 독특한 정체성을 저버렸을 가능성이 있다. 경제적인 면에서도 영향을 받을 수 있고 법률상 처분을 받을 수도 있었지만, 이 때문에 현실에 순응하며 타협한 이는 분명 아무도 없었다. 이 교회의 과제는 두려워하지 말고 신실함을 지키는 것, 즉 신뢰하고 순종하는 것이었다.

2:12-17. 버가모 교회 성도들은 사람들을 위압하는 속주 수도의 아크로폴리스가 올려다보이는 곳에서 살았다. 아크로폴리스에는 많은 관청이 있었고, 제우스에게 바친 장엄한 제단과 우뚝 솟은 황제 숭배 신전을 포함하여 많은 종교 시설이 있었다. 필경 이것이 사탄의 권좌(2:13)라는 유명한 이미지를 만들어냈을 것이다. 일곱 가지 메시지가 사실상 유일하게 거명하는 희생자인 한 순교자(안디바; 2:13)가 죽었는데도, 교회의 신자들 대다수는 신실함을 지켰다. 하지만 일부 사람들은 다시 우상에게 희생 제물로 바친 음식을 먹었는데, 이는 아마도 안디바와 같은 운명을 피해보려 했기 때문이었을 것이다. 예수의 메시지는 현실에 순응하며 타협한 자들에게는 순응하길 그만두고 회개하라고 도전하며, 신실한 자들에게는 굳건하라고 독려한다.

2:18-29. 두아디라 교회는 상인조합이 많기로 유명했던 한 도시에 있었다. 두아디라 교회는 그 삶과 증언에서 진보를 이루어갔지만(2:19), 서머나와 근처 빌라델비아에서 일어난 것과 같은 경제력 박탈과 사회적 힘(지위)의 상실을 피하려는 욕구를 가졌을지도 모른다. 이 교회의 많은 신자들, 어쩌면 이 교회 신자 대다수(2:20, 24을 보라)가 "이세벨"을 따랐던 것도 서머나와 빌라델비아 같은 일을 당하지 않으려는 욕구 때문이었을 수도 있다. 여기서 "이세벨"은 말 그대로 거짓 선지자일 수도

"사탄의 권좌"가 있었던 버가모 아크로폴리스. 중앙에 황제를 숭배한 신전의 유적이 있고, 오른쪽에는 제우스를 섬긴 제단이 나무에 둘러싸여 있었다.

버가모에 있는 제우스 제단 유적

있고, 현실에 순응하며 타협하는 자세를 상징할 수도 있다. 이 여자와 그 자녀/추종자에게 주는 메시지는 일곱 메시지 가운데 가장 길고 가장 혹독한데, 이는 그만큼 상황이 심각했음을 시사한다. 메시지는 여기에서도 다시 현실에 순응하는 자들에게 그리 살지 말라고 (암시적으로) 도전하며, 신실한 자들에겐 굳건하라고 독려한다.

3:1-6. 사데도 버가모보다 소박하긴 해도 역시 위풍당당한 아크로폴리스를 갖고 있었다. 이 아크로폴리스는 치욕스러운 역사를 통해 도시의 정체성을 규정해주는 한 요소가 되었다. 사데는 기습 공격을 통해

두 번이나 점령당했었으며, 난공불락이라 여기던 아크로폴리스에도 군대가 들어갔었다. 요한이 예수로부터 "내가 도둑같이 오리라"(3:3)[14]라는 말씀을 받아 사용한 것도 그런 이유 때문이었을 수 있다. 예수의 이런 말씀은 교회 안의 일부 사람조차도 예수의 오심을 거의 기대하지 않을 때 그가 다시 오시리라는 것을 일러준다. 사데 교회의 대다수 신자는 혼수상태에 빠져 죽은 이와 다름이 없었다. 요한이 적절한 묵시를 사용하여 이 교회에게 깨어나 죽은 자들 가운데서 일어나라고 도전하는 것도 그 때문이다. 그 옷을 더럽히지 않았다는 말을 들은 이도 몇 사람 있다(3:4). 따라서 우리는 이런 수면 상태를 냉담함이 아니라, 어떤 "행위"(3:2)를 통해 스스로 자신을 더럽힌 상태, 좋은 평판을 얻는 데 집착하면서도(3:1) 자기들이 잘못한 것은 하나도 없다는 억지 생각을 하

사데 유적, 뒤쪽에 아크로폴리스가 있다.

---

14. 아울러 마 24:4; 눅 12:39; 살전 5:2을 보라.

는 상태로 이해해야 한다. 결국 사데 교회의 주된 문제는 무관심이 아니라 말도 안 되는 생각이다. 사데 교회 사람들은 부적절한 행위를 밝혀내어 그만두어야 한다.

3:7-13. 빌라델비아는 위대한 그리스 문화가 살아 있으면서 또 로마를 철저하게 추종하는 도시였다. 이 도시에 있던 교회도 서머나 교회처럼 도시에 살던 일부 유대인과 갈등이 있었다. 서머나 교회와 빌라델비아 교회가 어떤 꾸지람도 듣지 않은 것은 단지 우연의 일치일까? 아니면 이 두 교회의 초기 그리스도인들이 우상을 섬기는 이방인 이웃 및 관원은 물론이요 유일신을 섬기는 신앙을 가진 그들의 동포로부터 괴롭힘을 당하면서도 결과 여하에 상관없이 그들의 헌신이 가지는 의미와 사람들 앞에서도 이런 헌신을 견지해야 할 필요성을 충분히 이해했기 때문에 꾸지람을 듣지 않은 것일까? 이 교회 역시 저항하고 신실함을 지켜야 하는 과제를 떠안는다. "네가 시험의 때를 면하게 하리라"keep you from the hour of trial(3:10, NRSV)라는 예수의 약속은 "시험 때에 너를 안전히 지키리라"keep you safe in the time of trial(NAB)로 번역하는 것이 더 낫다.[15]

3:14-22. 라오디게아 그리스도인들은 그 지역에서 가장 부유한 도시에 살았으며, 그들도 분명 그런 부를 함께 누렸을 것이다. 라오디게아는 상업 중심지요 지리적 요충지였으며, 여러 신을 섬기는 신전들이 있었다. 학자들은 이 메시지에서 라오디게아가 부를 누렸음을 암시하

---

15. Aune, *Revelation* 1-5, 240; Boxall, *The Revelation*, 73; Reddish, *Revelation*, 76; Witherington, *Revelation*, 106-107을 보라. 여기에서는 휴거를 당하여 고난을 피하리라는 소망을 말하지 않는다.

는 내용과 더불어, 이곳이 안약을 생산하고 검은 양모羊毛를 사용했으며 특히 좋은 물을 공급받지 못했음을 암시하는 내용을 발견했다. 사람들은 종종 요한이 라오디게아 근처 히에라폴리스 온천을 잘 알고 있었으며, 라오디게아 밖으로부터 맑은 찬물이 시내로 흘러들었음도 잘 알고 있었다고 주장해왔다. 미지근한 물은 히에라폴리스 폭포로 떨어지던 온천수를 가리키거나, 라오디게아 자체에 있던 물을 가리키는 말일 수 있다.

라오디게아 교회의 문제는 뜨겁지도 않고 차갑지도 않고 미지근하다는 것이었다. 예수는 이런 미지근함을 역겨워하셔서, 이 교회를 이내 내뱉으려, 아니 토해내려 하신다(3:15-16). 미지근함은 고대에 무관심을 은유하는 말이었다. 따라서 이 본문은 두 극—(예수를 따르는) 뜨거움과 (예수를 거부하는) 차가움—과 술에 물탄 것 같은 중간 입장을 담은 스펙트럼을 말하는 게 아니다. 도리어 이 본문은 서로 대립하는 두 가지 입장을 제시한다. 그 둘 중 첫 번째는 뜨거운 물과 차가운 물이라는 이미지로 표현된다. 뜨거운 물과 차가운 물은 사람에게 즐거움과 이로움을 준다. 그와 반대로, 미지근한 물은 맛도 역겹고 건강에도 좋지 않다. 여기서 "미지근하다"는 과도한 번영을 누리면서 부족함이 없다 보니(3:17), 결국 예수와 나누는 사귐을 완전히 잊어버린 상태를 뜻한다. 이 교회는 중용을 따르는 교회가 아니라 현실에 철저히 순응하고 타협하는 교회로서, 살아남는 데 필요하다면 현실에 순응하는 것도 모자라 아예 그 시대 지배층과 권력자들이 따르는 삶의 방식과 가치관을 모조리 받아들이는 교회다.

이 교회의 문제를 풀 수 있는 유일한 길은 예수를 그 공동체의 삶

속에 다시 모시는 것이다(3:20). 그리하려면 이 라오디게아 교회를 가난하게 하고, 헐벗게 하고, 눈멀게 만든 우상 숭배를 거부해야 한다(3:18). 이 교회의 과제는 완전한 변신을 받아들이는 것이다.

함께 살펴본 일곱 메시지

각 교회는 그 나름의 상황을 반영한 메시지를 받았지만, 이 메시지를 통틀어 보면 메시지 전체를 아우르는 한 가지 질문이 있다. 곧 타협하느냐 마느냐가 그것이다. 이를 더 구체적으로 질문해보자. 이 교회들은 황제 숭배를 포함하여 이방 종교의 문화적 규범에 동참하기를 거부하다가 심각한 결과를 맞이한다 할지라도—사회, 경제, 정치면에서 심각한 결과를 감내해야 할지라도—이런 거부 태도를 견지함으로써 예수를 신실히 증언하는 증인이자, 예수 **같은** (그리고 요한 같은!) 신실한 증인이 될 것인가? 이들은 요한이 우상 숭배라 이름 붙인 행위, 곧 여러 모양의 현실 타협과 순응 행위에 참여한 니골라당과 발람 추종자와 이세벨 추종자, 그리고 라오디게아 사람들과 한 통속이 될 것인가, 아니면 이들과 단절하고—"거기서 나와"(18:4)—요한처럼, 버가모의 안디바처럼(2:13), 그리고 예수 바로 그분처럼 기꺼이 고난을 받을 것인가?

이 신자들이 속한 교회는 차라리 전쟁—어린 양의 전쟁—이라고 불러야 할 싸움에 참여하고 있다. 어린 양은 신자들의 목자요 모범으로서 그들과 함께 계시면서, 그들에게 다시금 새로운 헌신을 요구하신다. 그들은 이 전쟁에서 승리하겠으나, 칼을 휘둘러 승리하지 않고 예수를 따라 "시민 종교를 거부하는" 예배에 참여하며 신실한 증인이 됨으로써 승리할 것이다. 그러나 적어도 그들 가운데 일부는 우주적 차원에서 벌어지는 이 전투에서 패배할지도 모를 위험한 처지에 있다. 요한은 이들도 승리하기를 원한다. 그들은 모두 신실한 증인이 되어야 한다. 이 말은 어쩌면 실제로 순교하는 사람이 있으리라는 뜻일지도 모른다.

사람들은 때로 이 일곱 메시지와 요한계시록의 다른 부분이 순교를 찬미하되 심지어 무책임한 말로 순교를 찬미하는 내용일 수도 있다고 말한다. 그러나 요한계시록이 순교를 칭송한다는 말은 "순교자"가 1세기에는 "증인"(헬라어로 마르튀스^{martys})을 뜻했음을 깨달을 때에 비로소 참일 수 있다. 교회사를 보면 "순교자"는 나중에야 그의 신앙을 지키려다 죽은 증인을 가리키는 말이 되었다. 요한계시록은 그 청중에게 죽음이 선^善이라거나 죽음 자체가 목적이라는 말을 하지 않고, 도리어 그 때문에 설령 죽는다 할지라도 신실한 제자와 증인이 되라고 요구한다. 이는 단지 말만이 아니라 그 내용에 차이가 있다. 부활하신 그리스도가 주신 이 일곱 메시지는 죽음을 요구하는 게 아니라, 신자를 더럽히는 모든 것을 멀리하는 일을 포함하여 제자의 길을 갈 것을 요구한다. 이 값비싼 제자도는, 디트리히 본회퍼가 묘사한 그대로,[16] 1세기(혹은 다른 어떤 세기)의 많은 그리스도인이 깨닫거나 요구했던 것보다 훨씬 더 엄중하다. 요한계시록이 해야 할 일에는, 이를 듣는 이와 읽는 이에게 신실한 제자도에는 희생과 동시에 보상이 따른다는 확신을 심어주어야 하는 일도 들어 있다. 일곱 메시지에 도전을 던지는 말과 더불어 21장과 22장에 있는 환상에서 끌어온 약속들이 함께 들어 있는 이유도 그

---

16. 그가 쓴 책 『나를 따르라』(영역서는 *The Cost of Discipleship*, 독일어 원서는 *Nachfolge*)를 보라.

때문이다.

일곱 메시지가 이 시대에 던지는 메시지

요한계시록 2-3장이 교회사의 줄거리를 개괄하여 담고 있다는 것은 상당한 억지요 또 대단히 어색해 보인다. 그러나 이 일곱 교회가 어쨌든 그리스도의 교회일 수 있는 모든 교회를—특별히 교회가 보통 부닥치는 모든 위험을—상징한다는 생각은 훨씬 더 그럴듯하다.

목사요 신학자인 스코트 대니얼스[T. Scott Daniels][17], 세상을 떠난 신약 신학자 브루스 메츠거, 그리고 영성 신학자인 유진 피터슨도 다른 많은 사람들처럼, 일곱 교회(또는 그 가운데 적어도 다섯 교회)와 시대를 막론하고 모든 교회가 부닥치곤 하는 위험들을 연관 지었다.[18] 최근 대니얼스는 각 교회가 그 교회의 생명을 위협하는 특정한 죄를 나타내거나, (서머나와 빌라델비아 교회 같은 경우는) 나타냈을 수도 있다고 주장한다. 각 교회가 그 교회 집단의 개성이라 할 기풍을 발전시켰기 때문이다. 대니얼스는 모든 시대의 모든 교회가 그런 독특한 집단정신을 가지고 있다고 믿는다.

이 세 해석자들의 관찰 결과를 표로 정리해보면 다음과 같다.

---

17. 미국의 아주사 퍼시픽 대학교 교수다—역주.
18. Daniels, *Seven Deadly Spirits*; Metzger, *Breaking the Code*, 46; Peterson, *Reversed Thunder*, 52. 대니얼스는 서머나 교회와 빌라델비아 교회가 그들이 칭찬을 들었던 것과 반대인 영(靈)을 계발했을 수 있다고 주장한다.

요한계시록의 교회가 당면한 위험

본문과 교회	메츠거	피터슨	대니얼스
2:1-7 에베소	처음에 가졌던 사랑을 잃음	"그리스도를 열렬히 사랑했던 첫 사랑을 버림"	경계 지키기, 관용이 없는 정통
2:8-11 서머나	고난을 두려워 함	[없음]	[소비만능주의]
2:12-17 버가모	교리의 타협	이단에 신경쓰지 않음	순응, 실패한 증인
2:18-29 두아디라	도덕의 타협	부도덕을 용납함	신앙을 개인 차원으로 만들고 몸과 영을 분리함
3:1-6 사데	영혼이 죽어 있음	냉담함	냉담한 신앙
3:7-13 빌라델비아	굳건하지 못함	[없음]	[두려움]
3:14-22 라오디게아	미지근함	성령 안에서 사는 삶 대신 물질의 풍요를 추구	자족

심지어 세대주의 해석자조차도, 일곱 교회에 주는 메시지가 교회사의 각 시대와 일치한다는 주장을 제외하면 각 교회로부터 영속하는 영적 메시지를 끄집어낼 수 있다고 평가한다는 점에서는 대체로 방금 말한 세 저술가와 견해를 같이한다.[19]

---

19. 예를 들어 Lindsey, *There's a New World Coming*, 57-58을 보라. 린지는 세대주의 학자인

우리는 이제 이런 내용에 이번 장에서 논한 내용을 덧붙일 수 있다. (아무런 꾸지람도 듣지 않은 서머나와 빌라델비아는 제외다.)

- 에베소: 불완전한 정행^{正行}(서로 사랑하지 않음)
- 버가모: 순응, 특히 시민 종교에 순응함
- 두아디라: 경제적, 사회적 힘을 잃지 않으려고 현실에 순응함
- 사데: 억측
- 라오디게아: 그릇된 번영, 자족, 그리고 현실 속 지배층과 권력자를 우상으로 숭배함

피터슨은 "우리 자신이 사는 세기를 포함하여 어느 세기에나 무작위로 일곱 교회를 골라도" 요한계시록이 말하는 "이 일곱 교회와 아주 비슷한 모습이 나타날 것이다"라고 주장한다.[20] 오늘날 요한계시록 2-3장에 신실히 귀를 기울인다 할 때, 이 두 장이 말하는 요점은 하나님의 영에 귀를 기울이라는 것이다. 하나님의 영은 우리 자신이 속한 교회만이 가진 거룩하지 않은 영의 정체를 밝혀주시고, 그리스도의 임재와 은혜를 우리에게 주셔서 우리를 더 신실한 하나님 백성으로 바꿔가신다.

독특한 역사적 상황 가운데 있는 특정 교회에는 특별히 특정한 메시지가 적합할 수도 있다. 핍박받는 교회는 서머나 교회나 빌라델비아 교회가 받은 메시지를 들어야 할지도 모른다. 반면 그 시대를 주장하는

존 월보드(John Walvoord)가 쓴 책 *The Revelation of Jesus Christ*에서 제시한 영적 해석에 동의한다.

20. Peterson, *Reversed Thunder*, 56.

문화 규범에 순응한 교회, 특별히 권력욕과 시민 종교에 순응한 교회는 버가모 교회나 라오디게아 교회가 받은 메시지를 들어야 할지도 모른 다. 실제로 해리 마이어[Harry Maier]는 특혜를 누리는 서구 세계의 그리스 도인들은 "라오디게아 교인으로서" 요한계시록을 들어야 한다고 주장 한다.[21] 다소 역설이지만, 마이어가 서구 교회를 바라보는 시각은 세대 주의자의 시각과 별반 다르지 않다. 세대주의자 역시 이 시대의 교회를 라오디게아 교회로 보기 때문이다. (그러나 마이어는 세대주의자와 달리 자신이 말하는 라오디게아 교회 속에 틀림없이 세대주의 교회도 포함시키려 할 것이다.) 그리스도가 라오디게아에 주신 메시지를 곱씹다 보면, "은 혜의 하나님, 영광의 하나님"[God of Grace and God of Glory]이라는 찬송시 3연의 기도를 되풀이하고픈 마음이 들지도 모르겠다.[22]

> 서로 싸우는 당신 자녀의 광기를 치료해주소서.
> 우리 자만을 꺾고 당신의 통치에 굴복케 하소서.
> 철없이 내 잇속만 챙기길 기뻐하고
> 물질은 부유하나 영혼은 가난한 우릴 부끄럽게 하소서.
> 우리에게 지혜를 주소서.
> 우리에게 용기를 주소서.
> 우리가 당신 나라에 이를 수 있게(2회).

---

21. *Apocalypse Recalled*, 특히 30-39.
22. 해리 에머슨 포스딕(Harry Emerson Fosdick)이 1930년에 쓴 글.

일곱 메시지 요약

우리는 지금까지 선지자가 전한 일곱 메시지를 모두 살펴보면서 그들의 유사점과 차이점을 점검했으니, 이제는 이 일곱 메시지를 통틀어 요약해볼 수 있겠다. 어쩌면 우리는 일곱 메시지를, 요한계시록 2-3장이 교회에게 거룩한 교회의 표지로 명시하고 암시하는 모든 것을 다 갖춘 곳이 될 것을 요구하는 한 메시지로 봐야 할지도 모르겠다. 예를 들어 목회자요 신학자인 존 스토트[John Stott][23]는 이 일곱 메시지에서 교회를 규정하는 표지로 사랑(에베소), 고난(서머나), 진리(버가모), 거룩함(두아디라), 진정성(사데), 선교(빌라델비아), 그리고 온 마음을 다함(라오디게아)을 찾아낸다.[24]

우리는 우리의 분석을 토대로 그리스도가 바른 가르침(정통 가르침)과 바른 실천이 충만한 교회, 신실함이 가득하고 두려움이 없는 교회, 국가가 아니라 예수를 섬기는 교회, 부유한 자보다 가난한 자를 더 마음에 두는 교회를 원하신다고 말할 수 있겠다. 아니 어쩌면 이 메시지를 예수가 구사하신 언어에 더 가깝게 표현하여 이렇게 요약해볼 수 있겠다.

나는 너를 사랑하고 네가 곧 나타날 새 창조에 동참하길 원한다. 때문에 나는 네가 끝까지 사람들 앞에서 나를 신실히 증언하는 증인이 되길 요

---

23. 1921-2011. 영국 성공회 사제요 신학자다―역주.
24. Stott, *What Christ Thinks of the Church*를 보라.

구하며, 만일 그런 증인이 아니거든 회개하고 다시 새로워져 신실한 증인이 되길 요구한다. 내가 앞서 말했듯이, "거짓 선지자를 조심하라." 또 "나더러 '주여, 주여'라고 말하는 자마다 모두 천국에 들어갈 것이 아니요 오로지 하늘에 계신 내 아버지 뜻대로 행하는 자만이 들어간다"(마 7:15, 21). 혹은 내가 이후에 말하겠지만, "거기서 나오라!"(계 18:4) 그리고 밖에 머물라. 이는 내가 너를 떠나기 전에 약속한 대로, "내가—부활하고 승리를 거두신 이가—세상 끝 날까지 너와 늘 함께 있기 때문이다"(마 28:20).

1. 요한계시록 2-3장을 세대주의식으로 보는 접근법에 장점이 있다고 생각하나요? 장점이 있다면 왜 그리 생각하는지, 없다고 생각한다면 왜 그리 생각하는지 말해보세요.

2. 여러분의 경험에 비추어 볼 때, 오늘날 교회가 이 시대의 문화 규범에 순응한 모습 중 가장 두드러진 모습은 무엇이라고 생각하나요?

3. 여러분 자신, 혹은 여러분이 속한 그리스도인 공동체는 일곱 교회 중 어느 교회와 가장 닮은 것 같나요? 부활하신 그리스도가 여러분이 속한 공동체에 자세한 메시지를 주신다면, 그 메시지는 어떤 내용이리라고 생각되나요?

4. 세계 교회를 놓고 볼 때, 오늘날 요한계시록에 나온 일곱 교회의 강점과 약점이 드러나는 지역은 어느 지역의 교회인가요?

6장 요한계시록의 중심이요 초점인 환상
하나님과 어린 양(요한계시록 4-5장)
The Central and Centering Vision: God and the Lamb

일곱 교회, 그리고 교회 전체에 주는 예언의 메시지는 완결되었다. 이 일곱 말씀은 각각 특별한 정황을 염두에 둔 것이나, 한 몸인 그리스도 의 교회는 물론이요 여러 시대와 장소에 존재하는 특별한 회중에게 적용할 수 있는 말씀이기도 하다. 이제 요한계시록은 우리가 상당히 쉽게 이해하는 본문, 즉 목회-예언의 계시를 상당히 솔직하게 써놓은 글에서 우리에게 혼란이나 놀람이나 고뇌를 안겨줄 수도 있는 본문으로 드라마 같은 변화를 주며 바뀐다. 우리는 요한계시록 4장과 5장에서 우리가 요한계시록 1장에서 처음 만났던 것 같이 환상이 담긴 본문을 다시 만나며, 이런 장르의 본문을 요한계시록이 거의 끝날 때까지 계속 만난다. 이 시대의 대다수 독자는 우리가 방금 전까지 살펴본 두 장(요한계시록 2장과 3장)과 비슷한 또 다른 열다섯 장의 본문에 더 편안함을 느끼겠지만, 묵시란 그런 게 아니다.

하나인 환상

요한계시록 4장과 5장은 서로 나눌 수 없는 한 쌍이다. 어느 주석가는 이 두 장이 "환상을 담은 접이식 서판書板, diptych의 두 판"이라고 말하면서,[1] 특히 중세에 흔히 볼 수 있었던 두 폭의 그림과 태피스트리와 제단 장식물을 언급했다. 두 폭으로 된 이 그림의 주제는 하늘에 있는 하나님의 보좌실寶座室이다. 요한은 환상 가운데 이곳을 방문하는 체험을 했다. 요한계시록은 그 모습을 성전과 어좌실御座室이 함께 어우러진 모습으로 묘사해놓았는데, 이는 이사야 6장과 다니엘 7장이 보여주는 것처럼 고대 근동에서 볼 수 있는 광경이었고, 또 황제를 우주를 주재하는 자로 떠받들며 경배하던 로마 제국에서 볼 수 있는 광경이었다.

요한이 하늘—"정신없이 바쁜 곳"으로 보이는 곳[2]—에서 엿본 것은 예배를 보여주는 **환상**이며, 이 환상은 이어 예배하라는 **요구**로 바뀐다. 유진 피터슨은 이렇게 말한다.

예배는 우리의 삶이 하나님을 중심으로 삼고, 그 중심에서 벗어나는 삶을 살지 않도록 중심에서 이루어지는 모임이다. 우리는 예배함으로써 이 중심이신 살아계신 하나님께 응답하고, 이 하나님으로부터 응답을 듣는 삶을 산다. 예배가 없으면 우리가 얻는 것은 온갖 광고와 유혹과 사이렌에 휘둘린 채 발작과 경련을 일으키는 삶이다.…중심이 없으면

---

1. Boxall, *The Revelation of Saint John*, 93.
2. Aune, "The Influence of Roman Imperial Court Ceremonial," 8.

주위도 없다. 예배하지 않는 사람은 일관된 지향점과 꾸준한 목적도 없이 엄청난 불안과 세상의 전염병에 휩쓸리고 만다.[3]

물론 피터슨이 암시하고, 밥 딜런Bob Dylan[4]이 노래했던 유명한 가사처럼 "여러분은 누군가를 섬겨야 한다." 참된 중심에 초점을 맞춘 예배, 삶의 참된 권위(여기 요한계시록에서 보좌가 상징함)에 초점을 맞춘 예배의 반대말은 거짓 중심, 곧 바벨론에 초점을 맞춘 예배다. 바벨론은 "예배에 대항하는 곳"이다.[5]

요한의 체험을 담은 이 기록은 요한계시록의 나머지 부분을 지배하는 두 가지 이미지를 소개한다. 하나님의 보좌와 하나님의 어린 양이 그 두 이미지다. "보좌"라는 말은 요한계시록 4장부터 끝에 이를 때까지 43회 나타나며(4장과 5장에서만 19회가 나타난다), (그리스도를 가리키는) "어린 양"이라는 말은 28회—7 × 4—나타난다. 이 이미지들은 한데 어울려 요한계시록 전체를 열어주는 해석학적 열쇠 혹은 해석의 열쇠를 이룬다. 이들은 여러 장면으로 요한계시록의 본질을 이루는 신학을 알려준다. 즉 창조주 하나님은 통치하시며, 우리로부터 완전한 예배를 받으시기에 합당하신 분이시라는 것이다. 또 신실하고 죽임을 당하신 하나님의 어린 양 예수 역시 하나님과 함께 통치하시고, 하나님과 똑같이 우리로부터 완전한 예배를 받으시기에 합당하신 분이다.

이런 이미지 조합은 이해하기 어려운 두 가지 역설을 만들어낸다.

---

3. Peterson, *Reversed Thunder*, 60.
4. 1941-. 미국 대중 음악가요 평화 운동가다—역주.
5. Peterson, *Reversed Thunder*, 66.

첫째는 하나님이 당신의 주권과 영예를 메시아 예수와 공유하신다는 점이다. 이는 예배를 받는 모습에서 드러난다. 둘째는 예배를 받으시기에 합당하신 이 예수가 죽임을 당하심으로 그의 메시아적 직무와 능력을 행사하셨다는 점이다. 바울이 말했듯이(고후 12:9), 예수가 메시아로서 행사하신 능력은 약함 속의 능력이다. 이 주제는 뒤에 가서 다시 살펴보겠다. 하지만 첫째, 우리는 환상을 담고 있는 이 두 폭의 그림을 더 꼼꼼히 살펴봐야 한다. 이 두 폭의 그림은 하나님 현현顯現(하나님이 자신을 나타내심)과 그리스도 현현(그리스도가 자신을 나타내심)으로 이루어져 있으며, 이 둘이 합쳐 기독론의 시각으로 재구성하여 하나님을 보여주는 환상을 이룬다. 207-209페이지의 내용을 통해 확인해보길 바란다.

하나님 현현(요한계시록 4장)

고대 세계에는 어좌실을 표현한 이미지와 묘사가 많이 있었다. 데이비드 오니는 여기 요한계시록이 묘사한 어좌실을 이스라엘-유대의 자료, 고대 근동의 다른 자료, 헬레니즘 세계의 자료, 로마 황제를 다룬 자료가 묘사한 어좌실 장면을 모조리 끌어 모아 만든 "모방 작품"이라고 말한다.[6] 성경을 읽어본 사람들은 특별히 선지자들이 들려주었던 하나님의 보좌 환상 이야기의 메아리를 들을 것이다.[7] "보좌는 하나님의 능력과 통치를 상징한다. 요한은 보좌를 강조함으로써 그의 독자에게 세상

---

6. Aune, "The Influence of Roman Imperial Court Ceremonial," 6.
7. 선지자가 본 환상으로 위에서 열거한 것 외에 열왕기상 22:19-33과 성경 밖 본문인 에녹1서 14:8-16:4; 39:1-40:10; 71:1-17을 보라.

요한계시록 4-5장의 구조와 신학: 하나님 현현, 그리스도 현현, 그리고 기독론으로 재구성하여 보여준 하나님

위에서 말했듯이, "보좌"와 "어린 양"이라는 이미지는 요한계시록 전체를 관통한다. 많은 해석자가 이 두 이미지 중 하나 혹은 둘 전체가 요한계시록의 신학을 알려주는 열쇠이며, 하나는 보통 주권과 능력을, 다른 하나는 희생과 약함을 상징한다고 주장한다. 앞으로 보겠지만, 바로 이 두 이미지가 한데 결합하여 요한계시록을 해석하는 열쇠를 이루며, 이 두 이미지의 공생 관계가 여기서 제시하는 4장과 5장에서 시작한다(저자는 NRSV 본문을 제시했는데, 여기에서는 한글 역본 본문을 그대로 옮기지 않고 저자가 제시한 본문을 번역하여 제시하겠다—역주). **굵은 글씨로 표시한 본문**은 4장과 5장이 평행을 이루는 본문이며, 밑줄을 그은 본문은 그 한 장 안에서 평행을 이루는 본문이다. 이런 평행 관계에 해당하는 선례를 구약 성경에서 찾아보려면, 출애굽기 3장과 19장, 에스겔 1장과 10장, 다니엘 7장, 그리고 이사야 6장을 보라.

4 1이 일 후에 내가 보니 하늘에 열린 문이 있었다! 그리고 첫 음성, 곧 내가 듣기에 나팔처럼 내게 말했던 그 음성이 말하기를, "여기로 올라오라, 그러면 내가 이후에 꼭 일어날 일을 네게 보여주겠다"라고 했다.

하나님의 엄위

4:2내가 영 안에 있자마자, 하늘에 한 보좌가 있는데, **어떤 이가 그 보좌에 앉아계셨다!** 3그리고 거기에 앉아계신 이는 벽옥과 홍옥 같고, 또 그 보좌

기독론의 관점에서 재구성한 하나님의 엄위

5 1이어 나는 그 보좌에 앉으신 이의 오른손에서 안쪽과 뒤쪽에 글을 쓰고 일곱 인으로 봉한 한 두루마리를 보았다. 2그리고 나는 한 힘센 천사가

둘레에 에메랄드 같은 무지개가 있었다. 4그 보좌 둘레에 이십사 보좌가 있고, 또 그 보좌에 **이십사 장로가** 앉았는데, 흰옷을 입고 그 머리에는 금관을 쓰고 있었다. 5그 보좌로부터 번개의 불꽃과 천둥이 우는 우레 소리가 나오고, 그 보좌 앞에서는 일곱 횃불이 타오르고 있었는데, 그것은 **하나님의 일곱 영**이었다. 6그리고 그 보좌 앞에는 수정 같은 유리 바다가 있었다.

하나님을 예배함

6그 보좌 둘레, 그리고 그 보좌 양쪽에는 **네 생물**이 있는데, 앞과 뒤에 눈들이 가득했다. 7첫째 생물은 사자 같고, 둘째 생물은 황소 같고, 셋째 생물은 사람 얼굴 같은 얼굴을 가졌고, 넷째

큰 소리로 "누가 그 두루마리를 열고 그 인을 떼기에 합당하냐?"라고 외치는 것을 들었다. 3그러나 하늘이나 땅 위나 땅 아래에 그 두루마리를 열거나 들여다볼 수 있는 자가 아무도 없었다. 4그러자 나는 그 두루마리를 열거나 들여다보기에 합당한 자가 아무도 없으므로 슬피 울기 시작했다.

5그러자 장로 가운데 한 사람이 내게 말하기를, "울지 말라. 보라, 유다 지파의 사자 다윗의 뿌리가 이겼으므로 그가 그 두루마리를 열고 그 일곱 인을 뗄 수 있느니라"라고 했다. 6이어 나는 그 보좌와 **네 생물과 장로들** 사이에서 마치 죽임을 당한 것 같은 한 어린 양이 서 계심을 보았는데, 그는 일곱 뿔과 일곱 눈을 가졌으며, 이것들은 온 땅에 보내심을 받은 **하나님의 일곱 영**이었다. 7그가 가서 보좌에 앉으신 이의 오른손에서 두루마리를 취하셨다.

기독론의 관점에서 재구성한 하나님 예배

8그가 그 두루마리를 취하시자, 네 생물과 **이십사 장로**가 그 어린 양 앞에 엎드리니, 각각 하프와 향이 가득한 금 대접을 가졌으며, 이 향은 성도의 기도였다. 9그들이 새 노래를 노래

생물은 날아가는 독수리 같은 생물이었다. 8또 그 네 생물은 각각 여섯 날개를 가졌는데, 그 날개 주위와 안쪽에는 눈이 가득했다. 그들이 밤낮으로 쉬지 않고 노래하기를, "거룩하다, 거룩하다, 거룩하다, 전능하신 주 하나님(참고. 사 6:1-4), 전에도 계셨고 이제도 계시고 장차 오실 분이라"라고 했다. 9또 그 생물이 그 보좌에 앉으신 이, 곧 영원무궁토록 살아계시는 이에게 영광과 존귀와 감사를 드릴 때마다, 10이십사 장로가 그 보좌에 앉으신 이 앞에 엎드려 영원무궁토록 살아계시는 이에게 예배하고 그들의 관을 그 보좌 앞에 드리며 노래하되, 11 "우리 주 하나님이시여, 당신은 영광과 존귀와 능력을 받으시기에 합당하오니, 이는 당신이 만물을 지으셨고, 당신 뜻대로 만물이 존재하며 지으심을 받았기 때문입니다"라고 했다.

하며, "당신은 두루마리를 취하여 그 인을 열기에 합당하시니, 이는 당신이 죽임을 당하사 당신의 피로 모든 지파와 말과 백성과 나라에 속한 하나님의 성도를 속하여주시고, 10그들을 우리 하나님을 섬기는 나라와 제사장으로 만드셨기 때문이니, 그들이 땅에서 다스릴 것입니다"라고 했다. 11그런 뒤 내가 보며, 또 그 보좌 주위에 있는 많은 천사와 생물과 장로의 음성을 들었는데, 그 수가 만만이요 천천이었다(참고. 단 7:10). 12그들이 우렁찬 음성으로 노래하되, "죽임 당하신 어린 양은 능력과 부와 지혜와 힘과 존귀와 영광과 찬송을 받으시기에 합당하도다!"라고 했다.

요약: 기독론의 관점에서 재구성하여 보여준 하나님

5:13 그런 다음 나는 하늘과 땅 위와 땅 아래와 바다에 있는 모든 생물(참고. 빌 2:9-11), 그리고 그 안에 있는 모든 것이 노래하는 소리를 들었는데, "보좌에 앉으신 이와 어린 양께 찬송과 존귀와 영광과 힘이 영원무궁토록 있을지어다!"라고 하니, 14 또 네 생물이 말하되, "아멘!"이라 했다. 그리고 장로들이 엎드려 예배했다.

의 힘이 진정 누구에게 있는가를 명명백백히 보여준다."[8] 즉 세상을 다스리는 힘을 가진 분은 진정 "주 하나님"이시다(4:11).

게다가 여기에는 로마 황궁과 관련된 의식儀式들과 여러 가지 유사점이 있다. 가령 시종들이 황제의 옥좌 주위에 있는 모습, 황제에게 찬미와 환호를 보내는 모습, 신하들과 제후들이 금관을 황제에게 바치는 관습이 그런 예다. (시종들이 딸린 순행巡幸 옥좌는 황제를 여러 도시와 속주로 데려가 백성들로부터 찬미를 받게 해주었다.) 요한은 이 환상에서 이스라엘의 하나님을 만난다. 이 하나님은 요한이 그리스도에 비추어 새롭게 인식하는 분이요, 은연중에 주나 신이나 우주의 통치자라 불리는 모든 것을 몰아내버리는 분이다.

한 해석자는 4장이 "구약에 나오는 하나님 현현의 교향곡"이라고 말하는데,[9] 옳은 말이다. 여기에는 위에서 언급한 환상 외에도 모세 이야기와 불타는 덤불 이야기(출 3장) 그리고 시내산에서 모세에게 율법을 주시는 이야기(출 19-24장)가 메아리친다. 이와 평행을 이루는 장면에는 보좌에 앉아계신 하나님(왕상 22:19; 사 6:1; 겔 1:26), 순백색의 형체를 가지신 하나님(단 7:9), 아름다운 것에 에워싸인 하나님(겔 1:18, 26-28)뿐 아니라, 바다(겔 1:22; 단 7:2-3), 불/연기/번개(출 3:2-3; 19:16, 18; 사 6:4; 겔 1:4, 13-14; 단 7:9-10), 천사들(왕상 22:19; 출 3:2; 단 7:10), 그리고 다른 다양한 생물(겔 1:5-25; 10:15-22; 단 7:3-7)에 에워싸인 하나님을 묘사한 장면이 있다.

---

8. Reddish, *Revelation*, 92.
9. Prévost, *How to Read the Apocalypse*, 83.

요한이 체험한 것, 특히 그가 그의 귀와 눈으로 체험한 것은 무엇인가? 그리스도의 음성(4:1; 1:10-11을 보라)은 요한을 하늘로 불러들여 미래를 보여주신다(4:1). 그러나 요한이 미래를 보려면 그 전에 먼저 미래를 주장하시는 분이 누구인지, 미래를 만들어낼 만한 분이 누구인지 알아야 한다. 요한은 보좌와 그 보좌에 앉으신 이를 본다(4:2). 그러나 보좌에 앉아계신 이의 정체를 알려주는 말은 거의 없다. 오히려 요한계시록은 이 분을 빛이 나는 아름다운 보석을 닮은 분으로 묘사하고, 역시 진귀하고 빛나며 멋진 무지개에 둘러싸여 있는 분으로 묘사한다. 이 분은 분명 "전능하신 주 하나님"(4:8)이요, 이스라엘의 영원하고 거룩하신 하나님으로서 온 우주의 중심에 자리한 보좌에 앉아계신다. 이 분 주위에는 타오르는 일곱 횃불과 네 생물과 이십사 장로가 동심원 모양으로 에워싸고 있다. 생물과 장로들은 모두 찬송("거룩하다, 거룩하다, 거룩하다"—이 찬송은 삼성창三聖唱, trisagion[10]으로 알려져 있다)과 경배하는 몸짓으로 보좌에 앉아계신 이에게 예배한다.

물론 우리는 여기 있는 이들의 정체를 밝혀내고 싶다. 네 생물은 하늘에 있는 존재들로서 어쩌면 모든 피조물을 상징하는 존재로, 그리고 이십사 장로는 하나님 백성을 상징하는 존재로 보는 것이 가장 좋을 것 같다. 이십사라는 숫자는 다윗이 정한 제사장 직무 수행자의 순서(대상 24:1-19)에서 가져왔을 수도 있지만, 이스라엘 열두 지파와 열두 사도에서 가져왔을 가능성이 더 크다(계 21:12, 14을 보라). 이십사 장로는 흰옷을 입고 금관을 썼다—흰옷은 정결과 승리와 예배를 상징하며,

---

10. "셋"과 "거룩한"에 해당하는 헬라어 단어에서 나왔다.

금관은 이 장로들이 하나님의 은혜로 말미암아 하나님의 통치에 동참함을 상징한다.

하지만 이 생물과 장로들의 정체와 모습보다 더 중요한 것은 이들의 행동이다. 이들은 끊임없는 찬송과 예배로 하나님이 영원하신 분이요(4:8) 창조주(4:11)로서 당연히 예배 받으실 분이심을 찬미한다. 이 땅의 사람들이 목격하거나 참여하거나 중요하게 여기지 않을 때라도, 하나님께 올리는 예배는 온 우주를 울리는 심장박동이다. 오직 하나님만이 다른 이들, 특히 권력을 쥔 정치인들이 원하거나 요구하는 것—우리 전부를 바치는 헌신, 우리의 찬미, 우리가 쓴 관—을 받을 만하신 자격이 있으시다.

그리스도 현현(요한계시록 5장)

5장은 하늘의 어좌실을 보여주는 환상이 담긴 이 접이식 서판의 두 번째 판이다. 5장에서는 두 단계에 걸쳐 드라마 같은 초점 이동이 이루어지는데, 5:1과 5:6을 이끄는 "그리고 나는 보았다"라는 말이 이런 이동을 일러준다. 5장의 첫째 부분은 능력과 권위 있는 손을 가리키는 하나님의 오른손에 있는 신비한 두루마리에 초점을 맞춘다. 이 두루마리는 파피루스나 양피지 양면에 쓴 글을 담고 있으며(고대에는 이런 양면 기록이 아주 드물었다), 일곱 인印으로 봉해져 있다. 사람들은 이 두루마리의 정체를 성경, 생명책(가령 20:12), 그리고 법률문서 등 여러 가지로 보아왔지만, 하나님이 마지막 때에 세계를 심판하시고 구원하실 계획—말 그대로 곧 펼쳐 보이실 계획—을 담은 기록으로 보는 경우가 가장 많았다. 요한계시록의 내러티브 흐름은 물론이요 다른 묵시 문헌에 들어 있는 평행 본문들을 고려할 때, 마지막 해석이 가장 설득력이 있다. 6장부터 등장하는 인印이 하나님의 심판을 가리키기 때문이다.

요한이 비통해하는 문제는 피조물을 아무리 살펴봐도 이 두루마리를 열 만한, 즉 마지막 때 있을 하나님의 심판과 구원에 시동을 걸 만한 자격을 가진 것이 전혀 없다는 것이었다. 그러나 한 장로가 사실은 그런 자격을 갖춘 이가 하나 있으며, 그 이름은 "유다 지파의 사자요 다윗의 뿌리"라고 일러준다. 이 이름은 메시아의 능력과 통치를 나타내는 이미지다. 그분은 "이기신" 분이기도 하다(5:5).

요한과 독자인 우리는 능력이 있으시고 이기신 메시아이신 이 사자가 누구인지 드러나고 그 정체가 밝혀지길 기다린다. 어쩌면 요한과 우리는 이 장로가 우리의 시선을 이끌어 유다의 사자요 다윗의 자손인 예수를 주목케 하는 것이 아닌가 하는 생각을 할지도 모르겠다. 사실 이 장로는 그렇게 한다. 요한이 받아 우리에게 묘사한 환상은 "문학이 남긴 '이미지 재생' 가운데 사람 마음을 가장 비틀어놓는 재생일지도 모른다."[11] 이 환상은 어느 누구도 예상치 못한 것이기 때문이다. 그것은 무시무시한 사자가 아니라 죽임 당하신 어린 양을 보여주는 환상이었다. 리처드 헤이스[12]는 이를 두고 이렇게 써놓았다. "이런 전복이 안겨준 충격은 요한계시록의 중심에 자리한 신비를 드러내준다. 하나님은 힘을 보여주심이 아니라 '신실한 증인[마르튀스]'(1:5)이신 예수의

---

11. Boring, *Revelation*, 108.
12. 1948-. 미국 신약 신학자로서 듀크 신학대학원 교수다―역주.

고난과 죽음을 통해 이 세상을 이기신다."[13]

요한계시록이라는 내러티브 전체를 놓고 보면, 요한계시록은 우선 이 놀라운 이미지를 제시하고, 뒤이어 모든 것이 이 이미지로부터 흘러 나온다. 이 이미지 역시 유월절 어린 양(출 12장)과 어린 양처럼 끌려가 죽임을 당하는 하나님의 고난 받는 종(사 53:7; 참고. 렘 11:19)에서 끌어 온 것이다.[14] 죽임 당하신 어린 양, 곧 십자가에 못 박히신 주님[15]이라는 이미지는 요한계시록에서 가장 중요하고 중심을 차지하는 이미지요, 요한계시록을 지배하는 은유이며 초점이다. 리처드 보컴은 이렇게 말 한다.

그[요한]가 듣고(5:5) 그가 본 것(5:6)이 대조를 이룸을 깨닫는 것이 아 주 중요하다. 그는 "유다 지파의 사자 다윗의 뿌리가 이겼다"는 말을 들 었다. 이 두 메시아 칭호는 여러 나라를 정복한 자로서 하나님 백성의 원수를 멸망시켰던 다윗이라는 메시아가 가진, 군사와 민족주의 색채 가 강한 메시아 이미지를 일깨워준다.…그러나 요한이 본 것은 이 이미

---

13. Hays, *Moral Vision*, 174.
14. 보컴(Bauckham, *Theology*, 70-76)과 많은 주석가들은 특히 유월절이 그 배경임을 강조한다.
15. NRSV는 "as if it had been slaughtered"(5:6, "죽임을 당하지 않았는데도 마치 죽임을 당한 것처럼")로 번역했는데, 이는 오해를 낳을 수 있다. 죽임을 당한 것은 사실이기 때문이다. 차 라리 NAB("that seemed to have been slain," "죽임을 당하신 것으로 보이는")가 낫다. 빌 (Beale, *Revelation*, 621)은 요한계시록 12장이 "요한계시록 전체의 중심이요, 열쇠"라고 말 한다. 겉모습만 놓고 보면 12장이 요한계시록의 중심일 수도 있다. 즉 12장은 분명 여러 상징 을 통해 요한계시록의 플롯과 갈등과 주연(主演)들을 개괄하여 보여준다. 하지만 12장이 요 한계시록의 모든 것을 해석할 때 따라야 할 지침인 해석학(해석)의 열쇠 역할을 하지는 않는 다. 그 역할은 죽임 당하신 어린 양의 역할이다. 이 어린 양이 요한계시록 전체를 덮고 있으 며, 요한계시록에서 역설이 담긴 역할을 하기 때문이다.

지를 다시 해석해준다. 어린 양은 희생 제물로 죽음으로써(5:6) 모든 민족에 속한 사람들을 구속하셨다(5:9-10). 요한은 서로 대조를 이루는 이 두 이미지를 나란히 제시함으로써 제물로 바쳐진 죽음을 통한 정복이라는 새로운 상징을 구축한다.[16]

하지만 죽임을 당하시고 (스스로) 희생 제물이 되신 어린 양이라는 이미지가 이 어린 양이 무력하다는 뜻은 아니다. 사실은 그 반대다. 어린 양은 실상 메시아이신 사자로서 완전한 인식 내지 지혜를 뜻하는 일곱 눈과 완전한 능력을 뜻하는 일곱 뿔을 가지셨다(5:6). 그는 다니엘 7:13-14에 나오는 존재처럼 하나님이 가지신 왕의 권세를 공유하신다. 그러나 요한계시록은 능력의 본질을 다시 정의한다. 요한계시록에서는 어린 양의 능력이 두 가지 형태를 띤다. 첫째는 그의 죽음이 가진 능력인데 이를 상징하는 것이 죽임 당하신 어린 양이며, 둘째는 그가 하는 말이 가진 능력인데 이를 상징하는 것이 그의 입에서 나오는 칼이다 (1:16).[17]

여기 5장은 그의 죽음이 가진 능력에 초점을 맞춘다. 어린 양의 능력, 곧 그의 "이김"은 사자와 연결된 거친 힘, 죽기까지 신실함을 다함이 가진 힘, 왕이요 제사장인 하나님 백성을 "속량하는", 또는 구속하는

---

16. Bauckham, *Theology*, 74.
17. 요한계시록 19:11-21에서는 죽음으로 증언하는 강력한 증언과 강력한 말이라는 두 이미지가 결합한다. 이 19장 본문에서는 하나님의 말씀이신 그리스도(10:13)가 오셔서 그의 입에서 나오는 칼(그의 말씀: 19:15, 21)과 그의 옷에 묻은 피(그의 죽음: 19:13)로 심판하신다. 어린 양의 능력을 나타내는 이 두 요소는 십자가에 못 박히신 그리스도가 하나님의 능력이시며(고전 1:23-24) 복음이 하나님의 능력(롬 1:16)이라는 바울의 확신과 아주 잘 들어맞는다.

결과를 가져오는 처참한 죽음을 맞기까지 신실함을 다함이 가진 힘으로 나타났다. 사자라는 이미지와 "우리 하나님을 섬기는 나라와 제사장"이라는 이미지(5:10; 참고. 1:6; 출 19:6)는 유월절과 출애굽 이야기를 떠올리게 해주지만,[18] 이 경우에는 구속받은 사람들이 한 민족으로부터 나오지 않고, "모든 지파와 말과 백성과 나라로부터" 나온다(5:9; 참고. 7:9; 21:24; 22:2).[19]

그 인을 떼기에 합당하신 분(그리고 그 뒤에 그 두루마리를 열어 마지막 심판과 구원을 시작하실 분)은 바로 이 분—신실함을 지키다 십자가에 못 박히셨지만 이제는 부활하시고 승천하셔서("서 계심"; 5:6) 승리하신 주님—이시다. 그가 이 일을 하신다. 천상의 여러 이미지와 활동이 혼합물처럼 한데 어울리며 생생하게 이어진다. 이 이미지와 활동은 십자가에 못 박히셨던 예수가 승천하여 하나님 우편에 앉으셨으며, 이제는 하나님만이 받으실 찬송과 존귀를 같이 받으시기에 합당하신 분이라 믿었던 초기 그리스도인들의 확신을 표현한다. 처음에는 장로들이(그리고 어쩌면 생물들도 같이; 5:8-10), 그리고 뒤이어 많은 천사들이(5:11-12) 죽임 당하셨던 구속주 어린 양을 찬송하는 이유도 그 때문이다. 이 찬송은 창조주 하나님께 올린 4장의 찬송을 되울려준다. 마지막으로 우주의 구석구석에 존재하는 모든 피조물이(5:13) 함께 어울려 보좌에 앉아계신 이와 어린 양께 찬송한다. 이 시나리오 전체는 시와 같

---

18. 어린 양이라는 이미지는 매일 두 번씩 희생 제물로 바쳤던 어린 양(출 29:38-42; 민 28장)을 말하는 것일 수도 있으나, 여기서 1차로 가리키는 것은 유월절 어린 양으로 보인다.
19. 이러한 전 지구적인 구원의 현실은 현재와 미래의 하나님 백성을 보여주는 7장과 21-22장의 환상과 상응하는 기초가 된다.

은 빌립보서 2:6-11 본문을 생생히 되살려 들려준다. 이 빌립보서 본문을 보면, "하늘과 땅위와 땅 아래에 있는" 만물이 죽기까지 순종하신 분을 주, 곧 오직 하나님만이 받으실 환호를 받기에 합당하신 분으로 인정한다(빌 2:10).[20]

따라서 이번 장에서 비록 그 이름은 나오지 않아도 하나님의 어린 양은 예수임이 분명하다. 예수는 구속주로서 하나님만이 받으실 찬송을 받기에 합당한 분이요, 하나님이 마지막 때에 행하실 강력한 심판과 구원을 시작하기에 합당하신 분이다. 왜 그런가? 이는 그가 이미 그의 죽음으로 능력과 심판과 구원의 참된 의미를 보여주셨기 때문이다. 그리스도가 하시는 일이 곧 하나님이 하시는 일이요, 하나님이 하시는 일이 곧 그리스도가 하시는 일이다. 요한계시록이 선포하듯이, 그리스도는 하나님만이 가지신 정체성을 공유하시기 때문이다. 사실 우리는 이미 요한계시록에서 예수가 아버지가 가지신 (상징인) 백발의 머리(오래 전부터 계신 분이심을 상징함; 1:14), 이름(1:17), 그리고 권능(주권자로서 다스리시는 권세)을 공유하시고(1:5-6), 하나님 보좌에 당신 아버지이신 하나님과 함께 앉아계심을 보았다(3:21). 요한은 요한계시록 뒷부분에 가서 이 보좌를 "하나님과 어린 양의 보좌"라 부르고(22:1, 3), 구원의 근원으로 하나님과 어린 양을 지목하며(7:10), 하나님의 진노와 어린 양의 진노를 똑같이 하나님의 진노라 말한다(6:16-17). 게다가 하나님과 어린 양은 함께 새 예루살렘 성전과 빛을 이루신다(21:22-23).

리처드 보컴이 올바르게 설명한 대로, "죽임 당하신 어린 양이 하늘

---

20. 일부 학자는 빌립보서 2:6-11이 초기 그리스도인이 부른 찬송이라고 믿는다.

에 있는 하나님 보좌 '가운데에서' 보인다(5:6; 7:17). 이것은 그리스도가 희생 제물로 죽으심이 **하나님이 세상을 다스리는 방법에 속함**을 의미한다. 어린 양이라는 상징은 하나님을 나타내는 상징이지만, 또한 '보좌에 앉아계신 이'를 나타내는 상징이기도 하다."[21] 이 하나님의 어린 양이 하나님의 정체성과 주권을 공유하신다는 역설의 의미를 놓치지 않고 간파하는 것이 대단히 중요하다. 예수는 높이 올림을 받으셨는데도 여전히 어린 양이요 십자가에 못 박히신 분이시다. 그는 하나님이라는 지위와 하나님의 통치에 동참하신다. 때문에 그는 죽임 당하신 어린 양인데도, **그저 그런 분인데도**, 예배를 받으시기에 합당하다. 이것, 곧 높이 올림을 받으신 주가 여전히 십자가에 못 박히신 예수라는 것은 신약 성경의 일관된 증언이기도 하다.[22] 또 이것이 "하나님의 진짜 얼굴"이기도 하다.[23]

이런 증언을 무시하거나 잊어버리면 이내 어려움이 따른다. 요한계시록을 어떻게 읽어내든—그리고 더 넓게 이야기하여 어떤 식으로 신학을 하든—신약 성경의 이런 중심 진리를 잊어버린 요한계시록 읽기라면 처음부터 신학적으로 문제가 있고 심지어 위험하기까지 하다. 그런데 그렇게 요한계시록을 읽어내면 실패하지 않고 꼭 성공을 거둔다. 그것이 바로 그런 식으로 요한계시록을 읽어냄이 애초부터 가진 약점이다. 인간은, 심지어 외관상 신실해 보이는 그리스도인조차도, 우주를

---

21. Bauckham, *Theology*, 64. NRSV의 "between"(⋯사이에)보다 "in the midst of"(⋯가운데) 가 더 나은 번역이다.
22. 가령 요한복음 20:26-29과 갈라디아서 2:19-20을 보라.
23. Prévost, *How to Read the Apocalypse*, 83.

힘으로 다스리려 하는 강력한 신을, 아니 차라리 인간의 입맛에 맞춰주는 신, 필요하면 무력도 불사하는 신을 원할 때가 아주 잦다. 이런 하나님, 이런 주권 개념을 신봉하는 자는 이 하나님이 하나님의 정의(라 추정하는 무언가)를 이루고자 하나님의 힘(이라 여기는 것)을 휘둘러도 그런 하나님 편을 든다. 하지만 어린 양이 주님이시라는 사실—그리고 어린 양의 능력이 그러하다는 사실—은 하나님의 능력과 정의를 잘못 이해한 모든 오해, 그리고 그런 오해 때문에 사람들이 저지르는 잘못들에 마침표를 찍는다. 아니, 마침표를 찍을 수밖에 없다. 물론 과거의 역사를 보고 오늘을 봐도 그런 오해는 여전히 존속한다.

사람들은 종종 요한계시록을 바로 이런 하나님이 인간 역사에서 강압強壓하는 힘을 행사하심을 실증해주는 책으로 잘못 읽곤 한다. 그중에서도 특히 심판 환상들을 해석할 때 그렇다. 이 문제는 다음 장에서 다시 살펴보도록 하겠다. 하지만 지금은 우리가 요한계시록 4장과 5장을 요한계시록에서 현실과 하나님과 역사와 윤리를 해석할 때 열쇠 역할을 하는 본문으로 읽을 때에야 비로소 심판 환상을 올바른 시각으로 볼 수 있다는 것을 강조하지 않을 수 없다.

윤리라는 주제, 또는 일상생활 속의 실천이라는 주제(이 주제도 뒤에 가서 더 상세히 다루겠다)를 다룰 때, 한 가지 간략하게 강조하고 넘어가야 할 점이 있다. 우리는 방금 요한계시록의 어린 양 기독론이 신학 자체 (즉 하나님을 다루는 교의) 및 구원론(구원을 다루는 교의)과 불가분임을 보았다. 죽임 당하신 어린 양이 하나님을 드러내고, 하나님께 신실함이 무슨 의미인가를 나타낸다는 것은 역설이다. 이는 하나님이 어떻게 인류를 구원하시고, 인류는 다시 어떻게 하나님을 섬길 수 있는지 보여준다. 여기서 보는 자 요한은 다시 바울이 한 말을 그대로 되풀이한다. 바울은 십자가가 하나님이 구원을 베푸시는 방법이요, 인간이 날마다 삶 속에서 그 구원을 표현하는 방법을 상징한다고 보았기 때문이다. 바울도 그리 보았지만, 요한계시록도 십자가—죽임 당하신 어린 양의 신실한 죽음을 의미—를 우리 구원의 근원이요 **형상**으로 본다.[24]

하나님과 어린 양을 예배함

요한계시록 4장과 5장의 가장 훌륭한 해석 가운데 거룩한 음악의 형태를 띤 것이 몇 가지 있음은 놀라운 일이 아니다. 이 두 장에는 찬송이 들어 있는 본문이 가득하기 때문이다. 이런 음악 해석 중에는 요한계시록에 있는 다른 이미지와 환상을 인용한 것도 몇 가지 있다.

레지널드 헤버가 1826년에 삼위일체 주일을 기념하여 지은 "거룩, 거룩, 거룩"만큼 예배하는 영혼을 강력히 일깨우는 찬송은 거의 없다.

거룩, 거룩, 거룩! 온 성도가 주를 찬미하고,
금관들을 벗어 유리 바다 둘레에 놓으며,
그룹들과 스랍들은 주 앞에 엎드리니,
과거나 지금이나 영원토록 계신 주로다.

18세기 독일 가톨릭 송가인 "거룩하신 하나님, 우리가 당신 이름을 찬

---

24. 내가 쓴 *Reading Paul*, 78-90을 보라.

송합니다"Holy God, We Praise Your Name[25]도 요한계시록 4장으로부터 영감을 얻었다. 이 송가는 "그룹과 스랍"으로 이루어진 "천사 성가대"와 "땅 위의 성도", "사도 일행", "선지자", 그리고 "흰옷을 입은 순교자"(7:9-17을 보라)를 열거한다. 이들은 "끊임없는 합창으로 찬송하면서 하늘을 달콤한 화음으로 가득 채운다. '거룩, 거룩, 거룩하신 주여!'"

예배를 받으시는 어린 양이신 예수를 나타낸 이미지들이 많은 거룩한 음악에 영감을 불어넣어 주었다. 이런 곡들 가운데 가장 유명한 것이 (1장에서 밝혔듯) 헨델이 작곡한 "메시아" 중 끝에서 두 번째 합창이 아닐까 싶다. 이 합창은 요한계시록 5:9, 12-13에서 가져왔으며, 이 합창 뒤에 요한계시록 5:14에 있는 네 생물의 대답에서 가져온 "아멘"이 단 하나 남은 마지막 합창으로서 이어진다.

죽임 당하신 어린 양, 그 피로 우리를 구속하셨으니, 능력과 부와 지혜와 힘과 존귀와 영광과 찬송을 받으시기에 합당하도다. 찬송과 존귀와 영광과 능력을, 보좌에 앉으신 이와 어린 양께, 영원히 영원히. 아멘.

18세기의 유명한 찬송인 "예수 이름의 능력을 찬미하라"All Hail the Power of Jesus' Name, Edward Perronet, 1779[26]는 우리더러 엎드린 천사들과 요한계시록 5장의 "저 거룩한 무리"와 더불어 "그[예수]의 은혜로 너희를 구하신 그를

---

25. 독일어 원곡명은 *Großer Gott, wir loben dich*[크신 하나님, 우리가 당신을 찬송합니다]다 —역주.
26. 찬송가에는 "주 예수 이름 높이어"로 수록되었다. 에드워드 페로닛은 잉글랜드 찬송 시인이다—역주.

찬송"하고 "만유의 주이신 그에게 관^冕을 씌워드리자"라고 분명하게 권면한다. 승리를 찬미하는 19세기 찬송인 "면류관 가지고"^{Matthew Bridges, 1852}는 5, 7, 19장에 나온 이미지들을 결합하여(특히 19:12에 있는 이미지를 활용하여), 하늘의 합창에 우리의 목소리를 더하라고 권면한다.

보좌 위 어린 양, 주께 많은 관^冕을 드리자.
들어라! 하늘의 노래만이 울려 퍼진다.
깨어라, 내 영혼, 널 위해 죽으신 주를 찬송하라.
만왕의 왕이신 주를 영원토록 찬송하라.

환희에 넘치는 20세기 루터 교회 찬송으로 존 아서^{John Arthur}가 지은 "이것은 축제라"^{This is the Feast}는 요한계시록 5장을 직접 인용하고 다른 곳에 있는 본문들에서 힌트를 얻은 찬송으로, 역시 우리에게 같은 주문을 한다.

죽임 당하신 어린 양, 그리스도는 합당하시니,
그 피로 우릴 자유케 하사, 하나님 백성 삼으셨네.
…모든 하나님 백성과 더불어 찬송하고
모든 피조물과 함께 찬송할지라.
찬송과 존귀와 영광과 능력을
하나님과 어린 양께 영원히. 아멘.
이것은 축제라. 우리 하나님의 승리를 축하함이요,
죽임 당하신 어린 양이 통치하시기 때문이라. 알렐루야.

헨델이 지은 유명한 합창과 앞의 찬송들은, 하나님과 어린 양을 예배함이 구속이라는 위대한 행위에 기초한 것임을 우리에게 일깨워준다. 요한계시록 1:5은 바로 이 구속 행위와 어린 양이 과거는 물론이요, 지금도 당신이 위하여 죽으심으로 구속하신 이들에게 보여주신 큰 사랑을 적절히 연결한다. 아름다운 미국 민요풍 찬송으로 19세기에 감리교 목사인 알렉산더 민스^{Alexander Means}가 쓴 것으로 추정되는 "얼마나 놀라운 사랑인가"^{What Wondrous Love}도 이 사랑을 송축하면서, 우리에게도 하나님과 어린 양을 찬미하는 위대한 합창에 동참할 것을 권한다.

> 이 얼마나 놀라운 사랑인가, 오 내 영혼, 오 내 영혼!
> 이 얼마나 놀라운 사랑인가, 오 내 영혼!
> 이 얼마나 놀라운 사랑인가.
> 이 사랑을 베푸셨으니, 주는 복되신 주,
> 내 영혼을 위해, 내 영혼을 위해, 무서운 저주를 지셨네,
> 내 영혼을 위해 무서운 저주를 지셨네!
>
> 하나님과 어린 양께, 찬송하리, 찬송하리,
> 하나님과 어린 양께, 찬송하리.
> 스스로 계신 크신 분, 하나님과 어린 양께,
> 만만 사람이 함께 모여, 찬송하리, 찬송하리,
> 만만 사람이 함께 모여, 찬송하리.

요 근래에는 크리스 톰린^{Chris Tomlin}이 그가 쓴 찬송 "주 앞에 다 엎드려"

We Fall Down에서 비슷한 마음을 포착하여 살려냈다.

> 우리는 엎드리네, 우리 관을 내려놓고
>
> 예수의 발 앞에
>
> 당신의 크신 자비, 당신의 크신 사랑,
>
> 예수의 발 앞에
>
> 우리는 또 외치네, 거룩, 거룩, 거룩(3회)
>
> 거룩하신 어린 양.

그리스도인이 예배 때 부르는 이 찬송들만큼 요한계시록의 중심을 이루는 중요한 환상을 적절히 설명해주는 결론, 혹은 그런 환상에 대한 반응은 찾기가 힘들 것이다.

요약

우리는 요한계시록을 계시라고 말한다. 이는 무슨 뜻인가? 특별히 요한계시록 4-5장을 놓고 볼 때, 그 말은 이런 뜻이다.

1. 요한계시록은 우리가 상징과 내러티브로 표현하는 우주, 우리가 가진 하나님 이해, 우리가 가진 힘(능력)에 대한 이해, 우리가 가진 역사 이해를 완전히 해체한 뒤 재구성하여 우리에게 제시한다. 왜 그렇게 하는가? 카이사르(로마 황제)가 아니라 죽임 당하신 어린 양이 만유의 주이시기 때문이다!

2. 죽임 당하신 어린 양은 하나님의 본질과 하나님의 통치권을 하나님과 공유하신다.[27] 사실 죽임 당하신 어린 양을 보여준 환상은 하나님이 계심과 하나님의 통치를 하나님이 스스로 분명하게 나타내신 자기계시다. 바울은 십자가에 못 박히신 그리스도를 하나님의 능력과 지혜라고 선언한다(고전 1:18-25). 요한계시록 역시 죽임 당하신 어린 양이 하나님의 능력과 지혜(뿔과 눈)를 드러내는 계시라고 말한다.

3. 죽임 당하신 어린 양은 이제 우리에겐 중심이자 가장 중요한 환상이요, 또한 우리가 요한계시록의 나머지 부분을 읽을 때 이 나머지 부분을 들여다보게 해주는 렌즈다. 하나님의 심판과 구원은 죽임 당하신 어린 양이 하나님으로 예배 받으시기에 합당하신 분이라는 사실에 비추어 이해해야 한다. 정말로 그 사실이 하나님의 심판과 구원을 정의한다.

우리는 앞으로 바로 이런 진리를—그리고 늘 요한계시록의 배경 음악이 되는 끝없는 찬송 예배를—마음에 새기고 요한계시록의 나머지 부분을 읽어나가야 한다.

---

27. 요한계시록의 기독론은 "예수가 하나님의 통치권에 완전히 동참하심으로 묘사하는 것이 적절할 수 있다. 즉 예수 그리스도가 신성을 가지셨다는 말과 아버지(성부)가 우선성을 가지셨다는 말은 모두 하나님의 실체를 타당하게 천명하면서도 위격 구분을 무너뜨리지 않는 말이다"(Schnelle, *Theology of the New Testament*, 756).

1. 하나님의 어린 양이신 그리스도는 하나님의 정체를 어떤 식으로 "다시 구성"하셨나요?

2. 우리 문화에서 그리스도 그리고/또는 하나님과 세속 권력은 어떤 식으로 결합되나요?

3. 요한계시록 4장과 5장의 환상을 요한계시록을 해석하는 열쇠로 본다면, 이는 우리가 요한계시록을 읽고 삶으로 실천하는 데 어떤 영향을 미칠까요?

4. 요한계시록 4장과 5장의 환상이 예전과 음악이라는 성격을 가졌다 할 때, 이런 성격이 우리의 신학과 영성과 목회와 예전을 만들어가는 데 어떤 영향을 미칠까요?

7장 충돌과 등장 배우들
요한계시록이라는 극(劇)
Conflict and Character: The Drama of Revelation

이 책 3장에서는 요한계시록이 극(드라마)이라는 성격을 가졌음을 확인했었다. 우리는 요한계시록의 시작 부분과 1, 4, 5장이 제시하는 환상들, 그리고 일곱 가지 목회-예언의 메시지에서 이 극의 주인공을 만났다. 하늘 보좌에 앉아계신 하나님, 죽기까지 신실함을 지키다 죽임을 당하신 어린 양, 그리고 예언을 들려주시는 성령이 그 주인공이다. 아울러 우리는 이 성삼위 하나님과 연결된 이들로서 하늘에 있는 이들(이십사 장로와 수많은 사람)과 땅위에 있는 이들(일곱 교회)을 소개받았다. 마지막으로 우리는 이 이야기에 나오는 원수들을 엉성한 형태로 소개받았다. (하늘이 아닌 곳에) 자기 나름의 권좌를 가진 사탄, 그리고 사탄을 대변하거나 사탄 편을 들면서 하나님과 하나님 백성을 대적하는 이들이 그 원수들이다. 이 적대 세력들은 우주적 차원에서 벌어지는 종말의 싸움에—뉴욕이나 나이로비는 물론이요 에베소와 버가모 같은 곳 한복판에서 벌어지는 싸움에—목숨을 걸고 달려든다. 이 때문에 어떤 이들은 요한계시록을 심지어 전쟁 두루마리라고 불렀다.

우리는 이 이야기의 끝을 안다. 그 끝에는 하나님이 이기신다. 이 전쟁 두루마리는 승리를 찬미하는 송가와 더 비슷하다.[1] 악과 악을 행하는 자들에게 심판이 있겠고, 신실한 하나님의 백성에게는 구원이 있을 것이다. 그러나 우리는 요한계시록이 제시하는 심판 환상(8장)과 마지막 승리 및 구원 환상(9장)을 상세히 살펴보기 전에, 잠시 짬을 내어 이 싸움 자체의 본질 그리고 특별히 이 싸움에 등장하는 출연자들을 더 자세히 살펴봐야 한다. 이번 장에서 우리는 요한계시록을 장별로 살펴보기보다 주제별로 살펴보도록 하겠다.

요한계시록의 줄거리

요한계시록이 펼쳐놓는 줄거리는 다음과 같다고 생각해볼 수 있다.

프롤로그: 우주를 아우르는 무대를 열다

하나님은 인류가 하나님을 예배하고 다른 이들과 한 몸을 이루어 살며 다른 피조물과 조화를 이루어 살게 창조하셨다. 이것을 생명 문화나 하나님의 통치 또는 하나님의 도성이라 부를 수도 있겠다. 하나님은 이스라엘 백성에게 신실한 선지자들을 보내셔서 이런 목적을 되새겨주셨다. 또 하나님은 예수를 메시아로 보내셨다. 사탄은 예수를 핍박했으나(12장), 예수는 심지어 죽기까지 신실함을 지키셨다. 이에 하나님은 예수를 다시 살리시고 들어 올리심으로 예수가 정당함을 확증하시고, 당신과 함께 예배와 충성을 받기에 합당한 분으로 만드셨다(5장). 예수가

---

1. Prévost, *How to Read the Apocalypse*, 23.

우리를 사랑하사 죽으심으로 해방을 안겨주셨다는 좋은 소식, 그리고 그가 부활하사 높이 올림을 받아 주의 자리에 앉으셨다는 좋은 소식이 세계 전역에 전파되었다. 많은 이들이 로마의 아시아 속주에 있는 도시들에서 그 메시지를 받고 예언의 영(성령)에 감동을 받아 하나님과 어린 양께 신실히 충성하는 자그마한 공동체들을 이루었다. 그러나 하늘에서 내쫓긴 사탄은 여전히 하나님과 하나님의 목적을 대적하면서, 계속하여 하나님 백성을 핍박해왔다(12장). 사탄은 중요한 사람들을 꾀어 우상 숭배와 악과 혼돈이 난무하는 반대 문화anti-culture, 죽음 문화—"바벨론"—를 만들어내는 데 동참케 했다. 하나님께 신실한 이들 가운데 한 명 또는 그보다 많은 이들이 죽임을 당했고, 최소한 한 사람, 곧 요한은 (하나님과 어린 양을) 신실히 증언했다는 이유로 유배를 갔다.

1막: 사탄이 활동하다

사탄은 우상을 숭배하는 강력한 죽음의 문화를 이끈다. 이 문화는 아시아 교회에 속한 사람들을 포함하여 여러 나라와 개인을 꾀어 그릇된 길로 이끌었다. 사탄이 부리는 중요한 존재가 둘이 있으니, 바다에서 나온 짐승과 땅에서 나온 짐승이다(13장). 전자는 자신이 신과 같은 능력과 대권을 갖고 온 땅을 다스린다고 주장하며, 후자는 사람들더러 전자를 예배하라고 몰아붙인다. 이 거룩하지 않은 삼위일체는 끊임없이 하나님의 신실한 백성을 핍박하면서 이 백성으로부터 충성과 예배를 받으려고 한다. 신실한 이들은 계속해서 유혹을 받으며, 그중에는 굴복하고 마는 이들도 일부 있다.

2막: 선지자가 말하다

교회가 받는 압력은 점점 더 커져가고 눈앞에 닥친 심각한 핍박은 위협으로 다가온다. 이런 상황에서 요한은 교회더러 하나님께 다시 신실함을 다하라고 요구한다(1-3장). 요한은 하나님이 교회를 구원하시고자 어린 양 예수의 선지자 사역과 신실한 죽음을 통해 이미 행동에 나서셨음을 교회에게 되새겨준다. 예수의 죽음은 하나님께 신실히 순종함과 억압받는 인류를 사랑함에서 나온 행동이었다. 이 죽음은 예수의 부활/승천과 더불어 하나님이 우주적 차원에서 벌이신 전쟁 행위였으며, 이를 통해 거룩하지 않은 3인방과 이 3인방이 휘두르는 억압과 죽음의 힘을 확실히 꺾어버린 승리를 거두셨다. 요한은 이 좋은 소식을 믿고 하나님과 어린 양을 예전과 삶으로 신실히 예배하는 모든 이가 그 죄로부터 풀려나며 바벨론의 힘과 숙명으로부터 자유를 얻었음을 교회에게 되새겨준다.

바벨론은 여전히 교회를 유혹하며 힘을 과시한다. 그러나 예언의 영에 귀를 기울이는 교회는 하나님과 어린 양을 신실히 증언하면서, 장차 임할 하나님의 도시를 일부나마 미리 실현한다.

3막: 하나님이 심판하시다

우상을 숭배하는 죽음의 문화인, 강력한 바벨론은 하나님께 심판을 받아 멸망하고 만다(17-18장). 하나님과 어린 양은 지금 이 심판을 시작하셨으며(6-20장의 많은 부분이 이 심판을 말한다), 이 심판은 결국 거룩하지 않은 삼위일체를 빠르고 확실하게 끝장낸다. 이곳은 요한계시록에서 가장 긴 막幕으로서 많은 장면과 수많은 내러티브로 이루어져 있지만, 다음과 같은 몇 마디로 요약할 수 있다. "무너졌도다, 큰 바벨론이 무너졌도다"(18:2).[2] 하나님은 거룩하지 않은 삼위일체를 격파하실 뿐 아니라, 우상을 숭배하는 힘이 활용하는 궁극의 도구이자 인류의 궁극적 원수인 죽음 자체도 격파하신다(20:14).

4막: 하나님이 새롭게 하시다

억압과 죽음뿐인 바벨론이 무너지고 새 예루살렘, 새 하늘과 새 땅, 온전함과 생명이 어우러진 새 문화가 대신 들어선다(21-22장). 그곳에는 고통과 슬픔이 없으며, 그때가 되면 억압과 죽음도 사라져버린다. 모든 나라가 고침을 받는 일이 시작되고, 인류가 본디 하나님이 그들에게 뜻하셨던 대로 예배와 사귐과 조화를 나누는 이들로 회복된다. 하나님과 어린 양은 새로워진 인류와 함께 영원히 사신다.

지금까지 프롤로그와 네 막의 내용을 간단히 살펴봤으니, 이제는 이 극에 나오는 주요 출연자들을 살펴보겠다. 일단 하나님부터 살펴보겠지만, 그래도 사탄과 짐승들(주인공을 대적하는 원수들) 그리고 온 우주를 아우르는 이 전투에 휘말린 이들을 더 많이 살펴볼 것이다. 앞 장에서 하나님과 어린 양이라는 출연자(주연)를 제법 깊이 살펴봤기 때문이다.

---

2. 참고. 사 21:9; 렘 51장.

하나님, 어린 양, 영(성령)

리처드 보컴은 요한계시록이 그려낸 하나님의 초상이 삼위일체 하나 님이며, 요한계시록의 서두도 독특한 삼위일체 인사말로 시작한다는 것을 짧지만 설득력 있게 논증했다.[3]

> 이제도 계시고 전에도 계셨고 장차 오실 이와 그의 보좌 앞에 있는 일 곱 영과 신실한 증인으로…예수 그리스도로부터 은혜와 평강이 너희 에게 있을지어다(계 1:4b-5).

요한계시록이라는 극에 등장하는 이 세 출연자를 하나씩 간략히 살펴 보겠다.

알파와 오메가, 보좌에 앉아계신 분

요한계시록에 등장하는 전능하신 창조주 아버지 하나님은 아주 완전 한 경지에 계신 분이다.[4] 요한계시록이 묘사하는 하나님의 여러 특징 중에는 우리가 이미 살펴본 두 가지—알파와 오메가이신 하나님 그리 고 보좌에 앉아계신 분—외에도 모든 사람을 심판하실 거룩하고 의로 우신 재판관, 장차 오실 분, 그리고 재창조주가 들어 있다. 이런 각 특징 은 요한계시록이라는 극에서 중요한 역할을 한다.

---

3. Bauckham, *Theology*, 23-25. 이어 보컴은 그가 쓴 이 책을 대부분 삼위일체의 세 위격을 중 심으로 한 구조로 전개해간다.
4. Bauckham, *Theology*, 23-53을 보라.

하나님은 알파와 오메가, 처음이요 나중, 시작과 끝이신 분(1:8; 21:6)으로서 영원하신 분—그리고 유일하신 참 하나님(사 44:6을 보라)—이자 장차 오실 분으로서 "이제도 계시고 전에도 계셨고 장차 오실 이"이시다(1:4; 참고. 4:8). 선지자가 예언하는 "주의 날"은 눈앞에 있다. 이 하나님이 일하시면서 심판과 구원을 행하려 하신다. 또 요한계시록이 말하는 하나님은 주권자이시다. 이는 특히 요한계시록 전체에 퍼져 있는 테마인 보좌(1:4에서 시작하여 22:3에서 끝난다), 그리고 하나님께 붙여 사용한 "전능하신"이라는 말(모두 9회 사용했다)이 잘 보여준다. 보좌라는 이미지는 자신이 세상을 다스리며 예배나 다른 형태로 궁극의 충성을 요구할 권리를 가졌다고 생각할 법한 자들이 차지한 세상의 모든 권좌에 조용히 이의를 제기한다.

하나님은 심판자로서 하나님의 거룩하심과 정의를 의로운(16:7) 행동으로 옮기신다. 이 하나님의 거룩하심과 정의는 온 땅을 뒤덮은 악과 불의를 결코 용납하지 못하며, 이 악과 불의의 원천인 우상 숭배도 용납하지 못한다. 그러나 동시에 요한계시록이 말하는 심판자 하나님은—심지어 심판하실 때도—회개할 길을 열어놓으신다. 인간이 거듭거듭 하나님의 그런 자비를 거부할 때도 하나님은 변함없이 그리 하신다(9:20-21; 16:9, 11). 더욱이 하나님의 심판은 피조물에게 신실하심을 표현하신 것으로 피조물을 새롭게 하시기 전에 반드시 하셔야 할 마지막 행동이다. 피조물을 다시 지으시는 재창조주 하나님은 주권자요 심판자라는 하나님의 역할뿐 아니라 하나님의 신실하심과 자비를 드러내는 자취와 긴밀히 연결되어 있다. 보좌에 앉아계시고 결국에는 악을 격파하실 바로 그분이 장차 오셔서 심판과 구원을 행하시며 "내가 만물을 새롭게 하노라"라고 말씀하신다(21:5).

데이비드 디실바는 요한계시록이 말하는 하나님이 이스라엘의 성경(구약 성경)이 말하는 하나님과 연속성이 있음을 꼼꼼하게 실증해 보인다. 이 하나님은 지배 체제를 기소하시고, 당신의 백성을 구하시고(출애굽이 그 예다), 신실한 자들을 옹호하시고, 우주를 다스리시고, 마지막에는 결국 샬롬이 임할 것을 약속하시고, 당신께 반역한 인류에게 특별한 인내를 내보이신다. 물론 영원히 그리하지는 않으신다. 이 하나님만이 예배를 받으시고 궁극의 충성을 받으시기에 합당하시다.[5]

하지만 바로 이런 신학(하나님을 다룬 교의)은, 우리가 앞장에서 보았듯이, 어린 양이신 그리스도와 연관 지어, 또 이 그리스도에 비추어 이해해야 한다. 요한계시록이 말하는 하나님은 불같이 성을 내며 폭력을 좋아하고 탐욕을 부리는 신이 아니라, 무엇보다도 그리스도 안에서 구원을 가져다주신, 이스라엘의 거룩하신 분이다.[6]

어린 양이요 신실한 증인이신 그리스도

또 요한계시록에는 완전한 기독론이 있다.[7] 그리스도께 붙인 칭호만 나열해봐도 매우 인상적이다. 신실한 (그리고 참된) 증인, 죽은 자들 가운데서 처음 나신 분, 땅의 왕들을 통치하시는 분, 인자, 처음이요 나중, 알파와 오메가, 살아계신 이, 하나님의 아들, 거룩하신 이, 참되신 이,

---

5. deSilva, *Seeing Things John's Way*, 158-174.

6. 요한계시록에서 분명 폭력을 쓰시는 것처럼 보이는 하나님이 실은 비폭력적임은 다음 장에서 다뤄보겠다.

7. Witherington, *Revelation*, 27-32와 특히 Bauckham, *Theology*, 54-108을 보라.

아멘, 유다 지파의 사자, 다윗의 뿌리, 어린 양, 주, 하나님의 말씀, 왕의 왕이요 주의 주, 빛나는 새벽별. 리처드 보컴은 요한계시록의 신학을 다루면서 요한계시록이 말하는 기독론을 훌륭하게 요약한다. 보컴은 그리스도의 인격을 이야기하면서("보좌에 앉아계신 어린 양"), 처음이요 나중이신 그리스도, 예수에 대한 예배, 그리고 예수의 신적 정체성을 다룬다. 그는 또 그리스도가 하신 일을 이야기하면서("어린 양과 그를 따르는 이들의 승리"), 그리스도를 부르는 칭호, 그리스도가 메시아로서 전쟁을 치르심, 종말의 출애굽과 증언, 그리스도가 하나님의 어린 양으로서 죽으심, 신자들이 그리스도의 승리를 공유함, 두루마리의 인을 뗌, 짐승을 격파함, 여러 나라의 회개, 파루시아^{Parousia}(그리스도의 강림), 그리고 이와 관련된 이야깃거리들을 다룬다.

우리는 요한계시록이 예수를 나타낸 몇 가지 중요한 이미지 가운데, 특히 요한계시록 앞부분에서 가장 두드러지게 나타나는 두 가지 것을 주목해야 한다. 그 두 가지는 어린 양과 신실한 증인이다. 죽임 당하신 어린 양이라는 이미지는 우리의 시선을 그리스도의 죽음에 집중시킨다. 어린 양은 희생 제물이기도 하지만, 동시에 그보다 훨씬 더 큰 의미가 있다. 어린 양이라는 이미지는 그리스도가 약함 가운데에서도 신실한 증인이셨음을 부각시켜준다.[8] 이 신실한 증인이 죽으심으로 말미암아 해방을 얻은 이들도(1:5) 그 증인의 이미지를 따라 신실한 증인으로 만들어져간다.

하지만 이 이미지들 못지않게 중요한 것은, 우리가 앞장에서 봤듯

---

8. Johns, *Lamb Christology*, 204.

이, 예수가 보좌에 앉아계신 분과 완전히 동일하시다는 사실이다. 예수 역시 알파와 오메가요(1:17; 22:13), 예배를 받으시기에 합당하며(4장), 장차 오실 분이요(1:7; 22:12, 20), 또 많은 부분이 동일하시다. "그리스도가 하시는 일이 곧 하나님이 하시는 일"이요,[9] 하나님이 하시는 일이 곧 그리스도가 하시는 일이다. 아울러 그리스도가 행하시는 **방법**이 곧 하나님이 행하시는 방법인데 이 또한 매우 중요하다. 우리는 죽임 당하신 하나님의 어린 양을 보면서, 하나님이 결국 죄와 죽음에 승리를 거두신다는 **것**, 그리고 하나님이 **어떤 방법으로** 죄와 죽음에 승리를 거두시는가를 안다. 그러나 그리스도가 하나님이라는 위치에 계신다고 해서 교회와 분리되어 있는 분은 아니다. 그는 시련을 겪는 교회들 가운데 계신다(1:13). 이 어린 양은 아이러니하게도 당신 백성의 목자가 되어 (7:17) 그가 지금도 행하시는 목자의 역할을 행하실 분이다.

이제 요한계시록 나머지 부분으로 옮겨가면, 그리스도를 하나님이신 전사戰士로 묘사한 이미지가 나타날 것이다. 하지만 이 이미지를 어린 양이요 신실한 증인이신 그리스도와 따로 떼어 홀로 놔두어서는 안된다. "그(요한)가 말하는 메시아 예수는 전투에서 정복으로 승리하시지 않는다.…그러나 그 승리는 악을 격파한 승리로서, 영의 영역뿐 아니라 정치 영역에서도 거둔 승리다."[10]

---

9. Bauckham, *Theology*, 63.
10. Ibid., 68.

예언-선교의 영(성령)

요한계시록은 성령을 하나님과 어린 양보다 많이 말하지 않지만, 그럼에도 성령이 하시는 역할은 대단히 중요하다. 성령은 먼저 하나님과 어린 양이 들려주시는 예언의 음성 역할을 하시면서 교회에게 말씀하시지만, 동시에 교회를 하나님이 계신 곳으로 인도하여 예배하게 하고, 그들의 시야를 넓혀주고, 신실한 증인이신 예수를 신실히 증언하는 증인으로 만들고, 고난과 슬픔이 넘치는 시대에 교회를 위로하신다. 요한은 밧모섬에 있지만, 동시에 그는 성령 **안에** 있다(1:10; 4:2; 17:3; 21:10).

요한계시록이 성령에 붙인 이름, 곧 "하나님의 일곱 영"(1:4; 3:1; 4:5; 5:6)은 특이하지만 적절하다. 하나님의 영이 완전하심을 나타내기 때문이다. 이 영 자체는 하나님 및 어린 양과 긴밀하게 연결되어 있다. 이 일곱 영은 하나님 보좌 앞에 있는데(1:4; 4:5), 이는 이 영들과 하나님의 관계를 상징한다. 예수는 교회들에게 말씀하실 때면, 각 교회에게 하시는 말씀 말미에서 "성령이 교회들에게 하시는 말씀을 들으라"(2:7, 11, 17, 29; 3:6, 13, 22)라고 이르신다. 성령의 음성은 곧 예수의 음성이다. 성령은 예언으로 교회들에게 앞으로 펼쳐질 극에서 이 교회들이 마땅히 감당해야 할 역할을 하라고 요구하신다. 그 역할은 특별히 고난을 겪는 동안에도 우상을 숭배하지 않고 하나님을 신실히 섬기는 것이다. 성령과 신부는 사람들에게 하나님만이 주시는 생명을 체험하라고 요구하신다(22:17). 그런 점에서 성령은 이 세상으로 보내심을 받은 예언의 영이자 선교의 영이시다(5:6).

예언-선교의 영인 성령은 교회더러 세상에게 증언하는 증인이 되라고 요구하신다(19:10). 이는 성령과 예배 및 환상들의 결합(1:10; 4:2; 17:3;

21:10)이 곧 성령이 교회로 하여금 예배에 중심을 두고, 하나님(4:2)과 악(17:3)과 종말의 약속(21:10)을 담은 환상들의 인도함을 받아—교회가 예배를 중심으로 삼고 이런 환상들의 인도를 받는 것은 모두 신실한 증인 역할을 하는 데 필요하다—이 세상에서 신실한 증인 역할을 하게 준비시키신다는 의미임을 일러준다. 마지막으로 성령은 위로자로 활동하시면서, 신실한 증언이 결국은 패배가 아니라 쉼과 보상을 가져다주리라는 것을 교회에 재차 보증하신다(14:13).[11]

사람에 빗댄 악: 거룩하지 않은 삼위일체와 창기(娼妓)

요한계시록이 펼쳐 보이는 우주 차원의 묵시극(黙示劇)에서는 삼위일체 하나님이 주연이시고, 이 삼위일체 하나님과 엇비슷하게 하나님-그리스도-성령을 패러디하여 거룩하지 않은 삼위일체를 이룬 사탄과 두 짐승이 주연에 맞서는 상대역으로 등장한다.[12] 요한계시록 12장과 13장은 이 출연자들을 제법 상세하게 묘사한다. 12장은 **우주의** 시각에서, 13장은 **정치의** 시각에서 요한계시록 중앙에 자리한 전투 내러티브를 펼쳐 보인다. 13장은 "로마의 정치-경제-종교 체제가 마귀의 통치를 대변하고 하나님의 목적을 대적하며 인간을 노예로 삼는 체제로서",[13] 충

---

11. 요한계시록이 말하는 영을 다룬 글을 보려면, Bauckham, *Theology*, 109-125을 보라.
12. 이들이 서로 평행을 이룸은 상당히 놀랍다. 각 삼위일체에서 첫째(성부 하나님; 사탄)는 둘째(어린 양/아들; 바다로부터 나온 짐승)가 보유한 힘과 그것을 행하는 통치의 근원이다. 첫째와 둘째는 모두 예배를 받으며, 다니엘서 7장이 묘사하는 형상들과 닮았다. 셋째(성령; 땅으로부터 나온 짐승)는 둘째를 널리 알리고 대변한다.
13. Carter, *Roman Empire*, 18.

성을 받을 자격이 없는 것에 속임수로 충성을 요구한다는 것을 드러낸다. 17-18장은 한술 더 떠 이 체제를 결국에는 멸망할 창기 내지 창녀로 묘사한다. 하지만 이런 형상들을 과거에 있었던 어떤 형상이나 실재, 혹은 요한계시록이 예언하는 것으로 보이는 미래의 형상으로 한정하지 않는 것이 중요하다. 짐승과 바벨론은 수많은 시대, 수많은 장소에 수많은 방법으로 존재할 수 있고, 존재해왔으며, 존재하고 있다.

한 용(龍), 두 짐승

용과 이 용의 두 앞잡이는 요한계시록이라는 묵시극에서 가장 생생하게 등장하는 두 출연자다. 요한계시록은 이 용의 정체를 "옛 뱀으로 마귀와 사탄으로 불리며 온 세상을 속이는 자"(12:9)라고 분명하게 밝힌다. 이 용은 붉은데, 이는 그가 죽음을 파는 자임을 상징한다. 또 그는 왕관을 쓴 일곱 머리를 가졌고, 이 머리에는 열 뿔이 있는데 이것들은 힘을 상징한다(12:3). 그는 속이는 자일 뿐 아니라 메시아를 포함하여 하나님 백성을 끝까지 핍박하는 자다(12:3-4, 13-17). 그러나 자신들이 하나님 뜻을 행한다고 생각하는 사람들도 이 용이 행하는 핍박을 행할 수 있다(2:9; 3:9). 사탄은 13장에서 사람들이 신으로 여기며 우상으로 삼는 인간의 정치권력(자)으로 묘사하는 권력의 근원이다. 이런 점은 요한계시록이 버가모를 사탄의 권좌가 있는 곳으로 묘사하면서 미리 생생하게 보여주었다(2:13).

바다로부터 올라온 짐승은 핍박과 속임과 우상 숭배를 자행하는 이런 사탄적 권세의 화신으로서 역시 일곱 머리와 열 뿔을 가졌다(13:1). 이 머리와 뿔은 나중에 언덕(산)과 통치자와 아직 나라를 얻지 못한 왕임이 밝혀진다(17:9, 12).[14] 이 짐승은 하나님을 모독하면서 (주, 신, 하나님의 아들, 구주 등 같은 "이름"과 "말"을 사용해) 자신이 왕의 권세를 가졌다고 공공연히 주장하지만, 사실 그 권세의 근원은 용이다(13:2, 4). 사람들은 이 짐승이 치명상을 입고도 마치 부활하듯 돌아온 것(십중팔구 네로가 돌아온 이야기를 가리키는 것)을 보고 이 짐승과 용을 예배했다(13:3-4). 이는 분명 예수의 부활과 그에 따른 하나님 및 어린 양 예배를 패러디한 것이다. 이 짐승은 짧은 기간 통치하지만(13:5) 온 세상으로부터 예배를 받고 교회 박해에 몰두하는데(13:7-9), 이는 사탄의 자식이나 할 만한 일이다. 이 짐승은 666이라는 특별한 숫자를 가졌다(이 숫자는 아래에서 논하겠다). 사람들은 통상 이 짐승을 "적그리스도"라 불러왔지만, 이미 우리가 말한 대로 요한계시록에는 "적그리스도"라는 말 자체가 없다.

두 번째 짐승은 땅에서 나오는데, 이 짐승은 주로 첫 번째 짐승을 예배하도록 독려하는 역할을 한다(13:12). 이 짐승은 빌려온 힘을 갖고 속임수를 활용하여 활동한다. 어린 양 같은 용모는 사탄이 하는 말을 가리는 가면이요(13:11), 이 짐승이 사람들 앞에서 행하는 표적은 사실 사람들을 속여 첫 번째 짐승을 예배하게 하려는 교묘한 사기극이다(13:13-15). 짐승은 지배계급이냐 아니냐를 막론하고 모든 이에게 짐승의 표를 받은 다음 경제 활동에 참여하라고 요구한다(13:16-17).

대다수 요한계시록 해석자들은 바다에서 올라온 (즉 서쪽으로부터

---

14. 용과 짐승은 신화에 나오는 여러 생물을 닮았다. "원시 혼돈 속에 있던 괴물이 그 추한 머리를 다시 쳐들었는데, 이번에는 로마의 옷을 입고 있었다"(Reddish, *Revelation*, 230).

에게해를 지나 소아시아 서쪽 도시들에 이른) 첫 번째 짐승의 정체를 로마 제국이나 황제(특히 도미티아누스 같은 황제)나 황제의 권력으로 보려 한다. 그리고 땅으로부터 나온 (즉 그 지역에서 나온) 두 번째 짐승은 황제 숭배를 독려하는 자들로서, 에베소와 버가모 같은 도시나 도시 주변의 지방 정부 및/또는 종교 관원들로 본다. 그렇다면 짐승의 표는 제국(황제)을 나타내는 슬로건이나 인장이나 이미지(형상)일 수 있다.

적그리스도에 대한 해석의 역사는 오래되었고 아주 흥미롭다.[15] 신약 성경을 쓴 사람들은 유대교 문헌에 나온 우주적 차원의 존재들과 역사 속 존재들을 다양하게 받아들여 활용했다. 핍박과 속임은 적그리스도적인 여러 존재들이 행하는 두 가지 기능이다. 이런 테마들은, 사람들이 여러 종교인과 정치인을 요한계시록과 다른 곳이 묘사한 악의 화신과 비슷한 이들 혹은 악의 화신의 완성체로 보면서, 교회사 속에 들어와 계속 이어지고 있다. 사람들은—심지어 루터가 프로테스탄트로서 교황 제도를 비판했던 유명한 사건이 있기 전에도—여러 교황 그리고 정치인을 적그리스도로 보았다. 적그리스도라 불린 유명 인사 중에는 나폴레옹, 히틀러, 스탈린, 무솔리니, 흐루시초프, 사담 후세인은 물론이요, 머리에 총상을 입었던 케네디 대통령과 교황 요한 바오로 2세도 있었다. 개신교 진영의 적그리스도 논의는 반反가톨릭 쪽으로 흘러갈 때가 많았으며, 그런 식으로 적그리스도의 정체를 규정한 사례들은 그릇된 해석 과정에서 생겨난 어처구니없는 주장일 때가 많았다.

하지만 요한계시록의 맥락에서는 1세기 상황에 비추어 적그리스도

---

15. McGinn, *Antichrist*를 보라.

의 정체를 규정하는 것이 백번 타당하다. 그러나 이런 역사적 상징들이 1세기 이후의 역사에서도 계속하여 나름의 중요성을 가진다는 점을 이해할 필요가 있다. 이런 상징들은 모두 자신이 신으로서 다스린다고 주장하는 과대망상증 환자, 그리고 한 통속이 된 정치권력과 종교 억압 세력—시민 종교—을 염두에 두고 있는데, 이런 세력—시민 종교—은 자신이 참 하나님과 하나님의 뜻을 대변한다는 거짓 주장을 늘어놓는다. 유진 보링^{Eugene Boring}도 이렇게 써놓았다.

> 이 짐승은 단지 "로마"가 아니다.…이 짐승은 잔인하고 인간다움을 거부한 로마가 보여주었던 제국의 오만함이었다. 물론 그런 오만함을 보인 것은 로마만이 아니었다.…교회 안팎을 불문하고 문화 종교를 지지하는 이들은, 비록 그들이 어린 양처럼 보일지라도, 모두 짐승의 하수인이다. 인간을 꾀어 사람이 세운 제국을 우상으로 떠받들게 하는 선전은 모두 어린 양처럼 보이고 싶어 하는 이런 짐승의 권력을 표현한 것일 뿐이다.[16]

이처럼 자신이 신이라 주장하는 자의 정치에서는 속임수의 역할이 특히 중요하다. 이런 속임수가 대중에게 영향을 미치는 힘을 극명하게 보여주는 사례가 나치 독일에서 수많은 보통 시민들에게 연설하는 히틀러를 담은 영상물이 아닐까 싶다. (이는 요한계시록 7장이 제시하는 이미지의 반대쪽에 있는 일종의 반대 이미지인 셈이다.) 근래 미국 홀로코스

---

16. Boring, *Revelation*, 156-157.

트 박물관이 연 나치 선전 전시회에 "속임수 국가"State of Deception라는 이름을 붙인 것은 적절했다. 나치 독일의 사례는 통상에서 벗어난 극단으로as an abnormal extreme 많은 이들에게 충격을 줄 수도 있다. 그러나 유진 피터슨은 요한계시록 12-13장이 말하는 정치가 "통상적"normal이라고 말한다. 피터슨은 하나님의 정치와 요한계시록 12-13장이 말하는 통상적인 정치는 극과 극이라고 주장하는데, 옳은 주장이다. 12-13장은 정치를 "무력을 교묘히 활용(군사력만능주의)하거나 말을 교묘히 조종(선전)하여 권력을 행사하는 것"이라고 본다.[17] 이런 종류의 권력은 전체주의 체제처럼 비판 표적이 되기 쉬운 것들에만 국한되지 않는다.

선전은 악을 선으로, 마귀를 하나님으로, 폭력을 평화를 만들어내는 것으로, 독재와 억압을 해방으로 보이게 하는 역할을 한다. 선전은 묻지도 따지지도 않고 무조건 충성하는 것을 자유로운 선택으로 보이게 하고, 신앙 면에서도 올바른 헌신으로 보이게 한다. 엄청난 거짓말도 처음에는 속이는 말이 아니라 그저 과장한 수사修辭에서 시작한다. 이런 과장이 깊어지고 길어지고 넓어지면, 자신조차 왜곡해버리는, 거의 조직적 행위가 되어버린다. 그러다 결국 그런 수사는 뻔뻔한 거짓이 되어버린다. 하지만 이제 사람들은 그런 거짓말을 믿게 될 뿐 아니라, 삶이 거짓이 되어버리고, 시간이 흘러가면 거짓말을 듣는 즉시 거짓말에 빨려 들어가고 만다. 그 지점에 이르면, 결국 거짓이 되어버린 과장은 아무도 시비하지 않고 또 누구도 시비할 수 없는 진실이 되어버리고, 그것이 미치는 영향 역시 대단히 위험한 것이 되고 만다. 선이라는

---

17. Peterson, *Reserved Thunder*, 118. 아울러 123페이지를 보라.

이름, 하나님의 이름을 내건 악은 이제 거의 피할 수 없는 것이 된다. 이제는 거짓말이 진짜 계시만이 드러낼 수 있는 묵시, 종교에서 말하는 계시 역할을 하기 때문이다.

요한계시록 13장의 666

첫 번째 짐승을 666이라는 숫자(13:18)를 가진 인물로 보는 관점은 널리 퍼져 있다. 이 666은 모든 시대를 통틀어 가장 유명한 상징 숫자이자 심지어 미신처럼 받들어온 숫자 가운데 하나다. 이 책을 쓰는 동안, 우리 부부는 새 차를 하나 샀다. 우리에게 차를 판 사람은 매니저와 상의한 뒤 666이라는 숫자로 끝나는 가격표를 가져가더니, 그 숫자를 지워버리고 665로 고쳐 썼다. 판매자는 "저희 매니저가 666이라는 숫자를 좋아하지 않거든요"라며 그런 행동을 한 이유를 설명했다. 그런데 이런 사람은 그 판매자만이 아니다. 근래 어느 식료품 가게에 갔다가 내가 치를 물건 값이 6.66달러가 되었을 때도 그와 비슷한 설명을 들었다. 나는 10대 청소년이었을 때 전화번호가 666인 친구에게 전화하기를 아주 싫어했다. 근래 루이지애나주의 한 조그만 마을의 주민들은 전화번호를 666에서 749로 바꿀 수 있는 선택권을 받았다. 심지어 666이라는 숫자를 두려워하는 현상을 가리키는 전문용어도 있다. 바로 666공포증hexakosioihexekontahexaphobia이다.[18]

일단 666은 완전함을 가리키는 777의 패러디로 이해할 수 있을 것이다. 이 숫자로 상징되는 인격체는 신인 체 행세하지만 헛일일 뿐이

---

18. 헬라어로 *hexakosioi*는 600, *hexekonta*는 60, *hexa*는 6을 뜻한다―역주.

다. 그런 식으로 행세해도 그가 "철저히 불완전하다"는 것만 드러난다.[19] 그러나 이 숫자는 고대 관습인 게마트리아gematria에 해당하는 사례로 해석할 수도 있다. 게마트리아는 히브리어, 헬라어, 라틴어를 불문하고 문자로 숫자를 나타내던 체계에서 한 단어에 들어 있는 글자들이 나타내는 숫자 합계에 의미를 부여하는 관습이다. 이를 잠시 더 살펴보자.

지나간 세기들을 살펴보면 666에 해당하여 적그리스도라 불린 후보들이 아주 많았다. 사람들은 게마트리아 원리를 현대에 적용한 뒤, 아돌프 히틀러(a=100, b=101, c=102라면 Hitler는 666과 같다), 헨리 키신저Henry Kissinger(키신저 이름을 히브리어로 쓰면 111이라는 값을 갖는다 한다[111×6=666]), 미국 전직 대통령인 로널드 윌슨 레이건Ronald Wilson Reagan(첫 이름과 가운데 이름과 마지막 이름[성]이 모두 여섯 글자다),[20] 빌 클린턴(히브리어와 헬라어에서 그의 이름 글자를 다 더하면 666이 될 수 있다고 한다), 그리고 현직 대통령인 버락 오바마Barack Obama를 적그리스도 후보로 제시했다. 그런가 하면 사람들은 666과 연관이 있음도 그 인물이 적그리스도임을 보여주는 증거로 보았다. 가령 1956년 미국 민주당 전당대회에서 666표를 얻은 케네디John F. Kennedy(훗날 그는 머리에 총상을 입고 숨졌다. 요한계시록 13:3을 보라), 666이라는 숫자를 가진 집으로 이사 간 로널드 레이건과 낸시 레이건 부부 등이 그런 예다.

다음과 같은 이유 때문에 이 666이 네로 황제를 가리킨다고 믿는 이들이 많다. 아마도 오늘날 대다수 학자는 그렇게 믿는 것 같다.[21]

---

19. Richard, *Apocalypse*, 112-113.
20. 만일 Wilson을 "W"로 줄여 쓰면 616이다(아래에서 616을 논한 내용을 보라).
21. 이 작은 표의 형태와 일부 내용은 Prévost, *How to Read the Apocalypse*, 38-39에 있는 것

1. 네로 카이사르(네로 황제)를 가리키는 헬라어 *nerōn kaisar*를 히브리어로 옮기면 נרון קסר(히브리어이므로 오른쪽에서 왼쪽으로 읽어간다)이다. 히브리어 게마트리아를 사용하여 예로부터 각 글자에 붙인 숫자 값을 더하면 아래에서 보는 것과 같이 666이 된다.

합계	레쉬(ר) R	사멕(ס) S	코프(ק) Q	눈(נ/ן) N	와우(ו) W	레쉬(ר) R	눈(נ/ן) N
666	200	60	100	50	6	200	50

2. *nerōn kaisar*에서 *nerōn*의 마지막 "ן"을 빼면 히브리어 נרו קסר로 음역할 수 있다.

합계	레쉬(ר) R	사멕(ס) S	코프(ק) Q	와우(ו) W	레쉬(ר) R	눈(נ/ן) N
616	200	60	100	6	200	50

이렇게 하면 합계가 616이 되는데, 사실 요한계시록 일부 사본에서는 이 숫자가 등장한다.[22] 리처드 보컴과 다른 이들은 이렇게 서로 다른 두 사본이 존재하지만, 각 숫자는 네로를 가리키는 값과 "일치"하며, 이는 결국 요한계시록 본문이 말하는 666이 네로를 염두에 둔 것임을 보여준다고 믿는다.[23]

을 응용했다.

22. 예를 하나 살펴보려면, 옥시링쿠스 파피루스(Oxyrynchus Papyrus) LVI 4499(3세기 후반/4세기 초에 나온 사본)를 보라〈http://www.csad.ox.ac.uk/POxy/beast616.htm〉.

23. Bauckham, *Climax*, 384-452을 보라.

3. 하지만 히브리어와 헬라어를 활용한 게마트리아는 다른 황제의 이름을 만들어낼 수도 있다. 예를 들어 616은 칼리굴라(히브리어로 음역한 헬라어를 사용하면)나 칼리굴라가 받은 이름인 가이우스[Gaius]를 나타낼 수 있다. (가이우스는 헬라어를 사용한 게마트리아만이 그렇다.) 또 666은 도미티아누스를 나타내는 숫자일지도 모른다. 20세기 중엽, 독일 신학자인 에텔베르트 쉬타우퍼[Ethelbert Stauffer][24]는 주화와 명문銘文에 들어 있는 도미티아누스의 라틴어 약칭略稱인 임페라토르 카이사르 도미티아누스 아우구스투스 게르마니쿠스[Imperator Caesar Domitianus Augustus Germanicus], 혹은 헬라어 약칭인 아우토크라토르 카이사르 도메티아노스 세바스토스 게르마니코스[Autokrator Kaisar Dometianos Sebastos Germanikos]을 취한 후, 이를 다시 아 카이 도메트 세브 게[A KAI ΔOMET ΣEB ΓE]로 축약하여 이 공통 약칭에서 666을 끌어냈다.

| A | K | A | I | Δ | O | M | E | T | Σ | E | B | Γ | E | 합계 |
A	K	A	I	D	O	M	E	T	S	E	B	G	E	
1	20	1	10	4	70	40	5	300	200	5	2	3	5	666

이 모든 계산 결과를 놓고 보면, 666은 문자적인 차원에서는 하나님을 모독하며 자기가 하나님인 양 행세했던 황제와 같은 인물을 가리킬 가능성이 높다. 그러나 요한계시록에 있는 다른 상징 형태들도 그렇지만, 666을 이런 인물로 본다 하여 666의 의미를 둘러싼 논의가 끝나는 것은 아니다. 우리는 "사람들이 예언했던" 적그리스도이자 어떤 식

---

24. 1902-1979. 독일 개신교 신학자요 고대 화폐 연구자였다—역주.

으로든 666이라는 숫자와 연관성을 갖고 있는 특정인을 찾아내려 해서는 안 되지만, 그렇다 해도 늘 자신이 신 혹은 신에 준하는 위치에 있다고 주장하거나 또는 "무조건" 신으로부터 복을 받았다고 주장하는 정치권력, 철저한 충성 또는 묻지도 따지지도 않는 "무조건" 충성을 요구하는 정치권력을 가려내고 이들과 손을 잡길 거부하려는 자세를 가져야 한다. 이런 권력과 손을 잡길 거부함에는 때로 희생이—그것도 아주 큰 희생이—따를 수도 있다. 그런 권력과 손을 잡지 않으려면 그런 권력에 순종하지 말아야 하기 때문이다. 하지만 두 번째 짐승이 상징으로서 가지는 의미는, 이런 짐승을 떠받드는 선전이 사람을 호리는 힘을 갖고 있다 보니, 그렇게 우상을 숭배하는 강력한 주장들을 분별하여, 그런 주장들을 피하거나 그런 주장들에 순종하지 않기가 대단히 어렵다는 데 있다. 일찍이 예수가 말씀하셨던 대로, 오직 기도와 금식만이 이런 마귀를 몰아낼 수 있다.

요한계시록 17-18장: 창기인 바벨론

요한계시록 17장은 "큰 창녀"great whore(17:1, NRSV) 또는 창기를 이세벨을 닮은 존재요 여성 모습을 한 형상인 영원한 로마Roma Aeterna와 여신 로마Dea Roma를 패러디한 존재인 바벨론이라 부른다. 바벨론은 많은 물(사람들; 17:15) 위에, 그리고 일곱 머리를 갖고 하나님을 모독하는 짐승 위에 "앉아 있다"(17:2-3). 이 일곱 머리는 (로마에 있는 일곱 언덕과 같은) 일곱 산과 일곱 왕(황제들의 숫자가 가득 참)을 뜻한다(17:9-10). 온갖 사치품으로 치장한 이 창기는 땅에 사는 이들과 간음을 저질렀고, 성도들이 흘린 피로 만취했다(17:2-6). 또 지극히 막강한 도시로서 다른 모든

도시를 다스리던 이 바벨론은(17:18) 열 왕을 부리고 좌지우지한다. 이
왕들은 어린 양께 전쟁을 걸지만 결국 바벨론에게 대항한다(17:12-17).

알브레히트 뒤러의 "창기 바벨론"(1496-1498년경 작품)

큰 창녀인 바벨론은 사람들을 미혹하고 자신에게 영광을 돌리는 도시로서 하나님 백성/도시—요한계시록 12장이 말하는 여자, 19-22장이 말하는 어린 양의 신부, 21-22장이 말하는 새 예루살렘—와 상극이다. 이 창기는 지금도 우리와 함께 있다. 정치 활동을 하는 운동가나 해방 신학자라야 "바벨론"이 계속 힘을 갖고 있음을 깨달을 수 있는 것은 아니다. 신약 신학자인 브루스 메츠거는 1993년에 쓴 글에서 다음과 같이 말했다.

> 바벨론은 우상 숭배를 풍유한 말이다. 어떤 나라라도 풍부한 물질, 용맹한 군대, 정교한 기술, 장엄한 황제, 민족적 자긍심을 장려하고, 창조주보다 피조물에게 더 큰 영광을 돌리는 일을 장려하는 나라는 이런 우상 숭배를 저지르는 것이다.…요한계시록의 메시지는 하나님이 개인뿐 아니라 나라, 그리고 나아가 사실은 모든 지배와 권력—다시 말해 모든 권위, 기업, 제도, 구조, 관료제 등등—을 심판하신다는 것과 관련이 있다.[25]

메츠거는 심지어 그리스도의 교회조차도 하나님의 심판 대상에 포함된다고 말한다.

하나님의 교회/백성

우리는 앞서 요한계시록 2-3장을 살펴보면서 요한계시록에 나오는 교

---

25. Metzger, *Breaking the Code*, 88.

회가 불완전한 존재요, 교회와 개개 그리스도인은 어느 곳에 있든지 신실함으로부터 신실치 않음에 이르기까지 다양한 모습으로 살아간다는 것을 보았다. 요한은 교회와 그리스도인이 존재하는 현실이 이러한데도 교회를 일컬어 어린 양이 (죽으시며) 흘리신 피로 말미암아 해방을 얻고 용서함을 받은 백성이요(1:5; 5:9), 신실하고 "승리하는" 종들, 곧 그들 자신도 피를 흘림으로써 그들 역시 어린 양의 피와 같음을 확증한 종들을 만들어내는 곳이며(6:10; 7:14), 특별히 흰옷이 상징하는 최후 승리와 영광을 누릴 곳이라고 역설한다(3:4-5; 4:4; 6:11; 7:9, 13-14; 19:14; 22:14). 예수 바로 그분처럼, 교회를 상징하는 색깔도 붉은 색과 흰 색인데, 이는 죽임을 당했으나 실제로는 승리했음을 나타낸다.

요한계시록에는, 요한계시록 저자가 우주를 아우르는 극(劇) 속에서 하나님 백성의 한 부분인 교회를 어떻게 이해하는지 훨씬 더 상세히 일러주는 환상이 몇 가지 들어 있다. 여기서 먼저 짚고 넘어가야 할 것이 있다. 그것은 요한이 비록 "하나님의 백성"이라는 말을 사용하지는 않지만, 그래도 그가 그런 실체에 관한 이해를 갖고 요한계시록을 써나간 것으로 보인다는 점이다. 하나님의 백성을 가장 생생하게 상징하는 것이 요한계시록 12장의 여자다. 본문은 이 여자를 "해를 입고 그 발아래에는 달이 있으며 그 머리에는 열두 별 관을 썼다", 그리고 "곧 해산하려 한다"라고 묘사한다(12:1-4). 용(마귀/사탄/뱀과 동일한 존재)은 그 아들, 곧 "장차 철장鐵杖으로 모든 나라를 다스릴" 아이를 삼키려 하지만(12:5; 참고. 시편 2편), 그 아이는 하나님 보좌에 앉는다. 여자는 광야로 도망간다. 하나님은 거기서 여자를 보호하시고 먹이시지만, 뱀이 그 여자를 쫓는다. 이제 이 뱀은 "여자의 남은 자녀", 곧 "하나님의 계명을 지키고 예수의 증거를 가진 자들과 싸우려" 한다(12:17; 참고. "우리 동지"혹은 형제; 12:10).

이 환상은 이 여자가 우선 어떤 개인(가령 예수의 모친인 마리아)이라기보다 하나님의 백성 전체를 가리키는 상징임을 일러준다. 이 백성으로부터 먼저 예수가 나오시고 이어 다른 자녀들이 나온다. 이들은 하나님 백성으로서 사탄이 전우주적 차원에서 공격 대상으로 삼은 표적이라는 공통점을 가졌다. 요한의 시대에 핍박을 받으면서도 신실함을 지키는 그리스도인들은 모든 시대를 통틀어 하나님 백성을 이루는 신실한 증인들 중 한 부분을 이룬다. 이 신실한 증인들은 이스라엘 열두 지파(분명히 말하지는 않지만, 여기에 더하여 이스라엘의 모든 신실한 자들까지)와 사도들(분명히 말하지는 않지만, 여기에 더하여 요한의 시대 이전의 모든 신실한 그리스도인들까지)을 포함한다. 이들은 모두 하나님을 예배하는 이십사 장로(가령 4:4, 10)와 그 이름으로 새 예루살렘의 문들을 장식한 이들로(21:12-14) 보인다. 아울러 이 신실한 증인들 가운데에는 그 피를 흘린 다른 신실한 "성도들과 선지자들"도 들어 있다(16:6; 18:24). 아울러 이 증인들에는 요한 시대의 신실한 증인들도, 그들이 여전히 땅 위에 있느냐 아니면 하늘에 있느냐를 묻지 않고, 당연히 들어갈 것이다. 이들은 두려워하지 않고 예수를 증언했기 때문이다(12:11; 17:6). 그리고 이 신실한 증인들에는 신실한 이들의 선구자이신 메시아 바로 그분도 들어간다.

신실한 증인(들)

요한계시록에서 교회가 하나님의 백성으로서 가지는 가장 중요한 특징은 신실한 증인으로 부르심을 받았다는 것이다(가령 2:10; 17:14). 교회는 자신을 대적하는 반대와 유혹이 긴밀한 동맹관계를 맺고 있다 할지라도 이 부르심에 귀를 기울여야 한다. 이 부르심의 뿌리는 신실한 증인이신 예수이시다(1:5; 3:14; 19:11). 또 이제 밧모섬에 있는 신실한 증인인 요한(1:9), 버가모의 순교자 안디바(2:13), 그리고 이제는 하늘에 있는 모든 신실한 증인/순교자들(6:9-11; 7:13-17; 12:11; 17:6)은 이 신실한 증인의 본보기다. 비유 같은 두 증인 환상(11:1-13)도 이 부르심을 강조한다.[26] 요한이 그리스도와 선지자처럼 신실한 증인이 되라는 부르심을 받았음은, 그가 달콤하나 쓴 두루마리를 먹는 환상을 본 사실이 다시금 확인해준다(10:8-11; 참고. 겔 3:3). 그러나 유배당한 요한은 이어 하나님이 다른 이들도 증인으로 부르셨음을 깨닫는다. 이 증인들은 여러 나라에게 그리고 여러 나라 가운데서 선지자처럼 신실하게 증언하며(11:2에 나오는 성전 이방인의 뜰이 이를 상징한다), 이 때문에 그들의 신실한 주님이 겪으셔야 했던 일을—죽음과 부활을—똑같이 겪었다. 피터슨은 이렇게 말한다.

예배하는 곳은 보호를 받지만 증언하는 곳은 그렇지 않다. 증인이 증언하는 이방인의 뜰은 측량을 받지 않는다(보호받지 않는다).…증언은 적대자들 앞에서 이루어진다.…그리스도인에게는 증인이 영웅일지 모르나, 세상에서 증인은 외롭고, 의심받고, 무시당하고, 때로는 가혹한 대우

---

26. 간결하나 통찰이 넘치는 논의가 담긴 Bauckham, *Theology*, 80-88을 보라.

를 받는다.[27]

증인이 수행해야 할 일은 말과 행동으로 용감하게 말하면서 하나님의 진리를 증언하고, 이런 하나님의 진리를 왜곡하며 조롱하는 모든 거짓에 맞서 예언하는 것이다. 증인은 다른 사람들도 잘못을 회개하고 진리로 돌아오리라는 소망을 품고 하나님이 그들에게 주신 환상을 증언하지만, 이 증인이 성공했느냐 여부를 판단하는 척도는 증인이 회심케한 사람들의 숫자가 아니라 증인으로서 끝까지 흔들리지 않고 본분을다했느냐다. 이는 곧 교회가 선교하고 예언하는 공동체요 순교하는 공동체이며 증인들의 모임이어야 함을 일러준다.

증인이 되라는 소명은 어렵고 위험하지만, 이 소명에는 지금도 하나님이 보호해주신다는 약속과 장차 하나님이 보상해주시리라는 약속이 함께 따른다. 요한계시록은 이런 보호를 고대 관습인 인(印)을 찍음이라는 상징으로 표현하는데(이 인과 대립하는 것이 7:3-8; 9:4; 13:16-17; 14:9, 11; 16:2; 19:20; 20:4이 말하는 짐승의 표/인이다), 하나님이 교회를 보호하신다는 것은 교회가 시험과 고난을 모면한다는 의미가 아니라, 이런 시험과 고난이 불가피한 현실이 되어도 이에 굴하지 않게끔 보호해주신다는 뜻이다.

요한계시록에 나오는 증인들이, 다른 사람들이 하나님을 예배하게하고 어린 양을 따라 증언하게 하는 데 큰 성공을 거두었는지 밝혀내기는 힘들다. 그러나 세 가지 증거가 이들의 성공을 강력히 시사한다. 첫

---

27. Peterson, *Reversed Thunder*, 112.

째, 두 증인이 죽고 부활함으로 말미암아 지진이 일어나지만, 이 지진은 성 인구 중 10분의 1만 죽게 하고 다른 이들은 하나님께 영광을 돌린다 (11:13). 둘째, 순교자들은 구원의 첫 열매다(14:4). 이는 장차 신자들을 모으는 더 큰 수확이 있을 것을 암시한다(14:14-16). 셋째, 새 예루살렘 이 많은 사람과 나라로 북적인다(21-22장, 15:2-4이 이를 내다본다).[28]

많은 나라 사람들로 이루어진 순교 공동체

요한계시록 7장은 교회의 두 가지 상태를 그림처럼 생생히 보여준다. 현재의 교회는 핍박받으며 순례 여정을 가는 백성이지만, 종국에는 큰 승리를 거둘 하늘 백성이다. 요한계시록 7장은 신약 성경을 통틀어 교 회를 다룬 가장 중요한 본문 가운데 하나다. 요한계시록 7장은 여섯 째 인과 일곱 째 인 사이에서 극(劇)과 같고 수사(修辭)의 미를 보여주는 기능 을 하는데, 이런 기능은 이 본문이 가진 신학의 탁월함을 떨어뜨리기보 다 오히려 키워준다.

우리는 7장 첫 부분(7:1-8)에서 땅 위에 있는 교회를 본다. 이 교회 는 심판을 나타내는 일곱 인과 관련된 환난을 겪고 있다. 본문은 이 지 상 교회를 이스라엘 지파 출신으로 인을 받은 사람 144,000명으로 묘 사하는데(7:4), 이는 교회와 처음에 택함을 받았던 백성 사이에 연속성 이 있음을 증명해준다. 이 144,000명은 그 이마에 인을 받았는데, 이는 그들이 하나님의 백성이라는 신분 표지이자, 이들이 환난 중에도 하나 님으로부터 보호받음을 나타내는 표지다(7:3과 13:16-17을 비교해보라;

---

28. Bauckham, *Theology*, 94-104도 비슷한 내용을 강조한다.

구약에 있는 선례인 출 12:23과 겔 9:4을 보라). 12장 뒷부분도 그렇지만, 여기에서도 "신실한 그리스도인은 곧 그들에게 임할(면하는 게 아니다!) 대환난 중에도 보호받는다."[29]

7장의 두 번째 부분(7:9-17)은 하늘에 있는 교회를 환상으로 보여준다. 이 교회에는 수많은 나라로부터 온 무수히 많은 이들이 흰옷을 입고 있으며(흰옷은 승리와 부활을 상징한다), 이들은 하나님과 어린 양이 베푸신 승리의 구원을 환호한다. 이들은 "큰 시련(환난)에서 나온" 자들이요(7:14), 뒤에 가서 요한계시록 21-22장이 묘사하는 마지막 때의 현실이 안겨줄 복들 가운데 몇 가지를 이미 체험하는 자들이다(7:15-17).

몇몇 해석자는 144,000과/이나 많은 사람을 단지 환난 때 죽은 순교자들이라고 이해하지만, 이 두 그룹은 각각 교회 전체를 상징하는 말일 가능성이 더 크다. 그러나 어쨌든 이 이미지들은 교회가 가진 대단히 중요한 두 차원을 전달한다. 그 두 차원은, (1) 교회가 많은 나라와 다양한 문화를 아우르는 성격을 가졌다는 것, (2) 교회는 신실한 증인 역할에 대한 보상을 받는다는 것이다. 요한계시록 11장은 후자를 재차 강조한다.

"모든 나라와 지파와 백성과 방언에서 나온, 셀 수 없이 많은 큰 무리가 흰옷을 입고 그 손에 종려나무 가지를 든 채 보좌 앞과 어린 양 앞에 서 있는"(7:9) 아름다운 환상이 교회가 가진 자기이해의 핵심에 자리해 있다. 아니, 자리해 있어야 한다. **이것이 바로 하나님이 이 세상에서 행하시는 일이다.** 이 책의 집필을 마무리하는 동안, 나는 기도와 회

---

29. Boring, *Revelation*, 128.

복을 위해 프랑스 중부의 초교파 공동체인 테제Taizé로 여섯 번째 순례 여행을 갔다. 나는 나이를 불문하고 세계 각지에서 온 수많은 사람들과 함께 서로 다른 언어로 노래하고 기도하면서, 여러 문화에서 온 하늘의 하나님 백성을 보여주는 요한계시록의 환상을 미리 맛보았다.

하늘의 실재, 그리고 결국은 종말에 이루어질 현실(22:2이 말하는 "나라들이 고침[치료]을 받음"을 보라)을 보여주는 환상은 온 세상으로 나아가 땅 끝까지 복음을 전하고, 나라들 가운데에서 평화와 정의를 이뤄가는 일을 하며, 어떤 형태의 국가주의도 거부해야 할 교회의 사명을 밑받침하는 근간이다. 불행히도 그리스도인들은 방금 말한 교회의 본질인 표지들 전체에 매력을 느끼기보다, 이것 혹은 저것에만 매력을 느낀 경우가 잦았다. 이 시대 그리스도인의 신앙이 요한계시록 7장의 환상으로부터 영감을 얻었다면, 그런 신앙은 더 이상 잃어버린 자들을 회심시키려 하는 자들의 신앙과 평화를 이루고자 일하는 자들의 신앙으로 쪼개지지 않을 것이다. **하나님의 선교**missio Dei에 동참하는 것은 과거나 지금이나 카페테리아 스타일의 기독교와 그리 어울리지 않는다.

온 세상 그리스도인들이 진정으로 자신들을 이처럼 전세계적 공동체의 일원으로 이해하고, 자신들이 그런 공동체에 속해 있음이 그들의 정체성과 사명과 충성을 규정하는 가장 중요한 원천임을 온전히 받아들였는데도, 수많은 그리스도인이 자기 나라에만 충성을 다하는, 혹은 외국인이라면 무조건 의심하는 눈으로 쳐다보는 뿌리 깊은 국가주의를 견지할 수 있을지 의문이 든다. 이런 국가주의를 버리고 온 세상을 아우르는 교회 공동체의 일원이라는 의식을 가지려면 많은 교회 안에서 철저한 변화가 일어나야 하고, 초기 기독교 시기의 교회가 가졌던 지혜를 다시 얻을 필요가 있다. 2세기 기록인 "디오그네투스에게 보낸 서신"*Epistle to Diognetus*은 요한계시록 7장의 정신을 (그리고 십중팔구는 신약성경 전체의 정신까지) 받아들여, 그리스도인이 살게 된 나라에서 가져야 할 가장 올바른 태도를 다음과 같이 제시한다. 물론 이 서신이 하는 말은 논쟁의 여지가 있다.

[그리스도인은] 자기 나라에 살지라도 다만 이방인으로서 살아갈 뿐이다. 그들은 시민으로서 모든 것을 누릴 분깃을 가졌지만, 동시에 외국인으로서 모든 것을 견뎌야 한다. 그리스도인에게는 외국이 모두 조국이지만, 조국이 곧 외국이기도 하다(5:5-6).

고향과 자기 나라에 사랑을 표현하는 몇몇 형태는 적절하고 기분 좋은 일일 수 있으며, 특히 다른 문화를 존중하는 태도와 균형을 맞춰가며 그런 사랑을 표현할 때는 더더욱 그러하다. 그러나 요한계시록 7장(과 21-22장)을 진지하게 받아들이는 교회가 우리가 말했던 국가주의를 용납하고 더 나아가 이런 국가주의를 장려하거나 행동으로 옮긴다면, 이는 이해하기가 힘들다. 요한계시록 7장에 비춰보면, 심지어 애국주의도 열렬히 지지하거나 신중히 다루기보다 오히려 비판하는 쪽에 무게를 더 두어야 한다.[30] 어떤 점에서 보면, 물론 모든 형태의 애국주의가 그렇지는 않지만, 대다수 애국주의는 요한계시록 7장이 천명하는 정신과 충돌하거나 충돌할 수밖에 없다. 이 지점에서 교회는 이쪽을 따를지

---

30. Sittser, *A Cautious Patriotism*을 보라.

저쪽을 따를지 선택해야 한다. 불행한 일이지만, 그가 속한 사회에 동화되고 때로는 특히 그가 속한 교회에 동화된 나머지 사실상 이미 무엇을 선택할지 결정해놓고 있는 그리스도인이 많다.

오늘날 그리스도인에겐 전 세계를 아우르는 적절한 교회론(교회를 다룬 신학)뿐 아니라 교회의 영웅들, 특히 순교자들을 아는 지식과 이들을 공경하는 자세도 없는 것 같다. 이 시대의 서구 교회에 순교자가 없는 것은 다행일지 모르지만, 그와 더불어 우리가 과거 시대의 순교자는 물론이요 세상의 다른 곳에는 오늘날에도 순교자들이 있음을 까맣게 잊어버리는 것은 비극이다. 이런 결핍(망각)은 성도의 교제를 행하지 못함과 더불어 국가적 영웅과 순교자를 바라는 욕구를 키우는 양분이 되었다. 교회사를 보면, 그리스도를 믿는 참된 영웅과 순교자가 없을 때는 민족 국가 및 민족 국가의 영웅과 순교자를 종교처럼 떠받드는 현상—즉 시민 종교—이 강력하게 기승을 부리는 경우가 자주 있었다.

이것은 곧 순교가 없음이 국가가 교회를 핍박하지 않음을 의미하기 때문이기도 하지만(심지어 국가가 교회를 보호하는 것처럼 보일 수도 있다), 그리스도인들 스스로 그들 전체가 위하여 살고 위하여 죽을 어떤 궁극의 존재를 필요로 한다는 것을 본능으로 알기 때문이다. 그리스도인은 교회의 참된 성도saints 및 순교자들martyrs과 긴밀히 이어져 있지 않으면 문화의 규범을 따르게 되고, 복음이 아니라 그들이 속한 민족 국가(또는 족속이나 인종)를 궁극의 존재로 만들려 하게 될 때가 잦다. 물론 이렇게 성도 및 순교자들과 이어져 있더라도 국가주의와 시민 종교가 반드시 무너지는 것은 아니다. 하지만 성도와 순교자와 이어지는 신앙이 없으면 국가주의와 시민 종교의 승리에 크게 기여할 뿐이다.

메시아의 전사들

이제 이 모든 것을 마음에 새기면서, 요한계시록이 교회를 메시아가 벌이시는 전쟁에 참여하는 자로 묘사한 이미지를 아주 간략히 살펴볼 수 있겠다(메시아의 전쟁은 다음 장에서 다시 등장한다). "마지막 때"를 다룬 책과 영화 속 장면들과 달리, 요한계시록이 묘사하는 전쟁은 문자적 의미의 전쟁이 아니다. 이를 증명하는 가장 훌륭한 증거는 이 전쟁의 역설적 성격이다. 즉 예수를 따르는 이들은 군사력을 동원해 싸우는 것이 아니라 신실한 증언과 희생양적인 죽음으로써 예수의 승리에 동참한다.[31] "만일 너희가 사로잡히려거든 사로잡힐 것이요, 칼에 죽을 자는 칼에 죽어야 하리라. 여기에…성도들의 인내와 믿음이 있느니라" (13:10).[32] 다시 말해 요한계시록이 하나님의 극(劇)을 이야기하면서 교회에게 이 극에 참여할 것을 요구한다면, 이것 역시 악한 제국 앞에서도 신실히 증언하는 것 내지 **행동으로 평화주의를 실천하는 것**이다. 우리는 교회가 이런 역할을 한다는 것에 놀랄지 모르지만, 우리가 이미 본 대로, 요한계시록에는 역설과 놀라움이 가득하다.

나라들과 나라에 사는 사람들

물론 신실한 사람들만이 우주적이고 정치적인 투쟁의 무대 위에 있는 유일한 존재들은 아니다. 요한계시록에는 "나라들"이라는 말이 19회 등

---

31. Bauckham, *Revelation*, 77.
32. 헬라어 본문에는 생략된 말("[성도들에게 인내하며 믿으라는] 요구가")이 나오지 않는다.

장하며, 여러 그룹의 사람들을 바벨론에 협력하는 자들(땅의 왕들과 상인들—이들은 각기 정치권력과 경제력을 사랑하는 자들을 묘사한다; 18:3)과 희생자들("인생들", 이들은 아마도 노예들일 것이다; 18:13)로 묘사한다. 하나님이 행하시는 심판은 회개를 요구하는 것으로 보이나, 요한계시록에서 실제 회개를 보여주는 증거는 찾기가 힘들다. 간음을 행하는 땅의 왕들(19:18-21)이나 하나님의 심판을 앞둔 보통 사람들(20:12-15; 21:8)에게는 이 마지막 심판—심지어 자신이 신실한 자들에 포함된다고 생각하는 일부 사람들을 포함하는 심판(2:5, 16, 23; 3:3, 5, 16)—이 좋아 보이지 않는다.

요한계시록에는 이처럼 극과 같은 긴장이 있다. 그렇긴 해도 하나님이 결국 목표하시는 것은 인류의 구원이요 온 나라를 치료하시는 것임이 분명하다(21:22-27). 심지어 이전에 음모를 꾸몄던 일부 바벨론 사람들도 구원을 받을 것으로 보인다("땅의 왕들"; 21:24). 하나님과 어린 양은 그들과 함께 계실 것이며, 만유의 주로서 올바로 의롭게 통치하실 것이다(15:3-4).

요약

우리는 이번 장에서 요한계시록이 펼쳐가는 극의 주요 막幕들을 묘사해보고, 이 극에 등장하는 주요 출연자들을 살펴보면서, 특히 거룩하지 않은 삼위일체와 교회에 주목해보았다. 이제 우리는 심판과 구원을 말하는 환상을 살펴보면서, 단순히 주해 차원의 관심사를 넘어서 신학 차원의 관심사를 더 주의 깊게 살펴볼 준비가 되었다.

1. 요한계시록을 출연자가 있는 극으로 살펴보는 것은 요한계시록 본문을 읽고 실천하는 데 어떤 도움을 줄까요?

2. 사람들이 계속해서 666과 적그리스도에 관심을 갖는 현상을 어떻게 설명할 수 있을까요? 여러분은 바벨론과 같은 세력, 적그리스도와 같은 세력이 오늘날 어디서 활동한다고 생각하나요?

3. 교회가 이런 세력에 맞서 증언함으로써 사람들을 이롭게 할 수 있는 방법을 몇 가지 든다면 어떤 것이 있을까요?

4. 가난하지 않은, 또는 핍박받지 않는 그리스도인들이 현실에서 실제로 가난한 이들이나 핍박받는 이들과 더 큰 유대관계를 발전시켜갈 수 있는 방법을 몇 가지 들어본다면 어떤 것이 있을까요?

8장 하나님의 심판을 보여주는 환상들
(요한계시록 6-20장)
Visions of the Judgment of God

대다수 사람들은 "묵시"라는 말을 듣거나 사용하면, 하나님이 잘못된 길로 나아간 세상에 내리신 심판의 결과로 마지막에 다가올 완전한 멸망을 생각한다. 한 해석자는 "요한계시록에는 끊임없이 심판을 향해 나아가는 움직임이 있다"라고 써놓았다.[1] 이 말은 분명 맞는 말이나, 우리가 요한계시록을 꼼꼼하고 바르게 읽어낸다면—이 말은 특별히 요한계시록을 상징 문학이자 내러티브 문학으로 읽어낸다는 말이다—묵시와 하나님의 심판이 가진 의미를 더 정밀하게 이해할 것이다. 내가 이번 장에서 말하려는 주요 논지는 네 가지이며, 이 넷은 모두 서로 긴밀한 연관성을 갖고 있다.[2]

- 요한계시록이 제시하는 심판 환상은, 결국 요한계시록의 중심이자 중앙에 자리한 4장과 5장의 하나님과 어린 양 환상과 충돌하

---

1. Schnelle, *Theology of the New Testament*, 770.
2. Boring, *Revelation*, 112-119을 보라.

지 않는다.

- 악을 심판하는—특별히 제국의 우상 숭배와 억압을 심판하는— 요한계시록의 환상은 하나님이 하시는 행위를 **묘사**한 것이라기 보다 **상징**으로 이해해야 한다.

- 요한계시록이 제시하는 심판 환상은 하나님이 인류사에서 **마지 막으로** 하시는 행위라기보다 **마지막 행위 전에** 하시는 행위를 상 징한다. 즉 심판은 종말에 이르는 방법이요, 목표(마지막 목적지)는 종말에 있을 구원이며, 새 하늘과 새 땅을 창조하심이다. 이 새 하 늘과 새 땅에서 인류는 하나님과 어린 양이 계신 가운데 회복된 백 성으로서 다 함께 번성하는 자신들의 참된 **존재 이유**를 깨닫는다.

- 요한계시록의 길고 세세한 심판 환상이 1차로 염두에 둔 대상은 "바벨론"이 아니라 교회다. 요한은 고화질 영상(이미지)들을 보여 주면서 음량ᵖ™을 최대한 높여 "바벨론에 화가 있으리라! 이보다 더 확실한 일은 아무것도 없느니라"라고 선포한다. 모든 수사가 그렇듯이, 반복은 강조 목적이다. 이 메시지는 약속이자 경고를 담은 메시지다.

실제로 하나님의 심판을 서술해놓은 요한계시록 본문들을 간략하게 라도 살펴보려면—지면이 한정되어 있어서 더 상세히 살펴볼 수는 없 지만—우선 한 가지 관찰 결과를 이야기해보고 이어 위에서 제시한 첫 번째 주장을 살펴봐야 한다.

첫째, 먼저 볼 것은 관찰 결과다. 요한계시록에서는 적어도 가끔은 하나님의 심판이 제국이 으레 하는 활동의 형태를 띠거나 그런 활동에 따른 결과의 형태를 띤다. 요한계시록은 6장부터 20장까지 줄기차게 전쟁과 기근과 역병과 죽음과 불공정한 시장 행태와 반역을 묘사하는데, 이는 모두 우주적 차원에서 일어나는 사건이라기보다 인간이 저지르는 악이다.[3]

둘째, 이는 첫 번째 주장이 불러일으키는 신학적인 문제다. 우리가 요한계시록 4장과 5장을 요한계시록의 핵심 환상으로 받아들이면, 하나님의 심판이라는 주제를 살필 때 어떤 갈등이 분명하게 나타난다. 우리는 앞서(이 책 6장 끝부분에서) 요한계시록에는 서로 충돌하는 두 기독론과 신학이, 다시 말해 사자와 어린 양이 각각 상징하는—하나는 힘을, 다른 하나는 약함을 상징하는—기독론과 신학이 들어 있지 **않음**을 보았다. 오히려 요한계시록은 그리스도를 어린 **양인데도** 다스리는 사자가 아니라, 어린 **양으로서** 다스리시는 사자로 제시한다. 이것은 요한계시록이 하나님을 어린 **양인데도** 다스리는 분이 아니라 어린 **양을 통해** 다스리시는 분으로 제시한다는 뜻이기도 하다. "어린 양의 능력"이 "하나님의 능력"이요 "하나님의 능력"이 곧 "어린 양의 능력"이다. 이런 주장이 옳지 않다면, 예수는 결코 신실한 증인일 수가 없다. 더 중요한 것은 그리스도가 하나님으로 예배 받으시기에 합당하시다는 것이 요한계시록의 핵심 강조점인데, "어린 양의 능력"이 "하나님의 능력"이요

---

3. 리차르드(Richard, *Apocalypse*, 86)는 심지어 나팔과 대접이 가져온 우주적 차원의 재앙들이 "자연적" 재앙이 아니라, "지배와 억압 구조가 직접 낳은 결과들"이자 "제국 자신이 우상을 숭배하고 법도를 지키지 않음으로 말미암아 초래하고 겪었던 역사의 격심한 고통들"을 가리킨다고 주장한다. 리차르드는 이 재앙들이 오늘날에는 "생태계 파괴, 군비 경쟁, 몰지각한 소비만능풍조, 우상 숭배와 다름없는 시장 논리, 기술과 자연 자원을 분별없이 남용함이 가져올 재앙들"을 가리킨다고 말한다.

"하나님의 능력"이 곧 "어린 양의 능력"이 아니라면 그리스도는 하나님과 근본부터 다른 분이므로, 요한계시록의 핵심 강조점은 얼토당토않은 말이 되어버린다는 것이다.

이 모든 것은 요한계시록이 말하는 하나님/그리스도의 심판이 틀림없이 어린 양의 능력과 충돌하지 않는 하나님의 정체를 드러낸 것이라는 것을 뜻한다. 세상이 심판을 받게 된 연유는 세상이 이 하나님을 믿지 않고, 이 하나님께 신실함을 다하지 않았기 때문이다. 세상이 스스로 자기가 섬길 여러 신을 만들어내면, 신이 아닌 것을 신으로 섬기는 데 따라올 수밖에 없는 결과들 때문에 고통을 겪는다. 그런 의미에서 심판은 하나님의 보좌와 어린 양으로부터 나온다(6:16-17). 생명이라는 하나님의 선물을 거부하면 당연히 죽음이라는 결과가 따르기 때문이다. 결국 진노가 하나님의 보좌로부터 나오는 이유는, 제국적인 권력과 어린 양의 능력이 하나님 안에서 공존하기 때문이 아니라, 사람들이 어린 양의 능력을 거부할 경우 이 능력을 제국에 닥친 재앙에서—무질서한 욕망과 죽음과 파멸에서—체험하기 때문이다.

이런 점들은—그리고 요한계시록이 하나님의 심판과 관련하여 제시하는 다른 주장들은—이런 환상들 자체가 가진 몇 가지 측면들을 살펴본 뒤에 다시 더 확대하여 살펴보겠다. 그때는 요한계시록 17-18장을 가장 집중하여 살펴볼 것이다.

요한계시록이 제시하는 심판 환상

이 책 2장에서 요한계시록의 줄거리를 제시할 때 보았듯이, 요한계시록은 하나님의 심판을 일곱 장면으로 이루어진 여러 그룹으로 묘사한다. 일곱 인(6:1-8:1), 나팔을 든 일곱 천사(8:2-11:19), 그리고 일곱 대접을 가진 일곱 천사(15:1-16:21; 17:1-19:10은 일곱 째 대접 이야기를 더 자세히 이야기하며 피날레로 제시한다). 그러나 이 일곱 째 대접 이야기는 피날레가 아니다. 그리스도가 심판 때 많은 관을 쓰시고 피로 물든 옷을 입은 채 하나님의 말씀이요 왕의 왕이시며 주의 주로 흰 말을 타시고 나타나사, 그의 입에 있는 칼로 전쟁을 벌이시기 때문이다(19:11-21). 하지만 이것 역시 피날레가 아니다. 사탄이 1,000년 동안 결박당한 뒤에(20:1-6) **마지막** 피날레인 마지막 심판이 등장하기 때문이다. 이 마지막 심판 때에 비로소 거룩하지 않은 삼위일체(마귀, 짐승, 거짓 선지자), 회개하지 않은 자, 죽음, 그리고 음부陰府(하데스)가 모두 그들이 맞이할 운명을 맞이하기 때문이다(20:7-15).

심판을 이야기하는 환상들은 요한계시록에서 거의 절반을 차지하며, 이런 이유 때문에라도 이 환상들을 진지하게 받아들여야 한다. 더욱이—교회는 물론이요 세상을—심판한다는 주제는 일곱 부분으로 이루어진 이 환상들 밖에서도 등장하는데, 요한계시록 서두의 그리스도 환상(1:16, 이 환상은 그리스도의 입에서 나오는 양날이 선 날카로운 칼을 이야기한다)은 이런 심판 환상들을 예고한다. 또 요한계시록 6장부터 20장에 이르기까지 등장하는 더 짧은 환상들과 찬송 본문들과 다른 항목들도 이런 심판 환상에 포함된다.[4]

---

4. 교회를 심판하는 내용을 담은 본문(그런 심판이 있으리라고 위협하는 본문)을 보려면, 2:5, 16; 3:3, 18을 보라. 참고. 벧전 4:17: "이는 하나님의 집부터 심판을 시작할 때가 이르렀기 때문이니, 만일 그것(그 심판)이 우리부터 시작하면 하나님의 복음을 순종하지 않는 자들의 마지막

이런 환상들은 문자 그대로 받아들일 것이 아니라 상징이다. 가령 브루스 메츠거는 19:1-9을 놓고 이렇게 말한다.

이것은 철두철미하게 상징이다.…우리는 결코 "흰 말"이나 정복자(승리자)의 입에서 나오는 칼이나 죽은 전사들의 살을 포식하는 새들(19:21)을 보지 않을 것이다. 이런 묘사들은 실제로 일어날 일들을 묘사한 게 아니라, 실제로 일어날 일들을 보여주는 상징들이다. 요한은 이런 상징으로 악은 틀림없이 무너지리라는 메시지를 전달한다. 여기에서는 이런 메시지를 역겹다 싶을 정도로 생생한 묵시 장면들에 담아 제시한다.[5]

우리가 이렇게 생생한 상징이 하는 역할이 무엇인지 물어보는 것은 당연한 일이다. 이 심판 환상들을 낱낱이 고려하든 아니면 통틀어 고려하든, 이 환상들은 말이나 수사(修辭)나 감정 차원에서 충격과 공포를 체험케 한다. 하지만 이 환상들의 1차 목적은 두려움을 불어넣는 데 있다기보다 오히려 생명뿐 아니라 제국을 동원하여 잠자는 자들을 깨우려는 데 있다.

일곱 인, 말 탄 네 사람

그 유명한 요한계시록의 말 탄 네 사람(6:1-8), 어린 양이 연 두루마리의 일곱 인 중 첫 네 인은 인류 역사에서 아주 잘 알려진 일련의 사건

은 어떠하겠느냐?"

5. Metzger, *Breaking the Code*, 92.

들을 상징하는 것으로 보인다. 즉 정복, 평화가 무너짐, 전쟁에 따른 죽음, 불공정한 경제 체제, 기근과 질병이 그것이다. "가장 먼저 밀려온 이 폭력성을 띤 이미지는 세상이 겪는 고난이 하나님이 **허락하신** 것이지만, 그 근원을 더 깊이 파헤치면 결국 죄가 낳은 결과라는 요한계시록의 통찰을 표현한다."[6] 물론 우리가 이것들이 하나님이 내리신 벌이기도 하다는 것을 깨닫지 못하면 잘못일 것이다. 이런 벌도 바울이 로마서 1:18-32에서 말하는 효과, 곧 죄가 세상에서 발휘하는 눈덩이 효과와 비슷한 효과를 가진다.[7] 위에서 말한 재앙이 "사람의 죄냐 아니면 하나님의 벌이냐?"라고 묻는 질문은 그릇된 이분법을 전제한 것이요 불필요한 선택을 요구한다. 이 질문의 답은 당연히 "둘 다"이다. 그러나 심판 전에 죄가 있고, 이 죄가 하나님의 뜻이 아닌 것만은 분명하다.

이처럼 전쟁과 그에 따른 결과는 하나님의 심판이기에, 특별히 그리스도인이 아니어도 사람들이 무기를 드는 것은 정당하지 않다. 유진 피터슨은 두 번째 말인 붉은 말을 주석하면서 이렇게 써놓았다.

한동안은 사람들이 표제에서 강조한 전쟁을 악으로 인식하고 평화를 갈구하는 기도를 올린다. 그러나 머지않아 사람들은 전쟁을 이내 정당하고 애국적인 행위 혹은 이성에 맞는 행위로 찬미한다. 하지만 전쟁은 피를 흘리는 잔인한 붉은 말로서 삶을 비참하고 무서운 것으로 만들어 버린다.…우리로 하여금 전쟁이 목표 성취를 위한 올바른 수단이라고

---

6. Howard-Brook and Gwyther, *Unveiling Empire*, 142.
7. Rowland, "The Book of Revelation," 530도 마찬가지다(자그마한 눈뭉치가 구르면 구를수록 커지듯이, 소소한 죄도 뭉치고 뭉치면 어마어마한 죄로 커진다는 의미다—역주).

인식하게 하기 위해 전쟁을 미화하는 것은 시대를 뛰어넘는 계략이다. 그러나 전쟁은 악이다. 그리스도는 전쟁을 반대하신다. 그리스도는 결코 붉은 말 위에 앉지 않으신다.[8]

일곱 나팔, 일곱 대접

요한계시록 8:6-9:21과 16:1-21은 모두 역사적인 사건과 문화적인 실재들을 인용하여 다가오는 하나님의 심판을 묘사한다. 출애굽기가 이야기하는 재앙들이 이 본문의 원천임이 분명하지만, 성경에 있는 다른 심판 기사들(가령 요엘서에 나오는 메뚜기 떼)도 이 요한계시록의 이미지들을 만들어낸 요인이 되었다. 게다가 사람들이 지진에 따른 파괴와 같은 자연 재해와 외적 침입(특히 동쪽 파르티아 사람들의 침입)에 따른 파괴처럼 사람이 만들어낸 재앙을 계속 두려워한 것도 이 환상들을 만들어낸 양분이 되었다. "시인은 있음직하지 않은 이미지들을 서로 나란히 놓아둠으로써 이 이미지들이 우리 생각 속에서 마치 교차 수정한(서로 상대를 받아들여 풍부해진, cross-fertilizing) 은유처럼 작동하게 만든다."[9] 리처드 보컴은 이렇게 써놓았다.

> [요한은 이 나팔과 대접 속에] 자신과 동시대의 사람들이 전쟁과 자연 재해로부터 겪은 가장 무시무시한 체험과 두려움을 가져다 담은 다음, 이런 체험과 두려움을 묵시 부분으로 불어서 옮긴 뒤, 암시를 담은 성경

8. Peterson, *Reversed Thunder*, 77.
9. Ibid., 98.

의 말속에 쏟아놓았다. 중요한 것은 사건들이 일어날 순서를 예언하는 것이 아니라, 죄로 가득한 세상에 임박한 하나님의 심판이 가진 의미를 일깨워주고 탐구하는 것이다.[10]

나팔과 대접의 가장 중요한 차이는 후자의 범위인데(가령 8:9에서는 단지 3분의 1이 죽지만, 16:3에서는 모든 바다 생물이 죽는다), 이는 후자의 심판이 최종 심판임을 일러준다. 일곱 대접 가운데 유명한 것이 여섯 째 대접인데, 이 대접은 하마겟돈[Harmagedon](NRSV)이나 아마겟돈[Armageddon](16:12-16)과 관련이 있다.[11] 사람들은 이 싸움이 일어날 시기와 장소를 두고서 엄청나게 많은 생각들을 해왔지만, 정작 요한계시록은 그저 지나가는 말 정도로 언급하고 넘어간다. 이곳 이름은 구약 시대에 수많은 전투가 벌어졌던 성인 "므깃도 산"을 뜻한다. 이곳은 우주적 차원에서 벌어지는 상징적 싸움의 배경을 나타낼 뿐, 더 이상 다른 의미는 없다.

흰 말을 타고 강림하심, 흰 보좌에 앉아 심판하심

19:11-21에는 많은 관을 쓰고[12] 많은 이름(신실하고 참되신 이, 하나님의 말씀, 왕의 왕이요 주의 주)을 가진 채 승리를 나타내는 흰 말에 탄 이가

---

10. Bauckham, *Theology*, 20.
11. 아마겟돈은 헬라어로 하르마게(겟)돈(Ἀρμαγεδ[δ]ν)이다. 예로부터 사람들은 이 아마겟돈을 예루살렘이나 므깃도라고 생각해왔지만, 정확히 어디인가는 아직도 풀지 못한 수수께끼다—역주.
12. "면류관 가지고"(Crown Him with Many Crowns)라는 찬송이 암시한다.

나오는데, 이는 분명 그리스도다. 외관적으로 로마 장군을 닮은 그는 와서 전쟁을 하고 다스리면서, 두 짐승을 붙잡아 처벌하고, 그 짐승의 고객들과 다른 이들을 음식으로 삼은 잔치를 주재하신다. 이는 추하고 역겨운 장면이다. 어떤 이들은 이것이 요한계시록 16장에서 암시만 하고 넘어간 아마겟돈 전쟁이 실제 전투라고 믿는다.[13] 어쨌든 "군대가 싸우려고 모였으나, 결국은 처형만이 있었다."[14] 전투는 없다.

그런데도 팀 라헤이와 다른 세대주의자들은 이 장면이 전사이신 그리스도, 곧 능력으로 오신 뒤에 진짜 전사들과 힘을 합쳐 실제로 전쟁을 벌이시는 그리스도를 묘사한다고 믿는다. 그러나 그리스도의 재림이 그와 같이 일어나지 않으리라는 것을 시사하는 세부 사항이 두 가지 있다. 첫째, 그의 칭호는 그가 하나님의 말씀이자 신실하고 참되신 이로 존재하심으로, 즉 그의 말씀(19:15, 21)과 그의 신실한 죽음으로 다스리신다는 것을 보여준다. 두 번째 세부 사항은 첫 번째 세부 사항을 보강하는데, 그는 **그의 적들과 싸움을 벌이기 전에도** 이미 피에 젖은 옷을 입고 있다는 사실이다(19:13). 따라서 그 피는 그 자신이 흘린 피다.[15] 요한계시록의 다른 곳에서도 그렇지만, 그리스도는 그의 죽음으로 그 원수들에게 승리를 거두신다. 전쟁과 식사라는 상징은 생생할지 모르지만, 둘 다 주된 이미지는 되지 못한다. 이 둘은 모두 이 두 세부 사항 속에 조용히 숨어 있는 어린 양에게 속한다.

---

13. 가령 Witherington, *Revelation*, 241-245을 보라.
14. Witherington, *Revelation*, 244.
15. 이 해석을 놓고 논란이 있으나, 다른 많은 해석자들처럼 나도 이 해석이 요한계시록 전체에 비춰볼 때 가장 설득력이 있다고 본다.

하나님의 흰 보좌에서 이루어지는 마지막 심판(20:11-15) 역시 승리를, 그것도 최후 승리를 나타낸다. 이 장면에 앞서 거룩하지 않은 삼위일체가 마지막으로 격파당하는 장면이 나온다(20:7-10). 그런 다음, 이 장면은 모든 사람을 대상으로 한 심판뿐 아니라 죽음과 음부(하데스)가 격파당하는 심판에 초점을 맞춘다. 인류의 마지막 원수는 정복당하고 말았다.

간주곡

요한계시록 해석자들은 휴지[休止] 부분(즉 심판 환상 사이사이의 휴지 부분)을 종종 간주곡이라 부른다. 해석자들은 어떤 본문을 이런 간주곡으로 불러야 하는가를 놓고 의견을 달리 하지만, 훌륭한 간주곡 후보로는 7:1-17; 10:1-11:13; 14:1-20; 19:1-10; 20:1-6 등이 있다. 이 간주곡은 강렬한 심판 장면을 보면서 두려움에 사로잡힌 관객들에게 잠시 숨 돌릴 틈을 주는 것처럼 특별한 수사[修辭] 기능을 하며, 그 기능이 무엇이든, 쓸데없이 자리만 차지하고 있는 부분은 아니다. 이 책의 앞장에서 보았듯이, 대다수 사람들이 간주곡이라 부르는 본문들 가운데 두 곳(7장과 14장)은 사실 요한계시록이 제시한 교회의 모습에서 본질을 이루는 부분이다. 실제로 이런 간주곡이 하는 주된 기능 가운데 하나는 신실한 자들에게 하나님이 장차 심판을 행하시리라는 것, 환난을 거치고 심지어 죽임을 당한다 할지라도 이 신실한 자들은 하나님이 지켜주시리라는 것, 그리고 하나님이 이 신실한 자들에게 보상해주시리라는 것을 다시금 보장해주는 것이다. 게다가 이런 간주곡은 심판이라는 주제와 동행하기도 한다(7:2-3; 11:5-6, 13; 14:6-20; 19:2-3을 보라).

또 하나 간주곡으로 분류해야 할 본문이 20:1-6이다. 이 본문은 그리스도와 그리스도를 믿다가 순교한 이들과 성도들이 1,000년 동안 다스린다는 천년왕국을 다룬 본문으로 유명하다. 나도 그렇지만, 요한계시록에 있는 이 한 본문을 다룬 책과 신학이 그토록 많이 쏟아져 나왔다는 것을 믿지 못하는 해석자들이 일부 있다. 그러나 "천년왕국 탐구"[16]는 2세기부터 해석자들을 사로잡아왔다. 그동안 사람들은 "전천년", "후천년", 그리고 "무천년"이라는 말을 중심으로 모든 신학 체계를 구성해왔다.[17] 하지만 요한처럼 우리도 천년왕국을 놓고 구구절절 너무 많은 말을 할 필요가 없다.

마지막 심판과 영원한 새 시대가 오기 전에 잠시 이 땅에 메시아 시대가 임하리라는 소망은 유대 묵시 문학이 이미 알고 있는 개념이었다.[18] 이 행복한 간주곡이 요한계시록에서 주로 하는 기능은, 교회의 순교자들이 승리를 거두리라는 확신을 교회에 다시 심어줌으로써 교회가 신실한 증인 역할을 다하게끔 힘을 실어주는 것이다. 실제로 이 장면은 마지막 목숨이 다하기까지 신실하게 증언함으로써 새 예루살렘이 시작되기도 전에 이미 하나님으로부터 그리스도와 함께 다스릴 자로 특별히 인정함을 받기에 합당한 자격을 갖춘—그리고 그런 인정을 받을—특별한 부류의 증인들을 만들어낸다. (아니면 그런 증인들이 있음을 인정한다고 말하는 것이 더 낫겠다.) 바벨론이 재판하고 억압했던 이들

---

16. 이는 노먼 콘(Norman Cohn)이 쓴 책 제목이다.
17. 가령 Clouse, *Meaning of the Millenium*과 "Christian Hope Thru History"를 보라.
    Reddish, *Revelation*, 391은 표 형태로 간단히 살펴볼 수 있게 제시해놓았다.
18. 대다수 주석이 이를 언급한다.

이 이제 다스리고 심판할 것이다.[19]

요한계시록 17-18장: 제국("바벨론")과 그 운명에 관한 신학적 설명

우리는 앞장에서 우주를 아우르는 큰 극劇에 배우로 등장한 바벨론이
라는 창기를 살펴보았다. 이제 우리는 이 바벨론을 다시 살펴보면서,
요한계시록 17-18장이 바벨론에 대한 심판을 설명해놓은 내용을 곱씹
어보겠다. 17-18장은 16장이 일곱 대접으로 심판을 이야기한 내용을
확장한 것으로 이해하는 것이 가장 좋으며, 두 부분으로 나누어 제국과
그 운명을 신학적인 차원에서 설명한 것이다. (17장은 주로 제국을 설명
하면서 그것을 창기로 풍자하는 반면, 18장은 주로 제국이 당할 운명을 설명
하면서 창기인 제국의 종언과 이 종언을 슬퍼하는 자들을 비웃는다.) 이런 운
명은 하나님의 심판이며, 그런 점에서 끝장, 즉 누구도 예측하지 못한
상태에서 순식간에 찾아오는 종말이다(18:8, 10, 17, 19). 우리가 17장과
18장에서 발견하는 내용 중에는 앞장에서 예상했던 내용이 많다. 그러
나 이 두 장에서는 "큰 도시"(16:19; 17:18; 18:10, 16-21)인 바벨론의 무너
짐(17:5; 18:2, 10, 21; 참고. 14:8; 16:19)으로 더 생생하고 세세하게 제시한
다. 17-18장은 본디 구약 선지자들이 우상을 숭배하고 폭력을 저지르
며 낭비를 일삼는다는 이유로 바벨론과 두로를 비판했던 내용에 깊이
뿌리박고 있다(사 23-24; 27장; 렘 50-51장; 겔 26-28장). 앞장에서도 보았

---

19. 비슷한 견해를 보려면, 가령 Blount, *Revelation*, 359-368, 그리고 Bauckham, 107-108을
보라.

지만, 1세기 유대인과 그리스도인의 귀에는 이 "바벨론"이 로마로 들렸을 것이다.

요한계시록 17장에는 요한계시록이 로마와 로마의 황제를 가장 분명하게 언급한 곳 중 몇 곳이 들어 있다(가령 9-11절의 "일곱 언덕", 18절에 나오는 제국의 광대한 판도). 하지만 17장이 직접적으로 특정하여 가리키는 대상들을 보면, 이 "바벨론"을 더 넓게 제국이라는 개념으로, 그리고 그 제국을 비판할 근거를 제시한 것으로 볼 여지가 두드러진다. 이 17장에서는 제국의 일곱 가지 특징이 나타난다.[20]

1. 제국은 지배 체제다. 이 체제는 더 큰 힘을 주겠다는 약속으로 권력가들을 유혹하고, 사람을 홀리는 포도주로 보통 사람들을 중독에 빠뜨린다. 이 포도주는 아마도 더 큰 번영과 더 큰 힘이 안전을 보장해주리라는 거짓 약속을 가리킬 것이다(17:2, "땅의 왕들…땅에 사는 자들").
2. 정의를 내리자면, 제국은 광대한 영토와 포용성을 가진 이데올로기를 갖고, 정치와 종교 면에서 일종의 사이비 보편주의를 만들어내며, 자신의 장엄함(장엄함도 그 자신이 주장하는 것이지만)을 스스로 드높이며 하나님을 모독하면서, 오직 하나님께만 합당히 붙일 수 있는 주장을 자신에게 갖다 붙이는 존재다(17:3-5).

---

20. 하워드-브룩과 과더(Howard-Brook and Gwyther, *Unveiling Empire*, 162-184)는 요한계시록 17-18장에 나온 이미지들이 로마의 부정(不貞)과 유혹("창기"), 강압과 폭력("살인자"), 방탕한 경제생활(사치스러운 옷과 장신구), 그리고 제국의 오만함을 생생히 보여준다고 말한다. 불결한 것들, 질병, 화재와 연기, 문화적인 실종에 점령당하여 황폐해지고 벌거벗은 모습을 보여주는 이미지들은 로마의 몰락이 지닌 특징을 잘 보여준다(177-178).

3. 제국은 큰 자와 작은 자를 막론하고 그 백성들에게 자신이 백성들의 심미안(審美眼)을 즐겁게 하고 온갖 은혜를 가득 베푼다고 제시하지만, 사실 이런 겉모습은 제국이 가진 특성의 본질을 이루는 여러 가지 "역겨운 것들"을 감추는 가면에 불과하다(17:4). 이런 역겨운 것 중에는 아무런 방어 수단이 없는 사람들을 부리고, 학대하고, 억압하면서, 이 사람들을 물건처럼 다루는 관습들이 들어 있다. 오늘날에도 이런 예들이 있는데, 인신 매매, 저임금으로 사람들을 착취하는 기업, 무절제한 낙태, 그리고 헤아릴 수 없이 많은 권력 남용이 그런 경우다.

4. 제국은 자신이 신성하다고 주장한다. 또 자신이 신성한 존재로서 백성에게 벌을 내리고, 사명을 부여하며, 보호한다고 주장한다. 그러나 제국은 항상 궁극적으로는 참되신 하나님을, 그리고 예수의 삶과 죽음이 보여준 하나님의 참된 권능을 대변하는 이들을 대적한다. 결국 제국은 신실한 자들이 하나님을 지지하고 제국에 맞서 제시하는 강력한 증언을 잠재우고자 이런 증인의 목숨을 빼앗는 폭력을 비롯하여 필요하다면 어떤 수단이라도 강구하려고 한다(17:5, 14).

5. 정복당한 자들이 묵종하는 것도 제국이 번성하는 한 가지 이유다(17:13).

6. 제국은 결국 스스로 자초한 상처로 말미암아 죽을 때가 자주 있다. 제국의 백성들은 자신들에게 힘을 주었던 바로 그것에 반기를 들고 그것을 파괴한다. 이런 반란은 실상 하나님의 심판이라는 의미를 가진 것으로 볼 수 있다(17:16-17).

7. 제국들(복수형이다), 곧 역사 속에 실제로 존재했던 특정한 실체들은 사실 우리가 **제국**이라 부를 수 있는, 훨씬 더 강력하고 영원한 어떤

것을 그저 짧은 기간에 걸쳐 살짝 보여준 것이거나 구현한 것일 뿐이다.

그러면 우리는 바벨론 혹은 제국이 무엇 때문에 심판을 받는지 그이유를 물어볼 수 있다. 선지자들로부터 예수를 지나 바울을 거쳐 요한계시록에 이르기까지 성경을 죽 살펴보면, 하나님이 인간을 심판하시는 것은 본질상 두 가지 근본 이유가 있다. 하나는 우상 숭배요, 다른하나는 불의(정의가 없음)이며, 이 두 가지가 여러 가지 형태로 나타날뿐이다. 바벨론은 하나님과 사람들과 땅을 상대로 죄를 지었다. 바벨론은 언약에 따른 의무들을 어기는 일종의 기업 비리를 저지른다.

바벨론은 오직 하나님만이 하실 수 있는 약속과 요구와 주장을 한다. 제국은 자신의 권력을 신성한 것으로 만들고 심지어 신의 위치에올려놓은 다음, 그 권력에 절대 맹종하기를 요구한다. 특별히 요한계시록 18장이 분명하게 밝히듯이, 이런 과정은 먼저 바벨론 자신, 그리고 뒤이어 바벨론의 고객들과 바벨론에서 매일매일 살아가는 시민들이 사치를 좇고 가난한 이들을 무시하는 모습으로 펼쳐진다. 이는 불가피하게 사람을 사고파는 물품으로 취급하고(18:13), 절대적인 충성을바치지 않는 자는 제거해버리는 결과로 이어진다. 또 다른 결과는 폭력과 전쟁, 죽음과 파괴, 굶주림과 기근이다(6장). 마지막에는, 잠시든 혹은 영원이든, 가차 없이 땅이 멸망당하는 결과가 벌어질 수밖에 없다(11:18).

요한계시록 18장은 만가輓歌다. 이 만가는 방금 말한 점들 가운데 몇가지, 특히 제국이 행하는 여러 역겨운 짓의 본질과 이런 짓에 동참하는 자들이 누구인가를 상세히 설명한다. 요한은, 브리튼 사람들을 이끌고 로마에 맞섰던 칼가쿠스Calgacus[21]가 했던 유명한 말대로, 로마인들을 대놓고 "세상을 노략질하는 강도"라고 비판한다. "그들은 약탈하고 살육하고 도적질하면서 이런 일에 제국이라는 이름을 오용誤用한다. 그들은 폐허를 만들어놓고 그것을 '평화'라 부른다."[22] 그러나 요한계시록 18장은 무엇보다 제국이 심판을 받아 비참한 운명을 맞이하리라는 것, 그리고 수 세기에 걸쳐 그 크기와 힘이 커가겠지만 자신이 신으로서 다스리는 것처럼 착각하던 그의 과대망상증(18:7)—이런 과대망상증을 특별히 잘 보여주는 것이 탐욕과 폭력으로 점철된 제국의 구조다—도 결국은 순식간에 끝나고 말리라는 것을 보여준다.[23] 신속하고 확실한 종말이 틀림없이 온다는 내용이 18장의 긴 탄식에 담겨 있다(10, 17, 19절을 보라). 이 긴 탄식은 19:1-10에 이르러 위대한 "할렐루야" 합창으로 끝을 맺는다. 반드시 끝이 오리라는 이 약속은, 다음의 한 영가靈歌가 증언하듯이, 오랜 세월 억압받았던 신자들에게 소망을 주었다.

바벨론이 무너져

순결한 성, 바벨론이 무너져 더 이상 못 일어나네,

오, 바벨론이 무너졌네, 무너졌네, 무너졌네,

---

21. 83-84년에 스코틀랜드 북부에서 그나이우스 율리우스 아그리콜라가 이끄는 로마군에 맞서 싸운 인물이다—역주.

22. Tacitus, *Agricola*, 30.4-5에서 인용.

23. 요한계시록에서 상거래와 우상을 숭배하는 것 같은 소비만능주의가 가지는 중요성을 살펴보려면, 특히 Kraybill, *Imperial Cult and Commerce*; Bauckham, *Climax*, 338-383; 그리고 deSilva, *Seeing John's Way*를 보라.

바벨론이 무너져 더 이상 못 일어나네.

나보다 당신이 거기에 먼저 가거든,
바벨론이 무너져 더 이상 못 일어나니,
나도 거기 간다고 내 모든 친구에게 말해주오.

바벨론 사람들의 직업과 다른 경제 관행

하지만 바벨론에 대한 심판이 오로지 "그들"에게만 적용된다고 생각하면 오산이다. "거기서 나오라"는 부르심(18:4)은 우리도 그 "안에", 곧 바벨론 안에 있음을 전제한다. 하지만 나는 요한은 물론이요, 예수도 우리가 바벨론에 들어가보지 않은 것(비유로 하는 말이다)을 못마땅해 하지는 않으리라고 확신한다. 바벨론에 들어가지 않았다면 거기서 나올 필요도 없는 셈이다. 결국 "거기서 나오라"는 말은 "거기에 아예 들어가지 말라"는 말인 셈이다. 바벨론에 들어가거나 그 안에 머물 경우, 십중팔구는 요한계시록 21:8과 22:15이 열거하는 자들인 간음하는 자들과 우상 숭배자들, 그리고 다른 이들과 더불어 바벨론이 받을 심판을 함께 받을 것이다.

하지만 사실은 우리 가운데 많은 이들이 이런저런 방식으로 바벨론에 들어갔다고 가정할 때, 바벨론에서 나온다는 것은 대체 무슨 의미일까? 요한계시록 18장에서 중심에 자리한 "거기서 나옴"의 한 측면은 경제적 측면이다. 이 경제라는 면은 개인과 가정과 회중의 차원에서 생각해볼 수 있다. 경제적인 면에서 신실함을 지키는 것은 최소한 우리가 어떻게 돈을 벌고 또 일단 번 돈을 어떻게 활용하느냐라는 문제와 관련이 있다. 신약 신학자인 질베르 데로시에Gilbert Desrosiers는 요한계시록 13장에 나온 두 짐승을 자본주의와 소비만능주의로 해석할 수 있다고 주장하며, 데이비드 디실바는 우리에게 "요한은 지배(체제)가 저지르는 죄를 같이 짓지 않으면 그 지배가 얻는 이윤도 나눠 갖지 못함을 이해하고 있었다"라고 되새겨준다.[24] 만일 그리스도인이 "하나님을 알지 못하는 이방인들"이 행하는 것과 똑같은 성행위를 하지 않는다면(살전 4:5), 틀림없이 상거래에서도 불신자처럼 행동하지는 않을 것이다.

교회는 적어도 2세기 말 테르툴리아누스 시대부터 그리스도인들이 갖기에 적절치 않을 수 있는 직업, 심지어 우상을 숭배하는 직업일 수 있는 것이 무엇인가라는 문제를 놓고 고심해왔다. 테르툴리아누스는 교사(세속 가치와 다신교 내지 우상 숭배를 조장한다)와 군인(우상 숭배와 폭력에 관여한다)을 포함하여 많은 직업에 의문을 제기했다. 존 뉴턴John Newton, 1725-1807[25]은 하나님의 놀라운 은혜를 체험한 뒤 노예 매매를 그만두어야 함을 깨달았다. 그러나 오늘날 교회는, 누가 봐도 불법인 매춘과 마약 판매가 아니면, 젊은이들이 경력을 쌓을 길로 여기거나 성인에게 허용되었다고 여겨지는 어떤 일에도 그것이 부적절하다는 판단을 하지 않는다. 가령 내가 속한 연합감리교회만 해도 청소년을 상대로 한 "직업" 소개 동영상에서는 군인이라는 직업을 사회사업과 의료인과 교회에서 하는 일 같은 직업과 함께 이야기한다.

오늘날 세속 학교에서 가르치는 일이 직업으로서 적절한지 묻는 그

---

24. Desrosiers, *Introduction*, 93; deSilva, *Seeing Things John's Way*, 47.
25. 영국 항해가요 찬송 시인이며 성공회 성직자였다—역주.

리스도인은 거의 없을 것이다. 하지만 그리스도인 교사 중에는 많은 세속 교육의 형태들—그리고 심지어 기독교 교육 형태들—에 박혀 있는 일부 가치들과 관행들에 의문을 제기하고 이로부터 "나오는" 이들이 극소수나마 있을지도 모른다. 여기서 내가 생각하는 문제는 진화 같은 문제가 아니라 그보다 훨씬 더 큰 세계관과 관련된 문제들이다. 그런 문제 가운데 두 가지만 들어보면 국가주의와 소비만능주의를 들 수 있겠다. 군인이라는 직업만 봐도, 이 군인이라는 직업을 놓고 벌어지는 진지한 토론에 참여하는 것은 고사하고, 군인이라는 직업이 왜 그리스도인의 영예로운 직업에 미치지 못하는지 그 이유를 짐작조차 못하는 그리스도인들이 많다. 그러나 이는 토론이 필요한 문제이며, 특히 바벨론에 살거나 바벨론 근처에 사는 이들에게는 더욱 그러하다. 그리스도를 믿는다는 청소년이 이번 달은 기독 청소년 여름 캠프에 가서 "주의 이름 송축하리"Blessed Be the Name of the Lord를 부르고, 그 다음 달에는 해병대 훈련 캠프에 가서 "우리는 죽일 수 있다"We can kill를 부르는 것은 어이없는 일이다. 그런데 실제로 이런 일이 벌어지고 있다.

대다수 직업과 매일 행하는 관행들은 비판 대상이 아니라고 생각하기가 쉽지만, 요한계시록은 우리가 그렇게 순진한 생각을 하는 것을 허락하지 않는다. 요한계시록은 물품의 매매와 관련된 직업이나 일상 관행에도 의문을 제기한다. 매매와 관련된 일이 직간접으로 부자는 더 살찌우고 가난한 자들을 착취하는 일인가? 그 일이 이 땅이나 다른 사람들에게 해를 끼치는가? 그렇다면, 그 일은 요한계시록 18장이 다루는 대상이다. 교회도 그런 수입이 어디서 생기고 또 그런 수입을 어떤 방법을 통해 얻는지 꼼꼼하게 살펴봐야 한다. 그 수입을 얻는 원천과 방법이

벼룩시장이나 입찰 경매나 패션쇼처럼 그 지역에서 "돈을 벌어들이는" 기술인지, 아니면 투자처럼 더 큰 것인지 꼼꼼하게 살펴봐야 한다.

또 요한계시록 18장은 우리가 번 돈을 어떻게 쓰는가와 관련된 문제들도 제기한다. 요한계시록 18장이 심판하는 경제처럼, 이 시대의 많은 경제 체제들이 정욕(물욕과 성욕)과 지배와 착취, 심지어 인신 매매(참고. 계 18:13)를 그 기반으로 삼고 있다. 우리는 늘 다다익선을 추구하며 성姓을 사고파는 경제(체제) 속에서 살 수도 있고, 가난한 자들을 착취하거나 심지어 사고파는 경제를 지지하는 어리석음을 범할 수도 있다. 그런가 하면 원근遠近 각처에 경제 부조리가 존재하는데도 나 몰라라 하며 눈을 감을 수도 있다.

오늘 서구 세계에서 우리 개인, 우리 가정, 우리 교회를 형성하는 것은 복음의 본질에 어긋나는 소비만능주의, 하나님과 인간을 거스르는 가치들이다. 우리가 따르는 소비 방식은 가진 것이 가장 적은 자들, 가장 뒤처진 자들, 잃어버린 자들을 이롭게 하는가? 우리가 따르는 소비 방식은 정의를 드높이고 나라들을 치료하는가? 우리가 따르는 소비 방식은 하나님과 어린 양이 다스리신다는 우리의 믿음을 그대로 드러내는가? 아니면 우리가 따르는 소비 방식은 바벨론의 가치와 관행을, 하나님을 모르는 이들의 가치와 관행을 드러내는가? 요한계시록 18장은 우리가 이런 문제들을 깊이 생각하고, 이런 문제들과 관련하여 분명히 그리스도인다운, 아니 철저히 그리스도인다운 일을 행하라고 독려한다.

여기서 주목해야 할 것은 심판이 이 도시(바벨론)에 임하지만, 이 도시만이 심판의 대상이 아니라는 것이다. "이 땅의 왕들"(17:12, 18; 18:3, 9), 나라들(18:2), 그리고 상인들(18:3, 11, 15)도 심판을 받는다. 이들은 바벨론과 더불어 상거래를 탄식거리로 만들어버렸다. 또 바벨론과 협력하면서 그 덕을 보았던 지배층도 심판을 받는다(6:15-17; 아울러 17:1-6; 18:1-3, 9-13을 보라). 성경에 나오는 다른 모든 선지자처럼, 보는 자 요한도 불의에 따른 책임을 모든 나라에 묻는다.

심판 환상을 꼼꼼히 그리고 신학적으로 해석하기

이제까지 우리는 요한계시록이 분명하게 묘사하긴 하지만 아주 상세히 묘사하지는 않은 바벨론에 대한 심판을 신학적인 차원에서 설명해 보았다. 그러나 요한계시록의 심판 장면들과 관련된 더 큰 문제, 특히 이런 장면들에 나오는 폭력과 파괴 문제는 설명이 되지 않은 채 그대로 남아 있다. 물론 이런 심판 장면들은 요한계시록이 제시하는 비판의 주요 원천이 되어왔다. "요한계시록에는 파괴가 그야말로 엄청나게 많다. 요한계시록은 즐거움을 단념했다."[26]

십중팔구는 이런 심정에 공감하는 독자들이 많을 것이다. 그렇다면 우리는 이런 환상들을 어떻게 설명해야 할까?

신약 신학자인 워렌 카터는 요한계시록이 말하는 심판 환상을 "상상에서나 있을 폭력"이요 "맹렬한 복수가 계속 이어지는 판타지"로 묘사한다.[27] 동의하는 이들이 많을 것이다. 하지만 카터는 요한계시록이 히브리 성경(구약 성경)과 예수의 가르침에 담겨 있는 심판 전승들을

---

26. Lawrence, *Apocalypse*, 135.
27. Carter, *Roman Empire*, 124.

인용하고 있다는 사실을 우리에게 올바로 일러줄 뿐 아니라, 요한계시록이 폭력을 여러 가지 방법으로 완화시키고 있음도 지적한다. 그는 (요한계시록에서는) "하나님의 무자비한 복수보다 훨씬 더 많은 일이 일어난다"고 써놓았다.[28] 특히 카터는 얼핏 보면 요한계시록이 복수심에 불타 휘두르는 폭력만을 이야기하지만, 이런 폭력을 완화시키는 일곱 가지 중요한 요소가 있다고 말한다.[29]

1. 위에서 말했지만, "제국은 몰락을 자초한다." 이는 비단 복수뿐 아니라 정의가 작동한다는 것을 뜻한다.
2. 일곱 나팔을 보면, 자비가 "파멸을 누그러뜨린다." 파멸은 전부가 아닌 부분적인 파멸이며, 회개하도록 만드는 데 그 목적이 있다.
3. 우리는 죽임을 당하셨다가 하나님이 일으키신(다시 살리신) 어린 양 —그 자신이 제국의 폭력에 희생당하셨다—의 모습에서 생명을 주고, 폭력을 쓰지 않고, 로마에 맞섬으로 승리를 얻으신 하나님의 방법을 본다.
4. 어린 양이 거둔 최종 승리는 군사적인 행동이 아니라, 다른 이를 죽이기는커녕 도리어 다른 이들을 위하여 죽은 이로부터 나온 "계시와 설득과 심판의" 말씀이라는 형태로 다가온다.
5. 하나님의 심판은 사람들이 회개를 거부할 때에 비로소 다가온다.
6. "요한계시록을 아우르는 강령은 구원이지, 복수심에 불탄 파괴가 아

---

28. Ibid.
29. Ibid., 124-128.

닌 것 같다."

7. 하나님의 백성은 제국을 폭력으로 뒤엎는 게 아니라, 비폭력과 신실한 삶으로 제국에 맞서라는 소명을 받았다.

이제 우리는 카터가 하나님의 심판이 요한계시록의 상징 세계와 내러티브의 세계 안에서 하는 역할을 놓고 제시한 중요한 통찰을 일부 바탕으로 삼아, 하나님의 심판이 요한계시록에서 가지는 의미 및 기능과 관련된 몇 가지 신학적 시각을 추가로 제시해볼 수 있겠다.

요한계시록과 성경 전반이 제시하는 증언에 따르면, 구원처럼 세상 심판도 전적으로 하나님과 어린 양이 책임지실 일이요 또 특권이다. 말하자면 세상을 심판할 힘은 하나님과 어린 양만이 가지신 "전속 권한" 중 하나다. 그것은 사람이, 교회 안팎을 불문하고, 이 땅에서 살아가는 동안에 행해야 할 사명이 **아니다**. 인간이 역사 속에서 해야 할 역할은— 적어도 하나님 백성인 자들이 해야 할 역할은—선지자처럼 이런 심판이 있을 것을 선포하는 것이지, 결코 이런 심판을 집행하는 것이 아니다.[30]

그런데 역설 같지만, 역사에서는 이런 하나님의 심판이 세속의 인간 대리인, 곧 하나님 백성이 아닌 세력을 통해 나타날 수도 있다. 이는 요한계시록을 형성한 구약 성경에서도 확실히 증언한다. 구약 성경의 어떤 책은 진짜 바벨론 제국을 아예 그런 심판 대리인으로 생각하기도 한다. 하나님이 행하시는 심판이 인간 대리인, 그중에서도 특별히 의롭지

---

30. 나는 인간이 심판에서 행하는 역할(이 없음)을 논의할 때 한정하는 수식어("이 땅에서 살아가는 동안에", "역사에서는")를 사용했다. 성경에는 하나님의 "거룩한 백성"이 종말에 있을 심판에 참여한다고 일러주는 본문들이 있기 때문이다.

않은 자들을 통해 나타나는 이유는 악이 본디 자기를 파괴하는 특성을 가졌다는 사실, 그리고 악이라는 존재 자체가 다양한 방법으로 다른 이들을 꾀어 자신이 행하는 파괴에 참여케 한다는 사실 때문이기도 하다.

또 심판은 우주를 포괄하는 사건들로 나타날 수도 있으며, 적어도 이런 사건들이 이 심판을 상징하기도 한다. 물론 묵시 문학은 보통 이런 사건들로 하나님의 심판을 묘사하며, 특별히 요한계시록이 그러하다. 그러나 이런 묵시에 나오는 숫자, 색깔, 그리고 여러 가지 상징들처럼, 우주적 차원에서 나타나는 징조는 진짜 그대로 일어날 사건이라기보다 인간의 악이 만들어내는 고통과 불안을 상징하는 것으로 이해해야 한다. 따라서 인간의 탐욕과 불의와 세상에 있는 자원의 남용이 우주 전체에 고통과 불안을 안겨주는 한, 오늘날 우리에게 다가온 생태계 위기를 하나님의 심판으로 여겨도 무리는 아니다. 이런 심판은 하나님이 행하시는 **간접**indirect 심판이라 불러도 되겠다.

반면 세상에서 일어나는 모든 지진이나 쓰나미나 전염병을 하나님이 심판을 행하심으로 해석하는 것은 무책임한 신학 논리다. 그것은 적어도 두 가지 근본적인 이유 때문이다. 첫째, 그런 식으로 해석하는 것은 상징이요 묵시인 언어를 다시금 문자 그대로 잘못 해석하는 일이기 때문이다. 둘째, 이 이유가 더 중요한데, 특정한 재해를 하나님이 일부러 쏟아내신 진노요 심판으로 해석하는 것은 결국 하나님의 마음을 속속들이 안다는 주장과 다를 게 없으며, 이는 우상 숭배까지는 아닐지언정 오만하기 이를 데 없는 행위여서 믿을 수가 없다. 하나님은—특별히 하나님이 영으로 감동하신 성경의 선지자들과 선견자들을 제외하면—어느 인간에게도 당신만이 가진 권한이신 심판을 어떻게 행하실지, 당신 마음속 생각을 일러주시지 않았다.

이 때문에 우리는 요한계시록이 심판 환상을 전할 때 사용한 상징 언어를, 말하자면 요한계시록에서 계시를 전달할 때 쓴 방법을 더 자세히 살펴봐야 한다. 죽음과 파괴를 나타내는 언어와 이미지는—비록 어렵기는 해도 우리가 이해할 수 있는 관용어로 표현하자면—**하나님이 악을 뿌리째 뽑으실 때 쓰신 수단이라기보다** 하나님이 마지막에 악을 뿌리째 뽑으시는 일이 지닌 **보편성**과 **최종성**을 상징한다. 하나님은 말씀으로 모든 만물을 창조하여 존재하게 하신 전능자이시므로, 악을 그치게 하는데 굳이 폭력을 동원하실 필요가 없다.[31] 사실, 하나님이 행하시든 아니면 하나님이 인정하시는 어떤 우주적 차원의 힘이 행하든 아니면 사람이 행하든, 실제로 "세상에서 악을 제거"하려면 그 누구라도 진짜로 폭력을 사용하여 악을 파괴해야 한다는 생각은—아무리 진지한 생각이라도—엉터리 생각이다. 도리어 요한계시록은 하나님이 말씀 자체가 행동인 말씀으로with a divine performative utterance, 곧 만물을 창조하여 존재하게 하실 때 하셨던 말씀처럼 일정한 결과를 만들어내는 말씀으로 **실제** 행하시는 일들을 **상징**으로 묘사한 것으로 이해해야 한다. 하나님이 하시는 말씀은 **새** 창조의 말씀이다. 요한계시록의 상징 언어는 인간이 이미 아는 종류의 실재를 사용하여 하나님이 종말에 악을 처리하시는 일이 지닌 보편성과 최종성을 얼추 비슷하게 묘사한다. 그렇다면 인간이 경험한 것 중, 깡그리 멸절(철저한 파괴)되는 것보다 더 포괄성과 영속성을 지닌 것이 무엇이 있을까?

---

31. 우리가 악을 선의 결핍으로 이해하든 혹은 악한 힘의 존재로 이해하든, 이 말은 참이다.

현대에 온 세상이 완전히 파괴된 이미지를 생각하려면 히로시마의 광경을 연상할 수 있겠다. 그러나 만일 이 시대 저술가가 그 버섯구름[32]을 하나님의 심판을 나타내는 상징으로 사용한다면, 우리는 정녕 하나님이 하나님의 심판을 행하시고 악을 뿌리째 뽑아버리시고자 정말로 사람들을 부추겨 핵전쟁을 일으키실 것이라고 믿어야 할까? 결코 그렇지 않다. 그 광경은 하나님이 악을 심판하심이 가져올 **결과**를 보여주는 것이지, 심판의 **방법**을 보여주는 게 아니다.

요한계시록이 말하는 심판 언어는 하나님이 말씀으로 악을 효과 있게 소멸하신다는 것을 상징한다. 이런 진리를 가장 예리하게 상징하는 것이 승리하신 예수의 모습을 보여주는 환상이 아닐까 싶다. 그는 하나님의 말씀으로서 흰 말을 타고 계시며, 그 입에서는 칼이 나온다(19:11-16, 21).[33] 이것은 곧 하나님의 심판을 드러내는, 능력 있는 말씀—하나님과 어린 양의 진노—에는 진짜 칼이 필요하지 않으며, 이런 하나님의 심판은 진짜 칼로 이룰 수 없음을 상징한다. 더욱이 이 예수는 피에 젖은—그것도 당신의 피로 물든—옷을 입고 오신다(19:13). 그는 이미 전투를 치르셨고 당신의 죽음으로 그 전투에서 승리하셨기 때문이다. 예수가 행하시는 심판은 그의 말씀이다. 이는 구원을 가져오는 자신의 죽음의 효과가 만물을 새롭게 하시는 하나님의 일을 통해 완전히 이루어지게 하려 하기 때문이다.

마지막으로 요한계시록에서 하나님의 심판은 심판 자체가 목적이

---

32. 원자폭탄이 만들어낸 버섯 모양의 구름을 말한다—역주.
33. 이 장면은 요한계시록 1장과 2장에서 두 번 등장하는 비슷한 이미지를 떠올려준다(1:16; 2:26).

아니다. 심판은 인간이 회개하지 않고 끝까지 악을 고집할 때 하나님이 행하실 "두 번째 방안"Plan B이다. 따라서 하나님의 심판은 모든 나라를 치료하시고, 모든 백성이 하나님 앞에서 서로 어울려 번성할 공간을 만드시려는 하나님의 계획을 이루는 수단이다. 이 수단은 분명 필요하긴 하지만, 여전히 수단에 불과하다. 그 공간은 새 하늘과 새 땅이다. 새 하늘과 새 땅이 우리가 체험하는 인류 역사와 가장 다른 점은 그 어디에서도 악을 발견할 수 없다는 것이다. 실제로 하나님은 새 하늘과 새 땅에 악이 존재하는 것을 용납하시지 않으실 것이다. 정녕 하나님은 만물을 새롭게 하심으로 악을 영원히 뿌리 뽑으실 것이다. 따라서 악을 행하는 자들은 회개하고 만물을 새롭게 하는 일에 동참해야 하며, 그렇지 않을 때는 그 새 하늘과 새 땅으로부터 쫓겨날 수밖에 없다. 동참할 거냐 아니면 쫓겨날 거냐는 오로지 그들이 결정할 일이다. 브루스 메츠거는 14:1-20을 다음과 같이 슬기롭게 주석해놓았다.

진노와 지옥을 묘사한 이 장면은 그리스도 안에서 나타난 하나님의 사랑을 끝까지 거부한 이들이 겪는 고통이, 스스로 자초한 고통이요 그들 자신이 영원히 이어지게 만든 고통이라는 무시무시한 진리를 아무런 가감 없이 그대로 보여준다. 결국은 그들이 영원히 하나님의 사랑을 거부한다 해도 하나님은 결코 그들의 인격을 침해하시지 않는다는 결과가 벌어질 뿐이다. 우리는 어떤 영혼이 실제로 하나님을 영원히 거부할지 말할 수 없다.[34]

---

34. Metzger, *Breaking the Code*, 79.

하나님의 심판이 목적이라기보다 수단이라고 말한다는 것은, 곧 하나님의 심판이 애초부터 하나님의 **능력**이 아니라 하나님의 **끈질김**과 관련이 있음을 깨닫는다는 말이다. 아니면 하나님의 심판은 **하나님의 선교**와 관련이 있다고 말할 수도 있겠다. 어떤 것도 세계를 해방하고 구원하고 구속하려는 하나님의 목적을 가로막지 못하며 또 가로막을 엄두도 내지 못한다.[35] 하나님이 행하시는 축출(쫓아냄)[36]이라고 불러도 될 법한 심판은 그런 목적에 기여하며, 하나님과 어린 양의 선교를 최종 목적지로 인도하는 불행한 수단이 아니라 필요한 수단으로—자유의지가 실제로 존재한다 할 때 선교는 필요하다—보존해준다.

심판은 목적이 아니라 수단이기 때문에, 하나님의 심판 역시 사람들을 회개케 하는 것이 그 목적이다. 심판에도 자비가 들어 있다. 하나님은 악을 저지르는 이들과 신실치 않은 자들이 회개하는 것을 즐기신다. 그것이 곧 교회에 분명히 전하는 메시지요(2:5, 16, 21-22; 3:3, 19), 심판 환상이 은연중에 권면하는 내용이다. 물론 이런 메시지나 자비가 성공할지는 아직 분명하지 않다(9:20-21; 16:9, 11).

위와 같은 의견에 반대하면서, 요한계시록은 악을 행하는 자들을 심판하고 결국은 악을 모두 쓸어버리는 것을—아울러 역사 흐름 속에 자리한 지금 이때는 물론이요 마지막 심판이 있을 미래 어느 시점에도

---

35. 참고. Reddish, *Revelation*, 318: "요한계시록에 나오는 여러 재앙은, 요한이 그림처럼 생생한 장면을 통해 하나님이 피조물을 포기하시지 않았고 또 이 피조물에 뿌리내린 고통과 고난과 악을 무시하지도 않으셨음을 이야기하는 방법이다."
36. 미로슬라브 볼프는 그가 쓴 탁월한 책 『배제와 포용』(*Exclusion & Embrace*)에서 어떤 이를 다시 공동체의 구성원으로 만들 수단을 다 써버린 뒤에도 그가 공동체로 돌아오지 않을 때는 결국 그를 배제할 수밖에 없다고 말한다. 하나님의 경우에도 같은 말을 할 수 있다.

최소한 일정 부분은 사람들을 시켜 그런 심판 작업과 악을 쓸어버리는 일을 하시는 것을—하나님과 어린 양이 하실 일로 묘사한다고 주장하는 이들이 있을지도 모르겠다. 이런 생각을 품은 사람들은 "세상에서 악을 제거"하려고 한다. 예를 들어 요한계시록 14:14-20과 19:11-20을 일부 바탕으로 삼았던 "공화국 승전가勝戰歌"The Battle Hymn of the Republic[37]도 똑같이 이런 해석을 담고 있다. "내 눈이 주가 오심의 영광을 보았으니 / 그가 [이제/이미] 진노의 포도를 밟아 포도주를 내시며 / 무섭고 빠른 검처럼 죽음의 번개를 내신다."

그러나 요한계시록을 관찰하고 얻은 한 가지 중요한 결과는 이런 해석을 지지하지 않는다. 요한계시록에는 이런 "마지막 전투"를 준비하는 경우가 적어도 다섯 번 나온다. 그 가운데 마지막 경우가 그리스도가 흰 말을 타고 싸우시는 것인데, (그리스도의 원수들이 흘린 피가 아니라) 그리스도 자신이 흘리신 피가 두드러진다. 하지만 다른 모든 전투와 마찬가지로 이 전투에서도 **실제 싸움은 벌어지지 않는다!** 위에서 언급했듯이, 우리는 하나님을 대적하는 원수들이 당할 운명을 알지만, 이것은 단순히 전투 개요나 전상자 보고서가 아니다(가령 계 19:20-21). 다시 한 번 말하지만, 요한계시록은 종말에 실제로 전투가 벌어진다는 말을 하지 않는다. 왜 그럴까? 전투를 묘사하는 이미지들은 하나님이 악을 격파하시리라는 것을 **약속**하고 또 이 격파가 **사실**임을 일러줄 요량으로 우리에게 제시한 것이지, 실제로 하나님이 악을 격파할 때 사용

---

37. 미국 시인이요 노예제 폐지 운동가였던 줄리아 하우(Julia Ward Howe, 1819-1910)가 1861년에 쓴 곡으로 미국 남북 전쟁을 종말에 있을 심판으로 보았다. 북군이 부른 군가였다고 한다—역주.

하시는 **수단**이 아니기 때문이다. (『레프트 비하인드』 시리즈가 생각하는 것처럼) 어린 양이 재림하실 때 어린 양과 함께한 자들이 동참하는 진짜 전투, 진짜 전쟁은 없다. 그리스도인인지의 여부를 떠나 인간 군인들이 그리스도가 강림하시기 전에 하나님을 대신하여 군사 작전을 펼치는 일도 없다. "대격변을 가져올 요한계시록 19장의 전투에서 하늘 군대가 하는 일은 무엇인가? **아무것도 없다.** 모든 행동은 그리스도가 하신다."[38] 그리스도가 가지신 무기는 오로지 그의 말씀이라는 "칼"뿐이다.

요한계시록을 다르게 읽는 것—가령 초강대국이 주동이 되어 악으로 간주되는 사람들과 체제를 상대로 벌이는 전쟁에 정당성을 제공하는 책으로 읽는 것—은 단순히 평화를 추구하는 그리스도인들의 감성을 침해하는 신학적 결단을 내린 게 아니다. 오히려 그렇게 읽어내는 것은 요한계시록의 상징과 구조를 완전히 잘못 읽은 것이다. 맞다. 죽임 당하신 어린 양은 하나님을 대신하여 싸우시고 하나님을 대신하여 세상에서 악을 제거하신다. 그러나 그는 당신 자신이 흘리신 피와 당신 입에서 나오는 칼로 그런 일을 하시지(19:15), 말 그대로 당신 원수들의 피가 흐르는 칼을 자신의 손에 쥐고서 그런 일을 하시지 않는다.

교회가 고결함을 지키고 증인 역할을 제대로 하는가는 이런 진리를 현실에서 실천하는가에도 일부 달려 있다. 어린 양이 하시는 전쟁은 인간이 유구한 세월 동안 싸워왔던 그런 유의 전쟁이 아니다.

---

38. Koester, *Revelation and the End of All Things*, 177(강조 표시는 이 책 저자가 덧붙인 것).

정의를 찾는 부르짖음 그리고 하나님의 심판을 송축함

이번 장을 마무리하기 전에 마지막으로 한 가지 문제를 더 짚어봐야 한다. 요한계시록에는 많은 이들을 아주 곤혹스럽게 하면서 서로 긴밀한 연관성을 지닌 두 요소가 있다. 하나님의 심판과 정의를 찾는 부르짖음, 그리고 바로 이런 심판이 일어났을 때 이 심판을 송축하는 음성이 그것이다. 다음과 같은 본문들은 요한계시록이 지닌 이런 차원들을 우리에게 보여준다.

> 그가 다섯 째 인을 떼실 때, 나는 제단 아래에서 하나님의 말씀과 그들이 한 증언 때문에 죽임을 당한 이들의 영혼을 보았다. 그들이 큰 소리로 외치되, "거룩하고 참되신 주권자 주님이여, 당신이 심판하사 땅에 거하는 자들에게 우리 피를 갚아주실 때까지 얼마나 기다리리까?" 그들은 각자 흰옷을 받고 그들의 벗인 종들과 그들의 형제자매들, 곧 그들 자신이 죽임을 당한 것처럼 곧 죽임을 당할 이들의 수가 다 찰 때까지 좀 더 쉬라는 말씀을 들었다(계 6:9-11).

> "오, 하늘과 너희 성도들과 사도들과 선지자들아, 그[무너진 바벨론] 때문에 즐거워하자! 이는 하나님이 너희를 위하여 그를 심판하셨기 때문이다."…이 일 후에 내가 하늘에서 큰 무리의 큰 음성 같은 것을 들었는데, "할렐루야! 구원과 영광과 능력이 우리 하나님께 있으니, 이는 그의 심판이 참되고 의롭기 때문이요, 그가 음행으로 땅을 더럽힌 큰 창녀를 심판하시고 그 종들이 흘린 피를 그에게 갚으셨기 때문이다"라고 말했

다. 한 번 더 그들이 "할렐루야! 연기가 그로부터 영원무궁토록 올라갔다"라고 말했다. 또 이십사 장로와 네 생물이 엎드려 보좌에 앉으신 하나님께 예배하며 "아멘, 할렐루야!"라고 말했다(계 18:20; 19:1-4).

"얼마나 기다려야 하나?" 하는 심정은 인간이 불의에 대해 보이는 자연스러운 반응—"오랜 역사를 지닌 물음"[39]—이다. 뿐만 아니라 성경, 특히 시편에 그 선례가 있다(가령 13:1-2; 74:9-10; 94:3; 119:84을 보라). 그럼에도 불구하고 이는 복수심이 가득한 모습으로 비쳐진다. 특히 천사의 음성이 이끌어낸 것이 확실한 "할렐루야"(19:1)는 심판을 즐기는 말처럼 들린다. 과연 이런 과격한 질문이나 심판을 즐기는 말이 그리스도를 닮은 신실한 교회에 어울리는 표지일 수 있을까? 이 문제에 답하고자, 세 가지 관찰 결과를 차례로 제시해보겠다.

첫째, 여기서 표현하는 정서는 인간이 일반적으로 느끼는 정서를 표현한 것이지만, 동시에 그보다 더 밑바닥에 자리한 정서, 곧 "정의를 우리 손 안에 담아 쥐려는" 정서에 대한 대안으로서 카타르시스를 만들어내고 하나님을 중심으로 삼는God-centered 정서를 표현한 것으로 봐야 한다. 여기서 정의를 찾는 부르짖음은 "그 부르짖음에 딱 어울리는 맥락인 예배 행위 속에 자리해 있다."[40] 성도들은 예배하면서 우선 분노를 표현하고 이어 감사를 표현한다. 그들은 이를 통해 요한계시록이 천명하는 신학과 윤리의 기본 입장을 강조한다. 즉 교회가 할 역할은 하

---

39. Peterson, *Reversed Thunder*, 136.
40. Ibid., 144.

나님의 정의가 이뤄지길 기도하고 이 정의를 증언하는 것이지, 불의에 맞서 무기를 드는 것이 아니다. 하지만 이것은 행동을 하지 않음과 같은 말이 **아닐** 뿐더러, 냉담함은 더더욱 아니다. 실제로 이것은 자신들이 자리한 이 본문 속에서 지금 말하고 있는 이들―순교를 통해 천국에 들어간 이들―이 취한 행동이다.

둘째, 이 본문들은 사실 복수해달라는 부르짖음도 아니요, 복수에 환호하는 말도 아니다. 복수는 자기중심적self-centered이다. "받은 만큼 갚아주겠다"가 복수다. 그러나 이 본문들은 하나님과 다른 이들, 특히 제국노릇을 하는 이들이 저지르는 불의 때문에 결국 큰 해를 입은 세계에 초점을 맞춘다. 특별히 이와 관련이 있는 본문이 18장에서 기뻐하라는 천사의 권면에 이어 등장하는 본문이다.

> 그러자 한 힘 센 천사가 큰 맷돌 같은 돌을 들어 바다 속에 던지며 말하기를, "큰 성 바벨론이 이처럼 사정없이 내던져져, 더 이상 보이지 않으리라.…이는 네 상인들이 땅의 권력자들이기 때문이요, **모든 나라가 네 마술에 속아 넘어갔기 때문이다.** 또 네 안에서 선지자들과 성도들, **그리고 땅에서 죽임을 당한 모든 이의 피가 발견되었기 때문이다**"(계 18:21-24, 굵은 글씨는 저자 강조).

여기서 볼 수 있듯이, 천사가 바벨론을 기소한 이유는 바벨론이 선지자들과 성도들을 죽였기 때문이자, "모든 나라"를 속이고 선지자와 성도가 **아닌** 이들을 많이 "죽였기" 때문이다. 다시 말해 하나님의 백성을 죽인 것은 바벨론이 더 크게는 온 세상에서 저지르는 온갖 불의 중 단지 한 토막에 불과하다. 실제로 이 선지자들과 성도들은 하나님의 정의를 옹호하고 바벨론이 폭넓게 저지르는 불의에 **맞서** 증언하다가 바벨론에게 죽임을 당했을 가능성이 높다. 그렇다면 하나님이 자신의 백성을 죽인 자들을 심판해주시길 바라는 소원과, 하나님이 그들을 심판하심을 송축하는 밑바탕에는 본디 다른 사람이 부당한 대우를 받는 것을 걱정하는 마음과 하나님의 뜻이 이 땅에서 이루어지기—"모든 나라가 치료를 받음"(계 22:2)—를 간구하는 깊은 소망이 깔려 있는 셈이다.

하지만 이 본문들이 말하고자 하는 것은 하나님의 정의와 성실하심이다. 요한계시록 6:10을 보면 순교자들이 하나님을 "거룩하고 참되신 분"이라고 부른다. 성경에서 말하는 "참되다"의 의미대로 하나님이 참되신 분이라면, 하나님은 당신의 거룩하심이 요구하는 정의를 올바로 실행하실 것이다. 불의한 상태가 영원히 이어진다면, 이는 하나님이 참되지도 정의롭지도 않은 분이라는 말이 될 것이다. 성경 전체가 펼쳐 보이는 내러티브 세계에서는 그런 일은 결코 있을 수가 없다.

셋째, 불의를 거의 겪은 적이 없거나 아예 직접 겪지 않은 이들은, 하나님의 정의가 이루어지길 부르짖고 이어 이 정의가 이루어짐을 송축하는 이들을 비판하지 않는 것이 대단히 중요하다. 남아프리카공화국의 목사요 신학자이며 아파르트헤이트에 맞서 행동했던 앨런 부색은, 날마다 평범한 사람들이 "언제까지 기다려야 하는가?"라고 외치며 절규하는 곳에서 살았던 그의 시각으로 요한계시록을 감동 깊게 해석하며 이렇게 써놓았다.

경찰과 군인이 아파르트헤이트와 백인들이 누리는 특권을 지키려고 우리 어린이들을 무자비하게 죽이며, 잔학하고 또 잔학한 행위를 밥 먹듯이 저지르지 않은 곳이 하나도 없었다. 사람들이 이 장례식 저 장례식을 쫓아다니며 법질서에 희생당한 이들이나 정부가 뒤를 봐주는 살인 부대가 죽인 이들을 묻을 때면, "주여, 언제까지 기다려야 합니까?"라는 절규가 끝없이 하늘로 올라갔다.[41]

우리 중 일부 사람들은 억눌리는 이들의 부르짖음을 이상하게 여기지 말고, 불의한 현실들, 특히 우리 시대의 바벨론이 저지르는 불의한 현실들을 더 처절하게 느껴야 한다. 이에 대해 넬슨 크레이빌은 정의를 갈구하는 요한계시록의 강하고 처절한 절규를 주석하며 다음과 같이 써놓았다.

오늘날 서구 교회에게는 어쩌면 더 적은 분노가 아니라 더 많은 분노가 필요하다 싶다. 우리는 요한계시록으로부터 충격을 받아 잠에서 깨어나고 우리 눈을 떠서 오늘날 세계화와 제국 안에 널리 퍼져 있는 우상숭배와 불의를 봐야만 한다. 예를 들어 사람들이 굶어죽거나, 미리 막을 수 있는 병으로 죽어가는 데도 나라마다 무기와 유흥에 엄청난 돈을 쏟아 붓는 세계는 뭔가 짐승 같은 것이 활동하는 곳이다.[42]

---

41. Boesak, *Comfort and Protest*, 69-70.
42. Kraybill, *Apocalypse and Allegiance*, 137.

마지막 승리

심판 환상들과 (상징인) 파괴를 진노하신 하나님이 하신 일이자/일이거
나 분노한 사람들이 질러대는 성난 소리로 읽어내는 것이 그럴싸해 보
인다. 지금까지 많은 이들이 이런 유혹을 이겨내지 못했다. 그러나 우
리가 이미 논증했듯이, 결국 요한계시록은 하나님을 통제가 불가능할
정도로 진노하시는 분이 아니라 냉혹하다 할 만큼 정의로우신 분으로
묘사한다. 하나님은 피조물과 모든 인류와 교회에 신실함을 다하신다.
이 때문에 하나님은 "바벨론"이라 하는, 거룩하지 않은 삼위일체가 상
징하는 악과 제국과 이들이 쏟아내는 거짓에 맞서 자신의 전쟁을 치르
신다. 이 거룩하지 않은 삼총사의 멤버들은 하나님이 베푸시는 자비를
끝끝내 거부하는 이들인 죽음과 음부(하데스) 자체와 더불어(20:10, 14-
15), 그들이 맞이할 최후의 운명을 맞이한다. 다시 말해 하나님이 이기
신다. "이루었다!"(16:17; 21:6). 어린 양의 죽음과 부활로 시작한 새 창
조는 이제 다 이루어질 수 있다. "이루었다"는 말은 "자, 이제 시작하자!
내가 만물을 새롭게 하겠다!"는 뜻이기도 하다. 교회는 오랫동안 갈구
해왔던 승리를 만끽한다. 바벨론을 심판했다는 것은 곧 온 세상이 구원
받았다는 뜻이기 때문이다.

1. 이번 장을 읽으면서 하나님의 심판과 요한계시록에 대한 새로운 관점을 얻었다면 어떤 것이 있을까요? 이번 장에서 말하는 내용 가운데 동의하지 않는 부분이 있나요?

2. 하나님의 심판 그리고/또는 요한계시록에 나온 심판 장면들과 관련하여 여전히 남아 있는 의문이나 염려가 있다면 무엇인가요?

3. 교회가 "바벨론을 따르는" 직업들과 다른 경제 활동을 문제 삼고 그 문제를 다루어 간다면, 과연 어떤 식으로 문제를 제기하고 그 문제를 다루어갈 수 있을까요? 또 불의에 냉담한 태도를 문제 삼는다면 어떤 식으로 문제를 제기하고 그 문제를 다루어갈 수 있을까요?

4. 하나님이 악을 처리하지 않으셔도 하나님은 의로우신 분일까요? 그래도 하나님이 하나님이실까요?

9장 마지막 환상, 소망이 모두 이뤄지다
새 하늘, 새 땅, 새 도시(요한계시록 21-22장)
Final Vision, Hope Fullfilled: New Heaven, New Earth, New City

요한계시록 21-22장보다 요한계시록에—실은 신약 성경 전체와 성경 전체에—더 어울리는 결론을 생각해내기는 힘들 것 같다. 21-22장의 삼중적인 종착지 역할은 요한계시록만이 독특하게 보여주는 것이다.

요한계시록의 마지막 두 장은 요한계시록 첫 장과 긴밀한 평행 관계에 있다. 프롤로그(1:1-6)와 에필로그(22:6-21)는 묵시와 예언과 서신과 예전禮典과 신정神政이라는 성격을 띠고서 요한계시록이라는 책 양 끝을 받치는 북엔드bookend다. 마찬가지로 도시에 자리한 일곱 교회 사이에 계시는 장엄하신 그리스도를 보여주는 요한계시록 첫머리 환상(1:9-20)은 하나님과 어린 양이 새 도시 안에 계실 것을 미리 보여준다(21:1-22:5). 오시리라고 약속하셨던 그분이 실제로 오셨다.[1] 또 요한계시록 2-3장이 교회에게 주신 약속들로 제시한 것과, 7장이 순교자들에게 주신 약속들로 제시한 것—21-22장에서 끌어온 약속들—은 새 예

---

1. 물론 실제 역사에서는, 오시리라 약속하신 이가 오실 일이 여전히 미래이지만, 내러티브가 환상들을 이야기한 순서를 따라 이렇게 적어보았다. "오시옵소서, 주 예수여"(22:20)라는 기도가 나오는 것도 오시리라 약속하신 이가 오실 일이 미래이기 때문이다.

루살렘에서 성취되었다. 어린 양이 걸어가신 길(그리고 그 어린 양을 따르는 이들이 걸어간 길)은 옳다고 인정을 받으나, 짐승이 걸어간 길(그리고 그 짐승을 따르는 이들이 걸어간 길)은 저주를 받았다. 더욱이 거룩하지 않은 삼총사, 즉 사탄과 바다로부터 나온 짐승과 땅에서 나온 짐승은 그들이 신神이라는 이름으로 사람들에게 끝없이 저질렀던 우상 숭배 및 악과 더불어 격파당하고 말았다. 창기 바벨론—영원한 제국, 영원한 로마를 가리키는 듯한—은 사라지고, 어린 양의 신부요 실제로 영원히 이어질 새 예루살렘이 대신 들어선다.

신약 성경의 정점으로서 요한계시록 21-22장은, 나사렛 사람 예수 안에서 나타나신 하나님이 이제는 인류 가운데 영원히 거하시는 하나님과 어린 양으로서 영원무궁토록 다시 나타나신다는 것을 보여준다. 예수의 오심과 삶과 죽음과 부활에서 시작한—그리고 신약 성경 전체가 이야기하는—하나님의 통치가 완전히 이루어지며, 이를 상징하는 것이 하나님과 어린 양의 보좌다.

창세기와 요한계시록은 성경을 양끝에서 받쳐주는 두 북엔드로서 정경의 알파와 오메가를 이룬다. 창조와 함께 시작했던 장엄한 내러티브는 이제 선지자들이 줄기차게 약속했던 새 창조에 이르러 막을 내린다. 사람이 불순종하는 바람에 저주와 죽음의 원천이 되었던 첫 동산은 이제 도시에 자리한 정원이 되었다. 이 정원에서 수천 년을 이어온 인류 문명이 완성되고, 모든 나라가 마침내 평화로이 살게 되며, 복과 생명이 처음에 주어졌던 저주와 죽음을 대신한다. 이에는 "할렐루야!"만이 합당한 반응이다.

마지막 환상의 몇 가지 요점

놀랍기만 한 요한계시록의 마지막 환상(21:1-22:5)에는 성경에 나온 여러 가지 이미지와 암시가 가득하다. 이 환상은 이를 읽는 이들에게, 인간이 하나님 앞에 번성을 누리며 참된 고침을 받고 생명을 받아 누리는 생생한 느낌은 물론이요, 그 장엄함과 아름다움과 방대함을 깊이 새겨준다.[2] 이 환상은 유대 전승에서 소망을 이야기하는 가장 위대한 몇몇 본문, 그중에서도 이사야서 뒷부분에서 많이 발견할 수 있는 본문(특히 이사야 54, 60, 65-66장에 있는 본문)을 인용할 뿐 아니라, 새 성전을 향한 소망을 제시한 에스겔 40-48장을 포함하여 성전과 제사장들을 다룬 본문들이 제시한 여러 이미지를 인용한다.

새 창조에 대한 약속이 담긴 가장 유명한 본문은 이사야 65장과 66장이다(참고. 사 43:18-19).

내가 새 하늘과 새 땅을 창조하리니, 앞에 있던 것들은 기억나거나 생각나지 아니하리라. 그러나 너희는 내가 창조할 것으로 영원히 기뻐하며 즐거워하라. 이는 내가 예루살렘을 즐거움으로 창조하며 그 성 사람들을 기쁨으로 창조할 것이기 때문이라. 나는 예루살렘을 즐거워하고 내 백성을 기뻐하리라. 그 안에서는 더 이상 우는 소리나 고통으로 부르짖는 소리가 들리지 않으리라(사 65:17-19; 참고. 54:11-14).

---

2. "생명"은 21:6, 27; 22:1, 2에 있는 환상이 언급하고 이어 22:14, 17, 19에 있는 에필로그가 언급한다. 성경에서 이를 되울려주는 부분들을 살펴보려면, Howard-Brook and Gwyther, *Unveiling Empire*, 186에 있는 표를 보라.

주께서 말씀하시기를, 내가 지을 새 하늘과 새 땅이 내 앞에 늘 있듯이, 너희 자손과 너희 이름도 늘 있으리라. 주께서 말씀하시기를, 매달 초하루와 매 안식일에는 모든 육신이 내 앞에 나와 예배하리라(사 66:22-23).

요한계시록은 새 예루살렘과 어린 양의 신부인 하나님의 백성, 곧 승리를 거둔 신실한 이들을 동일한 존재로 본다(21:1-10; 22:3-4). 여기에서는 실제 성전 대신 하나님과 어린 양이 **항상 성전이시다**(21:22).

이 새 예루살렘은 요한계시록 17-18장이 우상을 숭배하고 사람들을 억압하는 도시로 묘사한 바벨론, 곧 무너지고 심판받는 바벨론과 완전 상극이다.[3] 새 예루살렘은 "하나님이 로마 제국 대신 내놓으신 대안이다."[4] 물론 로마 제국에 이어 등장한 바벨론의 화신들을 대신하는 대안이기도 하다. 요한계시록이 새 예루살렘을 바벨론에 대한 하나님의 대안으로 묘사하는 한 가지 방법은 바로 새 예루살렘의 크기다. 새 예루살렘은 길이와 폭과 높이가 12,000스타디온(약 2,200킬로미터)인데, 이는 이 도시가 "로마 전체 영토의 크기와 얼추 같은 공간을 가졌음"을 뜻한다. 새 예루살렘은 "요한이 알고 있던 세계를 다 에워싸고도 남을 만큼 크다."[5] 이 새 예루살렘을 사각형으로 묘사한 이유는 십중팔구 고대에 생각하던 완전함, 특히 완벽한 도시를 상징하는 모양이 사각형이었기 때문이다. 실제로 당시 사람들은 바벨론을 사각형이라고 기억했

---

3. 이런 점을 알려주는 비교표를 살펴보려면, Prévost, *How to Read the Apocalypse*, 110을 보라.
4. Carter, *Roman Empire*, 63.
5. Kraybill, *Apocalypse and Allegiance*, 177, 212.

다(헤로도토스, 『역사』, 1.178). 그러나 요한계시록은 한 차원 더 나아가 새 예루살렘을 정육면체로 묘사한다. 이는 지성소가 정육면체이기 때문이요(왕상 6:20), 승리를 거둔 하나님의 자녀들이 왕 같은 제사장들이기 때문이다(계 1:6; 5:10; 20:6).

또 새 예루살렘의 크기는 그곳에 거주하는 이들의 충만함을 나타낸다. 요한계시록의 이 마지막 환상은 요한계시록에서 심판 장면들에 "대응하는 역할"을 하는 일련의 이미지들, 즉 "성경에서 가장 정교한 페이지들 가운데 자리한 보편구원론적 강조점들" 중 정점에 위치한다.[6] 요한계시록은 여러 나라에서 모인 사람들을 보여주는 환상(5:9; 7:9)에서 출발해, 모든 나라가 와서 예배하리라는 약속(15:4)을 거쳐, 구속받은 인류를 보여주는 환상(21:24, 26; 22:2)을 향해 나아간다. 신자들로 이루어진 당대의 공동체는 하나님이 베푸신 구원의 첫 열매이지(14:4), 그 공동체만으로 수확이 다 끝난 것은 아니다.[7]

한 도시를 보여주는 이 마지막 환상에서 정말 충격적인 것은 그 크기나 등장 인물, 등장 요소뿐만 아니라 그 도시에서 사라진 것들이다.

- 혼돈과 악을 상징하는 바다가 없다(21:1).
- 죽음이 없다(21:4; 참고. 계 20:14; 고전 15:26; 사 65:25).

---

6. Prévost, *How to Read the Apocalypse*, 63.

7. 이 말이 곧 요한이 보편구원론자라는 말은 아니다. 이는 21:8, 27; 22:3이 분명하게 일러준다. 그러나 이 본문이 행하는 가장 중요한 수사적 기능은 구원을 제한하는 것이 아니라, 회개를 일으키는 것이다. 따라서 1:7(그리스도 예수가 강림하실 때 "땅에 있는 모든 족속이 애곡하리라")조차 쫓겨나길 원하지 않는데도 영원히 쫓겨나는 이가 있다는 의미일 리가 없다.

- 눈물이나 애통함이나 곡함이 없다(21:4; 참고. 사 25:8; 35:10; 65:19).

- 악하거나 부정하거나 저주받은 것들/사람들이 없다(21:8, 27; 22:3).

- 성전이 없다. "전능하신 하나님과 어린 양이 새 예루살렘의 성전" 이기 때문이다(21:22).

- 해나 달이나 다른 발광체가 없으며 빛도 없다(21:23, 25; 22:5; 참고. 사 60:19-20).

- 닫힌 문이 없다(21:25; 참고. 사 60:11).

앞으로 살펴보겠지만, 이렇게 사라진 것들은 선지자가 본 환상들과 일 치하며 신학적인 면에서 중요한 의미를 갖는다.

마지막 환상이 가진 신학적 의미

이런 요점들을 고려할 때, 이제 우리는 요한계시록 21:1-22:5을 다음 과 같이 종합적으로 해석하여 주석해볼 수 있겠다.[8]

1. 이번 장 서두에서 말한 것을 강조해보겠다. 요한계시록 21:1-22:5의 환상—아니, 다가올 현실이라 말하는 게 더 낫겠다—은 **요한계시록 과 신약 성경과 성경 전체와 하나님을 전한 모든 이야기와 인간을 다룬 이야기의 정점**이다. 이 환상은 정녕 미학과 문학과 신학의 관

---

8. 아울러 Reddish, *Revelation*, 412-417을 보라.

점에서 봐도 만족스럽다.

2. "새 하늘과 새 땅"을 보여주는 환상은 물리적인 세계가 파괴되고 새 하늘과 새 땅이 대신 들어선다는 뜻이 아니라, 물리적 세계에 변형이 일어난다는 말이다. 특별히 이 물리적 세계 안에 존재하는 인간에게 변화가 일어난다.[9] 어린 양의 문화가 짐승의 문화를 대신한다. 즉 생명의 문화가 죽음의 문화를 대신하고, 평화와 신뢰의 문화가 불안과 공포의 문화를 대신한다. 따라서 새 하늘, 새 땅, 새 도시는 뿌연 안개 같은 것이 아니라 아주 생생한 실재다. 이 종말의 현실은 지금 존재하는 물리적 세계로부터 **도피한 것**이 아니라 물리적 세계를 **완성한 것**이다. 요한계시록 21-22장에서 우리는 "처음부터 끝까지 계속하여 물질세계 속에 잠겨 있다."[10] 창세기가 묘사하는 첫 창조 때의 낙원은 포기되거나 파괴당하지 않고 회복되었다.

유진 피터슨은 사람들이 보통 "새 하늘과 새 땅"을 "천국"으로 축소하여 철저히 오해하는 것에 대해 "사람들의 상상 때문에 요한의 천국 환상이 얼마나 자주 성경에 어긋나는 판타지로 부풀려지는지, 이는 세계 불가사의 중 하나다"라고 불만을 토로한다.[11] 톰 라이트도 의견을 같이하면서, 요한계시록 21-22장을 다음과 같이 표현하는데, 옳은 말이다. "하늘과 땅의 혼인으로서…결국 온갖 유형의 영지주의, 육과 영을 분리하는 모든 세계관을 거부하는 것이다. 이는 주기도[당

---

9. Bauckham, *Theology*, 47-51과 대다수 주석가들이 쓴 내용을 보라.
10. Peterson, *Reversed Thunder*, 170.
11. Ibid., 171.

신 나라가 임하시며]에 대한 최종적 응답이다."[12]

3. 회복한 낙원 또는 되찾은 낙원은 수천 년을 이어온 인간 문명을 무시하지 못한다. 따라서 이 "낙원"은 그저 일개 정원이 아니라 도시의 정원이므로, **정원으로서의 도시**라고 부르는 것이 낫다. 이는 우리에게 문명/문화/도시 자체가 악한 게 아니라, 악한 사람들과 악한 권력이 도시/문화/문명을 왜곡한 것이 악하다는 것을 일러준다. 리처드 보컴은 이를 이렇게 말했다.

> 처음에 하나님은 정원을 만드시고 사람들이 거기 살게 하셨다(창 2:8). 마지막에 하나님은 사람들에게 한 도시를 주실 것이다. 낙원에 있던 복들은 새 예루살렘에서 회복되겠지만, 새 예루살렘은 되찾은 낙원을 넘어서는 것이다. 도시인 새 예루살렘은 문화와 공동체가 존재하는 인간다운 공간을 자연으로부터 만들어내고 싶어 하던 인간의 간절한 바람을 다 이루어준다.[13]

새 예루살렘과 바벨론은 피차 상극이다. 바벨론은 큰 창기요 짐승이다. 이 바벨론은 마귀가 들끓으며, 술 취함과 살인이 난무한다. 바벨론은 죽음의 문화다. 예루살렘은 어린 양의 신부이며, 하나님이 충만히 임재하신다. 예루살렘은 치료하고, 모든 고통과 눈물과 죽음이 없다. 이곳

---

12. Wright, *Surprised by Hope*, 104.
13. Bauckham, *Theology*, 135.

은 생명의 문화다.

4. 종말에 있을 그 현실 속에서 하늘과 땅을 나누던 경계—하나님과 우리의 현실/거소를 가르던 경계—가 영원히 없어진다. 종말의 삶을 특징짓는 것은 **하나님이 우리가 인식할 수 있게 영원히 임재하심**—다시 말하자면 영원한 성육신 상태—이다. 사실은 이것이, 곧 하나님이 지극히 충만함으로 영광 가운데 임재하심이 새 예루살렘의 가장 중요한 특징이다(21:3, 22; 참고. 겔 37:26-27).

5. 하나님의 절대적인 임재에 반드시 뒤따라야 하는 것은 하나님을 대적하는 모든 것이 사라지는 것이다. 요한계시록 21-22장은 부정문을 잇달아 사용하여("이것도 없고, 저것도 없다") 종말의 현실을 묘사한다. 이런 부정문이 암시하는 것은 본질상 좋지 않은 것이나 불쾌한 것이 아니며, 불완전한 것은 더더욱 아니다. 반대로, 잇달아 등장하는 이 부정문들은 **인간이 하나님 앞에 있는 공동체 안에서 흥왕하지 못하게 가로막는 모든 것이 제거당하고, 그런 흥왕을 가능케 하며 촉진하는 모든 것이 존재하게 되리라는 것**을 뜻한다. 사람들은 이런 현실 속에서 그들에게 필요한 모든 것, 곧 본문이 빛과 물이라는 실체로 소상히 표현한 것들을 얻게 된다.

베른트 바넨베취Bernd Wannenwetsch[14]는 종말의 현실을 "없음이 있음 (부존재가 존재함)"이라는 특징을 보여주는 "부정否定 정치 신학"negative

---

14. 1959-. 독일 출신 루터파 목사이며 기독교 윤리학자다—역주.

political theology 으로 묘사했다. 문화적 자만심, 시민 종교, 탐욕, 그리고 전쟁은 모두 사라진다. 그 도시(새 예루살렘)는 올바른 방향에서 신성함을 벗고 세속성을 입는다. 인간은 그 본성 때문에 자신들이 사는 도시와 나라와 문화에—그것도 종종 자신들이 섬기는 신에게 바친 신전에서—영광을 돌리지만(이는 올바른 방향이 아니다), 새 예루살렘에서는 마땅히 영광을 받으실 하나님과 어린 양께 모든 영광을 돌리기 때문이다. 신전들이 없어지는 것은 하나님과 어린 양이 모든 곳에 계심에 따른 당연한 결과다. 교회는 지금 그날이 오길 고대하면서, 시민 종교를 거부하고, 한 몸으로서 하나님께 올리는 예배를 증언한다.[15]

6. 장례식 때 요한계시록 21-22장 가운데 몇 부분을 읽는 일은 얼마든지 이해할 만하고 또 적절한 일이다. 그러나 우리는 성경의 정점에 자리한 환상을 이런 식으로 적용하느라 이 부분을 좁게 해석하는 잘못을 저질러서는 안 된다. 그렇다. 이 환상은 각 사람이 눈물과 죽음으로부터 구원을 받으리라는 소망을 약속한다. 그렇다. 이 환상은 "다시 일어나리라는(살아나리라는) 소망을 품고 쉼으로 들어갔던 모든 이들"과 다시 만나리라는 것을 일러준다. 그러나 이 환상은 이것보다 훨씬 더 많은 내용을 담고 있다. 하나님이 종말에 이루실 현실은 결국 **사람들 사이의 화해**—"모든 나라를 치료함"(계 22:2)—이지 단순히 개인의 구원만이 아니다. 모든 사람이 한 몸을 이루는 이 화해는 모든 지파와 방언과 나라로부터 온 사람들이 그 삶의 중심을

---

15. Wannenwetsch, "Representing the Absent in the City"(인용문은 172쪽에서 가져왔다).

하나님과 어린 양께 둘 때에 일어난다. 성경의 나머지 부분과 마찬가지로 요한계시록도 하나님이 한 백성, 곧 하나님과 다른 이들 그리고 모든 피조물과 조화를 이루며 살아가는 한 백성을 창조하실 것을 이야기한다.

7. 종말에 이루어질 현실은 **판타지가 아니라 확실한 소망이다.** 이 소망은 신실하시고 참되신 하나님, 죽임 당하신 어린 양이 죽었다가 부활하시고 높이 올림을 받으신 일, 그리고 신실하고 참된 증인이 보장한다. 이 확실한 사실은 하나님의 은혜를 통해 다음 **네 가지 것을 행하고 가질 영감을 우리에게 불어넣어 준다.**

> a. **예배**: 하나님과 어린 양이 현재와 미래에 걸쳐 우리와 온 세상에 구원을 베풀어주심에 감사하여, 하나님과 어린 양께 영광을 돌리고 찬양함.
> b. **선교**: 종말의 현실이 내포하는 가치와 실천을 바로 지금 온몸으로 나타내면서 필요할 때는 죽기까지 신실하고 참된 모습을 지키는 것.
> c. **예언**: 하나님이 장차 이루실 새 창조와 상충하는 가치와 실천이 하나님의 백성 가운데서 나타나든지, 혹은 그보다 더 넓은 세계에서 나타나든지 그 가치와 실천의 실체를 밝히고 이에 맞서 말함.
> d. **소망**: 이 새 창조는 사람이 하는 노력이나 심지어 기도로도 이룰 수 없음을 인식함. 이는 우리가 새 창조를 미리 맛보아

도 순전히 하나님의 은혜로 맛보기 때문이요, 새 창조가 완전히 이루어지는 시점도 하나님이 적절하다고 인정하시는 때, 그리고 하나님과 인류에 대항하는 모든 세력을—곧 악과 제국, 제국이 가진 죽음의 문화와 죽음 자체를—최종 격파하실 때이기 때문이다.

이런 이유 때문에 예배하고 선교하고 예언하고 소망을 가진 교회는 요한계시록으로부터 요한과 함께 "오시옵소서, 주 예수여"라고 기도하라는 영감을 받는다. 이는 주의 오심과 새 창조를 내다보는 소망이요, 이 소망을 살찌우는 것이 예배다. 이 소망 때문에 교회는 신실함을 지키고 저항할 수 있다. "내 어찌 노래하지 않으리"How Can I Keep from Singing라는 찬송 가사는 이런 정신을 유려하게 담아놓았다.[16]

내 삶은 끝없는 노래 속에 흘러가네.
이 땅에서 들리는 탄식을 넘어,
새 창조를 찬미하는 찬송을 듣네.
멀리 있으나 달콤한 그 찬송을,
(후렴) 내가 피난처에 든든히 의지했으니,
폭풍도 내 깊은 평온을 흔들지 못하네.
그리스도는 하늘과 땅의 주이시니,

---

16. 사실 이 찬송은 몇 가지 버전이 있다. 원래 이 곡은 1868년에 침례교 목사인 로버트 워즈워드 로우리(Robert Wadsworth Lowry)가 썼으나, 나중에 사람들이 보충하고 바꾸었다. 나는 후렴 외에 처음부터 존재했던 두 소절만 인용했다.

내 어찌 노래하지 않으리.

온갖 혼란, 온갖 다툼이 다 지나고

울려 퍼지는 노래를 듣는도다.

내 영혼에 그 노래가 메아리치니,

내 어찌 노래하지 않으리.

8. 마지막으로, 요한계시록이 정말 하나님을 기독론적인 관점에서 재구성하는 데 관심을 기울이는지 의심하는 이들이 있었지만, 요한계시록 끝부분은 요한계시록 4-5장에서 확연히 드러나는 그 해석이 옳다는 것을 확정해준다. 여기 끝부분을 보면, 예루살렘 성전은 "전능하신 주 하나님이요 어린 양"(21:22)이다. "하나님의 영광이 그 성전의 빛이며 그 성전의 등불은 어린 양이시다"(21:23). 그리고 우리가 요한계시록 첫 장(1:4)부터 보아온 하나님의 보좌는 분명 "하나님과 어린 양의 보좌"(22:1, 3; 참고. 7:17)다. 만일 요한계시록 에필로그에 세 번 나오는 "내가 곧 오리라"는 말씀(22:7, 12, 20) 중 첫째 말씀을 주 하나님이 하신 말씀으로 제시한 것이라면(1:8에 비추어 22:6-9을 읽어보라), 에필로그 역시 방금 말한 해석을 뒷받침해주는 것일 수 있다. 프롤로그에 나오는 알파와 오메가는 분명 하나님이다(1:8). 그러나 독자가 에필로그에 이를 즈음이면 이 알파와 오메가는 주 예수로 바뀌거나, 주 예수도 알파와 오메가로 등장하신다(22:13).

요한계시록은 에필로그로 끝맺는다(22:6-21). 이 에필로그에는 요한계시록의 여러 측면을 요약하는 짧은 문장들이 잇달아 나타난다. 여기서 우리는 확신과 복과 소망이 담긴 말씀을 듣는다. 아울러 여기에는 경고하는 말씀도 들린다. 그러나 이 맺음말을 지배하는 주된 화음은 초대와 약속이다. 초대는 이중적 초대이며, 약속도 이중적 약속이다. 교회는 예수께 오시라고 초대하고(22:20), 예수는 그리하시겠다고 약속하신다(22:7, 12, 20). 게다가 성령 안에 있는 교회는 다른 이들더러 오라고 초대하고, 이 초대에 응한 이들은 생명을 선물로 약속 받는다(22:17). **사랑을 베푸시고, 해방을 주시고, 생명을 주시는 주이신 어린 양은 남녀노소를 불문하고 모든 이를 불러 그를 따르는 제자 공동체의 지체, 그의 신실한 신부가 되게 하사, 하나님의 새 창조 안에 들어가게 하신다. 요한계시록은 그 본질상 복음을 전하는 책이요, 좋은 소식을 담은 말씀이며, 어린 양을 따라 새 창조로 들어가라는 초대다.** 이것이 요한계시록의 메시지다. 이 책 1장에서 언급한 찬양 "목마른 자들아"도 이런 메시지를 되울려준다. "목마른 자들아, 연약한 자들아, 샘으로 나아오라, 네 마음을 생명 샘에 담가라."

이는 겉만 그럴싸한 개인 영성으로 초대하는 것이 아니라, 때로 다른 주와 다른 신을 따르며 그리스도를 적대시하는 세계 속에서, 신실함과 소망과 사랑을 다하며 깊이 뿌리내린 공공公共 제자도public discipleship로 초대하는 것이다. 이런 제자도를 따라가려는 노력에는 큰 위험이 따르지만, 그것을 따라간 자가 받을 보상은 훨씬 더 크다.

마지막 환상과 현재의 증언: 요한계시록과 교회 선교

이번 장을 끝맺기 전에 마지막으로 사람들이 요한계시록을 상대로 제기하는 마지막 비판, 곧 요한계시록이 사람들로 하여금 "하늘에서 얻을 떡"만 소망하게 하여 "오로지 하늘에만 마음을 두고 땅에서는 선하게 살 생각을 하지 않게" 만든다는 비판을 다뤄야 한다. 요한계시록은 정말 윤리에 냉담하도록 만드는가?

불행한 일이지만, 기독교회의 많은 교파들 가운데는 종말론을 장차 이 세상**으로부터** 도피할 수단으로, 따라서 세상**과의 관계에 있어서** 현재 짊어져야 할 책무를 모면할 수 있는 수단으로 보는 강력하고 일관된 흐름이 있어왔다. 몇몇 집단에서는 이 도피주의 종말론과 윤리(윤리라기보다 "윤리가 없음"이라 말하는 편이 낫겠다)가 정반대의 방향으로 나아갔고, 이는 결국 종말론을 사람이 할 노력으로 축소하는 결과를 가져왔다. 사람이 하는 활동이 어떤 식으로든 유토피아, 하나님 나라, 만인이 누리는 정의, 건강한 생태계, 혹은 최근 문화에서 주목받는 어떤 이상향이라도 만들어내리라는 것이다.

서로 반대인 이 두 경향은 특별히 그리스도인이 요한계시록을 읽는 방식에서 발견할 수 있다. 많은 "전통적" 요한계시록 독법讀法은 물론이요 이보다 더 근래에 나온 세대주의 쪽 시각들(예를 들어 『레프트 비하인드』가 보여주는 시각)은 요한계시록이 새 하늘과 새 땅을 묘사한 내용을 먼 미래에 이루어질 실체로 보면서, 우리가 지금 살아가는 방식은 진지하게 생각하지 않는 경향이 있다. 이들이 우리가 지금 해야 할 일로 꼽는 것은 "하나님이 왜 내가 하늘로 들어가게 허락하셔야 하는지" 설명할 준비를 해야 한다는 것 정도다. 하지만 일부 그리스도인들은 방금 말한 것과 같은 접근법에 반발하여 종말론은 지금 우리 자신이 펼치는 여러 노력을 통해 생명과 정의가 존재하는 새 세상을 만들어내는 것이라고 주장했다. 하나님은 우리가 죽음을 사고팔며 불의가 판치는 제국을 끝장내길 원하시기 때문이다. 그러나 이런 반발도 극단으로 치달으면 요한계시록, 더 나아가 더 넓게는 그리스도인의 소망이 갖고 있는 종말론적 차원을 없애버릴 수도 있다. 정도에 따라 차이는 있지만, 해방 신학이 이야기하는 요한계시록 해석과 생태학 관점에서 요한계시록을 해석하는 경우가 여기에 해당할 수 있겠다.

그렇게 요한계시록을 읽는 것도 분명 납득할 만하다. 특별히 다른 접근법들이 무책임하게 요한계시록을 읽어낸다는 것을 고려하면 더욱 그렇다. 하지만 결국 생태학-현재라는 시각에서 요한계시록에 다가가는 접근법은 신학적인 면에서 일관성이 없다. 사실 이런 접근법은 일종의 펠라기우스주의로서, 말하자면 사람이 노력하여 구원을 얻는다고 믿는 셈이다. 즉 이런 요한계시록 독법은 사람이 노력하여 하나님 나라를 만들어낼 수 있다고 잘못 생각함으로써 결국 개인과 집단이 저지르는 죄의 위력을 충분히 진지하게 고려하지 못할 수도 있다. 또 이런 접근법은 사람들이 여러 세기 동안 하나님만이 세우실 수 있는 것을 사람의 손으로 세우려 하다가 실패했던 것을 기억하지 못하고 있다는 증거이기도 하다.

그렇다면 그저 미래만 앙망하는 도피주의자의 요한계시록 해석과 요한계시록이 사람의 손으로 이 세상에서 유토피아를 완전히 만들어낼 수 있다고 약속한다고 보는 비현실적인 해석 사이에 중도^{中道}는 없을까? 그 답은 "있다"이다. 이 중도는 요한계시록에서 아주 중요한 "증언"이라는 말을 그 중심으로 삼는다. 교회와 그리스도인은 현재 초월성을 띤 하나님의 실재하심과 통치는 물론이요, 종말론에서 말하는 대로 하나님이 미래에 만물을 새롭게 하시고 마지막 승리를 거두시며 통치하시리라는 것을, 그리고 그때가 되면 만인에게 참된 생명과 평화와 정의가 주어지리라는 것을 증언할 증인으로 부르심을 받았다. 아델라 야브로 콜린스^{Adela Yarbro Collins}[17]는 이를 이렇게 말한다.

> 세계가 맞이할 운명은 물론이요 교회가 맞이할 운명도 인간이 통제할 수 없는 것이다. 그러나 사람들은 이 운명의 줄거리 정도는 알아낼 수 있으며 그들 자신을 이 줄거리에 맞춰갈 수도 있다. 사람들은 이 운명을 거스르는 일을 하지 않을 수 있다. 또 사람들은 이 마지막 운명이 추구하는 가치를 온몸으로 표현하여 세상을 상대로 증언할 수 있다.[18]

그리스도인은 이런 것을 말과 행동으로 증언하면서, 요한계시록이 일러준 대로 하나님과 어린 양이 현재와 미래에 하나님으로서 통치하심을 드러내며, 지금 이 세상이 따라가는 삶의 방식과 다른 길을 가는 삶의 방식을 선포하고 실증해보일 수 있다. 다시 말해 요한계시록은 **선교적** 텍스트다. (우리는 이를 다음 장에서 다시 다루겠다.)

그리스도인들은 시민 종교에 맞서 예배하고 증언하는 공동체로서, 요한계시록 21-22장이 우리에게 제시한 새 하늘과 새 땅 환상이 암시하는 평화와 정의와 화해와 복음 전도를 이루고 이 땅을 돌볼 길을 실천해야 한다. 우리는 이 환상 안에서 세상을 다시 창조하시려는 하나님

---

17. 1945-. 미국 신학자요 저술가로서 예일대 신학대학원 교수를 지냈다—역주.
18. Collins, *Apocalypse*, 150.

자신의 계획 속으로 붙잡혀 들어가는 참된 예배를 드리며, 그 환상을 하나하나 실천하여 증언함으로써 그 환상에 동참하길 갈망한다. 예를 들어 하나님이라는 분이 모든 나라를 치료하실 계획을 세우시고 "모든 나라가 전쟁 배우기를 그만두길 간절히 원하시는" 분이라면, "그런 하나님은 결코 전쟁과 파괴가 삶을 좌지우지하는 세상을 편안히 바라보실 수만은 없다."[19] 우리도 마찬가지다.

이런 일은, 그와 같은 행위가 결국 모든 나라를 그리스도를 믿는 나라로 만들고, 온갖 죄를 격파하고, 모든 제국을 끝장내며, 만물을 새롭게 하리라는, 마치 십자군이 가졌던 것과 같은 그릇된 꿈으로 이루어지는 게 아니다. 오히려 그리스도인들은 **하나님이** 실제로 이 모든 일을 행하시리라는 참된 소망을 가졌고, 그 삶과 공동체 안에서 미래에 있을 완전한 변화를 이미 보여주는 표징들을 이미 체험했기 때문에, 성령이 주시는 능력으로 새 창조라는 실체, 그리고 하나님이 미래에 새 창조를 **완전히 이루시리라**는 약속이 빚어낸 대안 공동체를 이루어 살아간다. 이런 종말론에서 나온 증언은, 도피주의가 내놓은 일부 요한계시록 해석처럼 무책임한 해석을 하지 않으며 적잖이 그릇된 신학 오류를 일으키지도 않는다.

지금까지 말한 것을 요약해보자. 요한이 요한계시록 21-22장에서 이야기하는 환상들은 하나님이 만드실 미래를 "미리 맛보여준 사례들"[20]이다. 이제 이 사례들은 우리더러 이것들을 소상히 증언하라고 요

---

19. Boesak, *Comfort and Protest*, 130.

20. 이 생생하고 정확한 문구는 내가 듀크(Duke)에서 가르친 캐서린 스미스(Katherine Smith) 로부터 빌린 것이다.

구한다.[21] 물론 순교자들과 다른 성도들이 현재 하나님과 함께 하늘나라에 있지만, 요한계시록 21-22장이 보여주는 미래가 말하는 주제는 "우리가 죽어 하늘로 올라감"이 아니다. 결국 요한계시록의 결론이 말하는 것은 죽음을 통해, 혹은 휴거로 말미암아 하늘로 감이 아니다. 실제로 요한계시록이 안겨주는 소망은 휴거나 하늘로 감이 아니라, 바바라 로싱Barbara Rossing[22]이 "거꾸로 일어난 휴거", "하나님이 우리에게 내려오심"이라 부른 것이다.[23] 이것은 현재 하늘이 존재하지 않는다는 말이 아니라, 요한계시록이 종말(미래)에는 하늘과 땅에 변화가 일어나 새 하늘과 새 땅이라는, 하나로 통합된 실체로 바뀔 것을 강조함을 말한 것이다.[24]

그리스도인이 선교할 때 사용할 대본인 요한계시록 21-22장

요한계시록은 현재 세계나 미래 세계에 냉담하도록 이끌지 않는다. 오히려 요한계시록은 독자들에게 선교하는 공동체, 곧 하나님이 오실 것과 하나님 나라가 사람들 가운데서 완전히 이루어질 것을 증언하는 공

---

21. 이렇게 미리 맛보여주는 내용은 7:9-17처럼 다른 곳에서도 찾아볼 수 있다.
22. 미국 신약 신학자이며 시카고 루터 신학교 교수다―역주.
23. Rossing, *The Rapture Exposed*, 141-158.
24. 즉 "하늘과 땅의 혼인"(marriage of heaven and earth)(Wright, *Surprised by Hope*, 104-106). 물론 현재 하늘이라 부르는 실체도 본질상 이 세상이나 이 세상에서 다해야 할 책임으로부터 도피하는 곳이 아니다. 먼저 세상을 떠난 성도에게는 하늘이 실제로 찬미하고 기도하는 곳이다. 이 땅에서 살아가는 이들에게는 하늘이 "또 다른 삶이 아니라, 우리 역사를 초월한 깊이를 지닌 것으로서 우리가 현재 이 삶을 달리 살아가게 해주는 것"이다(González, *Out of Every Tribe and Nation*, 75).

동체가 되라고 강권한다.

요한계시록을 그리스도인의 선교를 다룬 책으로, 심지어 선교적인 해석학을 푸는 **열쇠**로 받아들인다는 말은 무슨 의미일까? 요한계시록이 하나님이 펼쳐가시는, 성경이 펼쳐가는 내러티브가 다다를 종착점을 드러냄으로써 인간 실존이 다다를 종착점(구원)을 드러낸다면, 우리가 마지막 중 마지막에서—곧 요한계시록 21:1-22:5(과 관련 본문)에서—보는 내용은 우리에게 그 **종착점**의 모습과 그리스도인이 펼쳐갈 선교의 윤곽을 모두 제시해준다. 그 선교의 윤곽이란 현재부터 미래까지 그 **종착점**을 증언하는 것이다. 신약 성경에서 아주 중요한 본문 가운데 하나이면서도 지금껏 과소평가 받은 본문인 요한계시록 7장은 간략히 이렇게 묘사한다.

> 모든 나라와 지파와 백성과 방언에서 나온, 셀 수 없이 많은 큰 무리가 흰옷을 입고 그 손에 종려나무 가지를 든 채 보좌 앞과 어린 양 앞에 서 있었다. 그들이 큰 소리로 외쳐 말하기를, "구원이 보좌에 앉으신 우리 하나님과 어린 양에게 있도다!"(계 7:9-10)

이처럼 많은 나라에서 모인 이들이 영원토록 바치는 예전은 그리스도가 온 우주에 구원을 가져다주셨음을 생생히 보여준다. 땅에 있는 사람들이 다른 이들과, 그리고 그들을 지으신 창조주이며 구속주이신 분과 화해한 것이다. 그들은 큰 목소리로 함께 올리는 찬양을 통해 그들이 이룬 화해의 두 측면을 모두 증언한다.

우리는 이미 요한계시록 21:1-22:5에서 이 구원을 상징하는 다른 이미지와 약속을 살펴보았다. 곧 하나님의 임재, 고난과 악이 없음, 아름다운 벽과 거리를 가진 도시의 푸르른 정원, 그리고 모든 나라를 낫게 하는 열매와 잎을 영원히 내는 나무들이 그것이다.

그렇다면 이런 구원을 미리 증언한다 함은 무슨 뜻인가? 그것이 선교와 관련하여 우리가 우선 시급히 풀어야 할 문제다. 그 답은 "수직적" 차원과 "수평적" 차원을 함께 가질 수밖에 없다. 즉 그 답은 사람 대 하나님 관계와 사람 대 사람 관계를 포함한다. 아울러 그런 구원을 미리 증언한다는 것은 이미 시작된 새 창조가(참고. 고후 5:17) 가진 유체성 physicality과 아름다움을 증언한다는 것이다.

나는 카메룬 동부 지역의 중심 도시인 베르투아Bertoua 교외에서 머물 때 이 책 중 일부를 집필했다. 거기 있는 한 신학교에서 가르쳤는데, 그 학교에는 영리하면서도 열성적인 학생들이 가득했다. 그들은 교과서의 도움도 받지 않고 히브리어와 헬라어를―그리고 다른 모든 과목도―배웠다. 카메룬은 대다수 사람이 매우 가난해서 종종 기초 생필품조차 없어 고통을 겪을 뿐 아니라, 때로는 다양한 영적 압력과 핍박 때문에 고난을 당한다. 그 나라의 그리스도인들은 분명 라오디게아 교회의 오만한 지배층이 아니요, 오히려 가난하고 힘도 없지만 신실했던 빌라델비아나 서머나 교회의 신자에 더 가깝다.

울창한 밀림 지역에 자리한 큰 도시 베르투아는 하늘에 있는 (혹은 땅에 있는) 예루살렘이 아니다. 금으로 포장한 거리도 없다. 실제로 포장도로는 서너 곳뿐이다. 이 도시를 고향이라 부르는 사람이 25만 명이나 되지만, 이들 눈에는 밝게 빛나는 보석이 보이지 않는다. 유일하게 빛나는 것이 있다면 진한 붉은 색 진흙벽돌, 진흙과 짚, 나무, 혹은 (가끔) 듬성듬성 색칠한 콘크리트로 되어 있어 대부분 우중충한 집들을 덮은 함석지붕뿐이다. 카메룬에는 목재도 있고 다이아몬드와 금도 생산된다. 그러나 어느 도시를 가든, 아니면 짚으로 이은 지붕이 가득한 동네를 가든 이 나라가 자연 자원 때문에 부를 누리고 있다는 증거는 눈에 띄지 않는다. 시골은 아주 멋지다. 싱싱한 채소가 있고 자연이 준 생수가 흘러나오는 샘도 충분하다. 그러나 도시에서는 물을 얻기가 힘들다. 집에 수도가 들어오는 이들도 있지만, 많은 이들이 키와니스 인터내셔널Kiwanis International[25]이나 다른 인도人道적 기구가 만든 우물에 가서 물을 길어 와야 한다.

이런 곳에서 살아가는 사람의 시각으로 보면 요한계시록 21:22-22:5이 묘사하는 곳처럼 모든 사람이 사랑하는 정원풍의 도시라는 이미지는 강력한 호소력을 발휘하며 강력한 약속을 제공한다. 여기 이 땅에서 아름다운 도시를 가질 수 있으리라는 소망은 가난한 이들에게 주는 아편도 아니요, 복음을 그저 중산층용 천국행 차표 정도로 축소시키는 무책임한 행위도 아니다. 오히려 그런 소망은 가난과 억압으로부터 풀려나 자유를 누리고 또 하나님이 뜻하시는 충만한 생명을 누리리라는 정당한 소망이다. 가령 카메룬을 보면, 2008년 세계 경제 위기—제국의 지배와 제국이 주도하던 안정이 일시 무너졌는데, 이는 요한계시록 18장이 말하는 내용과 두드러진 유사점들을 보여준다—때문에 그렇지 않아도 살기가 고단한 이 나라에서 살아가기가 훨씬 더 힘들어졌다. 요한계시

---

25. 1915년에 만든 국제 자원봉사 단체로 80여 개국에 지부가 있으며, 본부는 미국 인디애나폴리스에 있다—역주.

록이 제시한 소망을 주는 도시에서 **진정** 소망을 발견할 수 있는 자는 어쩌면 가난한 자, 비천한 자, 억눌린 자뿐일지도 모른다. 그 도시는 지난 2,000년 동안 서로 다른 상황 속에서 살아가는 수많은 그리스도인들에게, 특별히 아프리카의 카메룬 근방으로부터 노예로 끌려간 후 소망이 담긴—이 땅에서 살아가는 삶과 이후의 삶을 내다보는—영가를 불렀던 이들에게 참된 소망을 주는 원천이 되어왔다.

우리 곧 자유를 얻으리
우리는 황금길 걸으리(3회)
늘 즐거움이 있는 그곳을.
내 형제여, 얼마나 오래(3회)
여기서 고통을 겪으리?
우리 곧 자유를 얻으리(3회)
예수가 자유를 주실 때.
우리 싸워서 자유 얻으리(3회)
주가 본향으로 부르실 때.

이 신실한 형제자매들보다 더 나은 처지에서 살아가는 이들은, 이 형제자매들이 이런 소망을 가졌다 하여 함부로 비판할 수 없다. 사실 믿는 이들은 모두 이와 같은 소망을 받았다. 이 소망은 단지 어느 한 사람에게만 주어진 소망이 아니라 모든 나라와 우주 전체에게 주어진 소망이기 때문이다.

아울러 이런 소망은 우리가 지금 다른 이들에게 지고 있는 책임을 덜어주지 않는다. 베르투아에는 마라나타 영성 센터라 불리는 곳이 있다.[26] 이 센터는 사람들에게 쉼과 영적 가르침을 제공한다. 혹자는 이 이름을 보고, 이곳이 매일매일 살아가는 삶이 주는 고통으로부터 떠나간 곳이라고 생각할 수 있다. 또는 여기 있는 사람들이 그저 재림이 이루어지기만 기도하고 재림에 대한 기대만 부추길 것이라고 생각할 수도 있다. 그러나 사실은 정반대다. 마라나타 영성 센터 관계자들은 카메룬 사람들의 일상적이고 실질적인 필요를 채우고, 다른 이들—정부 관리, 의료인 등—과 함께 카메룬 사람들이 더 나은 삶을 살아가도록 도와주는 일에 깊이 관여하고 있기 때문이다. 이를 통해 이 관계자들은 카메룬 사람들이 하나님 및 다른 이들과 더불어 살아가는 삶을, 적어도 종말에 맞이할 실체와 덜 모순되는 삶을 살아가도록 도와준다.

따라서 주가 오시리라는 소망은 그저 손 놓고 아무 하는 일이 없이 기다릴 의무나 권리를 신자들에게 주지 않는다. 믿음과 동떨어진 소망은 맹목이요, 자기위안을 추구하는 낙관론이요, 펠라기우스 이단이다. 그러나 사랑과 동떨어진 소망은 자아도취요, 모든 규범을 반대하는 오류(윤리적 책임을 저버리는 것)일 뿐이다. 그것은 말 그대로 기독교 신앙을 거부하는 것이다.

그러므로 요한계시록 22:20에 나온 마라나타("오시옵소서, 주 예수여!")라는 기도와 소망은 주기도를 짧게 줄인 형태이자 그리스도인 공동체를 부르는 낭랑한 음성으로 이해되어야 한다. 하나님 나라가 임하기를, 주가 오시기를 기도한다는 것은 자신과 자신이 속한 공동체를 바

---

26. "마라나타"(Maranatha)는 아람어로 "우리 주여, 오시옵소서"라는 뜻이다(고전 16:22을 보라).

쳐 우리가 직면하는 어떤 상황—지금—에서도 하나님 나라의 가치와 실제를 온몸으로 구현한다는 말이다. 20세기에 프레드 칸Fred Kaan[27]이 쓴 찬송인 "모든 나라를 고쳐주소서"For the Healing of the Nations와 조이 패터슨Joy Patterson[28]이 쓴 "오 주여, 당신은 당신의 종 요한에게"O Lord You Gave Your Servant John는 (둘 다 그리 잘 알려져 있지 않지만) 우리가 우리 힘으로 하나님 나라를 이뤄낼 수 있다고 생각하지 않으면서도, 역동성이 넘치는 환상과 선교의 관계를 포착해내려고 한다. 칸의 찬송은 1965년에 쓴 것으로서 "주여 기도하오니 모든 나라를 고쳐주소서"로 시작하며, "많은 생명을 죽인 자들, 모두 땅에서 끊어지리라"라는 가사를 담고 있다. 패터슨의 찬송은 1988년에 만들어졌는데, 가사는 다음과 같다. "당신 종 요한에게 다가올 세상을 환상으로 보여주셨네 / 빛으로 가득한 빛나는 도시를…우리 도시는 고통을 입었지…주여, 오소서, 요한이 본 환상을 이뤄주소서 / 오셔서 우리와 함께 거하시고 만물을 새롭게 하소서 / 당신이 우리를 도우시지 않으면 / 우리가 세상을 구하려 해도 헛수고일 뿐."

그러나 요한계시록 21-22장이 제시하는 각본을 하나님과 상관없는 사회 정의, 개인 구원과 상관없는 사회 정의를 일러주는 환상 정도로 축소하여 읽으면 안 된다. 요한계시록은 도피주의 종말론도 허용하지 않지만, 21-22장을 하나님이나 개인 구원과 상관없이 사회 정의나 이야기하는 본문으로 보는 흔한 실수도 허용하지 않는다. 오히려 이 마지막 환상은 사회 문제를 다룸과 동시에 목회와 영성과 복음 전도와

---

27. 1929-2009. 영국 회중교회 목사요 찬송 시인이다—역주.
28. 1931-. 미국 불문학자요 찬송 시인이다—역주.

예전에 깊은 관심을 보인다. 모든 나라가 고침을 받으려면 사람들이 하나님과 어린 양을 함께 예배해야 한다. 온 세상이 구원받길 소망한다는 것은 곧 각 개인이 구원받길 소망한다는 뜻이다. 하나님은 사람들이 흘리는 눈물을 단숨에 닦아주신다. 이 책 1장에서 "E'en So Lord Jesus, Quickly Come"(주 예수여, 속히 오소서, 1953)라는 찬송가가 어떻게 나왔는지 살펴볼 때 봤지만, 예수가 오시리라는 소망은, 정치 억압을 당하는 이들을 위로하듯이, 개인이 겪는 고통과 상실도 위로해준다.

선교하는 교회—**온전히** 선교하는 교회—는 우리가 요한계시록 21-22장에서 보았던 미래를 미리 맛본다. 이런 교회는 성령을 힘입어 하나님이 각 사람을 위하여 또 모든 이를 위하여 이루시는 새 창조를 일부나마 미리 실현하고 증언한다. 유진 피터슨은 이렇게 써놓았다. "하늘은 수사에 화려함을 더하려고 요한계시록 말미에 덧붙여놓은 화려한 문장이 아니라, 여러 사실을 통해 우리 삶 속에서 실제로 이루어지는 하나님의 통치에 푹 잠기는 것이다. 이렇게 잠기면 결국 우리의 순종이 되살아나고, 우리가 긴 여정을 헤쳐 갈 힘을 얻으며, 용기 있게 증언할 에너지를 얻는 효과가 있다."[29]

이것 역시 그 형태만 다를 뿐 신실한 증언이자 신실한 저항이다. 제국에 저항하고, 제국이 세상에 미치는 영향에 저항하는 것은 하나님이 다스리시는 제국(하나님의 통치, 하나님 나라)을 따라 살아감이요, 또 그렇게 살아가는 것이 곧 제국과 제국이 세상에 미치는 영향에 맞서는 것이기 때문이다. 이런 일은 오로지 성령의 능력으로 말미암아 일어나

---

29. Peterson, *Reversed Thunder*, 173.

며, 하나님 그분이 홀로 당신의 나라를 온전히 이루실 때라야 일어난다. 더욱이 선교하는 교회는, 요한이 그가 섬기는 교회들에게 경고했듯이, 항상 포위와 공격을 받을 각오를 해야 한다. 실제로 선교에는 자주 고난이 따르기 마련이다. 교회가 펼치는 선교 활동은 늘 종말을 미리 맛봄에 불과하다. 또 온 세상의 교회는 늘 핍박을 받을 위협을 받으며 살아간다. 때문에 증언하고 고난 받는 교회는 늘 소망하는 교회로서 "오시옵소서, 주 예수여"라는 기도를 그치지 않는다.

1. 요한계시록 21-22장은 요한계시록과 신약 성경과 성경 전체를 어떤 식으로 끝맺나요?

2. 우리가 아는 교회들은 도피주의를 추구하며 현실에 냉담한 쪽인가요, 아니면 펠라기우스주의로 기울어져 있나요? 교회가 이 두 가지 실수를 저지르지 않으면서 선교에서 적절한 균형을 유지할 방법은 무엇일까요?

3. 요한계시록 21-22장은 우리가 속한 신앙 공동체가 펼치는 선교의 틀을 형성하는 데 어떤 도움을 줄 수 있을까요?

4. 요한계시록은 어떤 의미에서 억압받는 이들을 위한 책이요, 억압받는 이들을 다루는 책인가요? 그럼에도 억압받지 않는 독자가 요한계시록을 읽고 귀를 기울일 수 있는 방법은 무엇일까요?

10장 어린 양을 따라
요한계시록의 영성
Following the Lamb: The Spirituality of Revelation

이 책의 처음부터 지금까지 우리는 시종일관 요한계시록이 많은 것들을 이야기하지만, 세상 끝에 일어날 사건들을 상세하게 미리 알려주지는 않는다고 말했다. 그러긴 해도 요한계시록은 영적인 기록이다. 요한계시록과 영성을 연계하기가 힘든 이들이 있을지도 모른다. 그러나 그리스도인이 쓰는 영성이라는 말은 말 그대로 그리스도인의 신앙을 삶으로 체험하는 것,[1] 다시 말해 하나님과 하나님 나라를 위한 삶, 그리스도 안에 있는 삶, 성령의 능력을 힘입은 삶을 살아가는 것을 뜻한다. 이 마지막 장에서는 앞서 다룬 모든 내용을 종합하면서, 요한계시록이 전제하고 옹호하는 그리스도인의 신앙을 삶으로 체험하는 것에 초점을 맞춰보겠다. 요한계시록에서 말씀하시는 성령은 어떤 교회, 어떤 그리스도인을 빚고자 하실까?

---

1. McGinn and Meyendorff, eds., *Christian Spirituality: Origins to the Twelfth Century*, xv을 보라.

요한계시록이 전하는 메시지: 간단한 요약

지금까지 우리가 요한계시록 및 요한계시록이 전하는 메시지라고 말해온 것을 어떻게 요약할 수 있을까? 우리는 요한계시록이 신학시神學詩요, 하나님의 통치를 다룬theopolitical 기록이며, 목회-예언의 관점에서 쓴 pastoral-prophetic 기록이라고 말했다. 무엇보다 요한계시록은 공동체를 형성하는 문서로서, 하나님의 어린 양이신 예수 안에 있는 신자 공동체를 시민 종교를 거부하는 예배와 증언을 하는, 더 신실하고 더 선교하는 공동체로 만들어가려고 한다.[2] 보는 자 요한이 추구하는 1차 목표는—요한 당시는 물론이요 지금도—온 세상 교회가 언약에 더 신실하도록 만드는 것이다. 요한계시록 자체가 구사하는 언어를 사용하자면, 요한계시록 저자의 목표는 **승리하는** 공동체, 지금도 이기고 앞으로도 이기는 공동체를 만들어내는 것이다. 요한계시록이 말하는 "이기다"는 끝까지, 심지어 죽기까지 신실함을 지킴으로써 하나님과 어린 양 그리고 구속 받은 모든 이들과 함께 새 하늘, 새 땅에서 영광스럽고 영원한 삶을 살아간다는 뜻이다.

이런 말들은 일부 그리스도인들이 (특별히 특정 프로테스탄트 신자들이) "선행"이라는 딱지를 붙인 말처럼 들릴 수 있다. 그러나 이제는 우리가 이런 문제로 염려하는 것은 그만두고, 요한계시록을 포함한 성경이 언약에 신실하라는 요구를 얼마나 진지하게 제시하는지 깨달을 때

---

2. 이 책 다른 곳에서도 그랬지만, 내가 말하는 "uncivil"은 "시민 종교가 아닌(시민 종교를 거부하는)"이다.

가 되었다. 요한계시록은 온 사방에서, 특히 생명을 약속하지만 사실은 그 반대의 결과를 전달하는 제국 문화(고대와 현대를 불문한 모든 제국 문화)가 저지르는 악들 속에서 죽음을 본다. 신약 성경은 온갖 형태로 나타나는 이런 죽음의 문화로부터 우리를 구해낸다. 그러나 신약 성경이 제공하는 구원은 **새 삶의 방식을 따라 살아가게 하려고** 죽음으로부터 해방시켜주는 것이다. 즉 신약 성경이 말하는 구원은 믿음(동의와 신뢰)뿐 아니라 신실함(신의를 다함)과 관련이 있다.[3]

하지만 이것은 "선행"이 아니다. 우리가 힘써 우리의 구원을 얻는 것이 아니기 때문이다. 구원은 어린 양이 몸소 죽으심으로 우리에게 베푸셨다. 오히려 문제는 구원이란 것이 정확히 무엇인가다. 신약 성경에 있는 다른 책들처럼, 요한계시록도 구원은 하나님 및 다른 이들과 언약에 대해 신실한 관계를 가짐이라는 것을 분명히 한다. 이런 관계를 가능하게 하는 것은 그리스도의 죽음과 성령의 활동, 그리고 산 자와 죽은 자를 막론하고 다른 신실한 증인들이 주는 격려다.

다시 말해 요한계시록은 우리가 어린 양의 죽음**으로 말미암아** 죽음의 문화로부터 구속 받았으며, 이는 우리로 하여금 죽기까지 신실함**을 지키게 하려는 목적 때문이었다**고 주장한다. 역설이지만 신실함을 지키다 죽는 것이 곧 사는 것이다. 아울러 그렇게 죽는 것이 승리이기도 하다. 이 승리는 죽음의 문화가 할 수 있는 모든 것에 맞닥뜨리더라도 포기하거나 굴복하려는 유혹을 정복하는 것이다.

---

3. 신약 성경과 성경 전체가 말하는 구원을 충실히 논한 글을 보려면, Middleton and Gorman, "Salvation"을 보라.

요한계시록의 영성

우리가 요한계시록을—역사의 종말을 다룬 기록이라기보다—하나님과 죽임 당하신 어린 양의 통치에 초점을 맞춘 신학시이자, 하나님의 통치를 다룬 기록이며, 목회-예언의 관점에서 쓴 기록이요, 성령이 지금도 교회에 하시는 말씀으로 읽어낼 때 우리 앞에는 어떤 종류의 영성이 나타나는가? 우리 앞에 나타나는 영성은 **신정과 예언과 선교의 영성이요, 시민 종교를 거부하는 예배와 증언의** 영성이다. 이 영성은 그 본질상 개인의 사사로운 차원에 머무는 영성도 아니요, 단순히 내면의 영성도 아니다. 오히려 이 영성은 세상에서 온몸으로 구현하는—"행하는"—영성이다. 신실한 독자는 하나님의 통치를 다룬 드라마요 노래인 이 요한계시록을 신실히 행하는 자다. 리처드 헤이스는 이렇게 써놓았다. "흥미롭게도 요한계시록은 그것을 '행하는' 자들에게 복이 있다는 말로 시작한다(1:3).…때문에 이 작품의 효과를 최대한 얻어내려면 큰 소리로 읽어야 한다. 요한계시록도 연극 대본처럼 읽어야 할 텍스트다—요한계시록은 독자들 자신이 배우 역할을 하는 연극이다."[4]

이런 행함의 영성 혹은 내러티브 영성은 다음과 같은 주요 요소들을 갖고 있다.

- 예배
- 분별, 시각(vision), 그리고 상상력

---

4. Hays, *Moral Vision*, 184.

- 신실함과 선지자 같은 저항(우상 숭배와 불의에 맞선 저항)
- 자아비판
- 십자가를 본받아, 용기 있게, 그러나 폭력을 쓰지 않고 벌이는 전쟁
- 사람들 사이에서 온몸으로 실천하는 증언과 선교. 이에는 복음 전도도 들어감
- 소망

다시 말해 요한계시록이 말하는 영성은 겁쟁이들의 영성이 아니다.

예배

요한계시록은 우리에게 창조주요 구속주이시며 알파와 오메가로서 통치하시는 하나님을 예배하라고 요구한다. 또 우리더러 구속주요 죽임당하신 어린 양이요 알파와 오메가이신 주 예수를 예배하라고 요구한다. 하나님이 통치하심은 미래나 과거뿐 아니라 지금도 이루어진다. 따라서 예배하라는 요구는 충성과 떼려야 뗄 수가 없다. 그리스도 안에서 나타나신 하나님은 모든 것을 주시고 또한 모든 것을 요구하신다. 어떤 공동체가 사람들 앞에서 이러한 하나님을 예배하면서, 여러 정치 세력이 우상을 숭배하며 내세우는 거짓 주장들과 문화 이데올로기들, 그리고 자신들이야말로 끝까지 신뢰와 충성을 받을 존재라고 주장하는 다른 것들을 포기하면, 두 가지 일이 일어난다. 첫째, 그 공동체는—그 공동체 전체는 물론이요 공동체에 속한 개인도—요한처럼(1:10) 하나님의 영에 사로잡혀 그 생각과 삶이 점점 더 어린 양의 형상으로 바뀌어 갈 수 있는 거룩한 공간이 된다. 둘째, 다른 이들이 그 공동체를 주목한

다. 그들은 그 공동체가 신실한 증인이신 예수 그리스도를 신실히 증언한 것을 또 증언한다. 어떤 이들은 그 증언에 무관심하거나 의심하거나 심지어 적대시하지만, 또 다른 누군가는 그 증언에 끌려들 것이다.

예배를 이야기하는 책인 요한계시록에 노래가 가득한 것, 또는 오랜 세월을 거치는 동안 수많은 그리스도인들이 요한계시록을 바탕 삼아 찬송과 노래를 만들어온 것은 우연이 아니다. 어린 양을 따르는 이들은 노래하는 사람들이다. 우리의 찬송은 기쁨으로 충만하면서도 진지하다. "존귀한 어린 양"Worthy is the Lamb과 같은 노래를 부르는 것은 "정치적 행위이며, 노래라는 점에서 이 행위가 발휘하는 정치력은 더 크다. 다른 사람들도 이 합창에 동참하면서 자신이 듣고 남긴 기억 속에 이 노래를 새겨둘 수 있기 때문이다."[5]

요한계시록이 관심을 갖는 예전禮典 영성은 충성과 삶이지, 단지 예배 의식과 노래가 아니다. 때문에 하나님과 어린 양을 예배하는 이들은 심사숙고하여 우상 숭배에 가까운, 그중에서도 특히 많은 교회에 스며든 혼합주의식 국가주의syncretistic nationalism에 가까운 것과 손잡는 것을 거부해야 한다(이런 국가주의에 빠진 교회들이 희한하게도 다른 많은 문제에서는 의견을 달리할 때도 있다). 요한계시록에 따르면 우리가 교회에서 드리는 예배 때 기억하고 기릴 대상은 예비역 군인과 전사한 병사가 아니라 선지자와 순교요, 충성심 가득한 애국자가 아니라 신실한 증인이며, (소위) 우리의 자유를 지키려고 다른 이들을 죽이거나 그 자신이 숨진 이들이 아니라 우리로 하여금 참된 자유를 확실히 누리게 해

---

5. Hays, *Moral Vision*, 184.

주시려고 죽임 당하신 분(곧 예수 그리스도)이시다. **예배와 관련하여 누가 봐도 자명한 이 진리가 아주 이상하고 아주 과격한 주장처럼 보인다는 것은 교회가 그동안 짐승과 얼마나 편하게 동침해왔는지를 적나라하게 증명해준다.**

어떤 교회에서는 도저히 생각조차 할 수 없는 것들이 정상正常이 되었고 심지어 당연한 일로 둔갑해버렸다. 또 어떤 교회에서는 국경일, 특히 병사들을 기리는 날을 지키지 않는 것을 주님이 제자들의 발을 씻겨주시고 잡히셨던 목요일Maundy Thursday과 성령강림절을 건너뛴 것보다 더 큰 죄로 여긴다. 이런 기념일들은 주님이 돌아가신 금요일Good Friday의 시민 종교 버전이다. 세상을 떠난 이들의 죽음을 마치 그리스도의 희생처럼 여기기 때문이다. 이런 교회들은 제자로서 그리스도를 따름을 이야기한 말씀인 "어떤 사람이 자기 목숨을 그 벗들을 위하여 내놓으면 이보다 더 큰 사랑이 없다"(요 15:13)를 어처구니없게도 군복무로 국가를 섬길 것을 요구하는 주문呪文으로 바꿔놓았다.

요한계시록은 **긍정문으로** 신실함을 묘사할 때, 어린 양을 따른다는 개념과(14:1) 하나님이 소유자이시며 보호해주심을 나타내는 인印을 받았다는 말로 묘사한다(7:3). 또 요한계시록은 **부정문으로** 신실함을 묘사할 때, 짐승을 따르지 않음이나 짐승의 표지를 받지 않음으로 묘사한다(13:16-17; 14:9, 11; 16:2; 20:4). 신실함을 나타내는 이 두 이미지 모두는 우리가 양쪽 다 동시에 신실할 수 없음을 분명하게 보여준다. 우리는 짐승과 어린 양, 제국의 힘과 어린 양의 권세를 동시에 섬길 수 없고, 하나님과 어린 양을 예배하면서 동시에 시민 종교를 섬길 수 없다. **이것은 어디까지나 양자택일이며, 어느 쪽을 택하느냐에 따라 아주**

중대한 결과가 나타난다. 여기에는 양자 종합도, 양자 혼합도 있을 수가 없다. 요한계시록이 "시민 종교의 거부"를 요구한다는 것은 곧 우상 숭배와 같은 세상 권력 숭배를 그만두고 하나님만 예배하라는 말이다.

우리는 대부분 "종교" 문제에서는 이런 양자택일 명제를 좋아하지 않는다. "시민 종교"와 "그리스도를 따르는 제자도" 가운데 하나를 택하라면, 특히 더 좋아하지 않는다. 두 길을 모두 가면 보다 더 수월하다. "이것도 택하고 저것도 택함"both-and 접근법이 특히 더 매력 있어 보이는 이유는 그것이 아주 옳고, 아주 고상하며, 아주 경건해보이기 때문이다. "이것도 택하고 저것도 택함" 접근법이 그리도 사람을 홀리는 이유는 무엇인가? 요한계시록은 그것이 우상을 숭배하는 제국 권력의 선전 메커니즘이 치밀하고 교활하며 악마적이기 때문이라고 말한다(19:20; 20:3). 특별히 종교라는 옷을 입고 나타나면 국가주의적인 충성이나 헌신이 우상 숭배가 아니라고 느껴지겠지만, 요한계시록은 우리로 하여금 이 문제를 똑바로 쳐다보게 한다(13:4, 8, 12, 15; 14:9, 11; 16:2; 19:20).

이 책을 읽는 대다수 독자들이 속한 바벨론은 명백한 억압과 핍박을 저지르는, 혹은 그런 억압과 핍박을 가하겠다고 위협하는 전체주의 체제가 아닐 것이다. 그러나 사실은 그것이 바로 핵심이다. 요한계시록은 **일상적인**ordinary 제국에 속한 교회를 환상으로 보여준다. 우리는 여러 가지 점에서 요한계시록이 교회를 위해 보여주는 환상에 미치지 못한다. 우리는 예배 때 노래와 성경과 설교, 그리고 다른 지체들을 통하여 성경이 말씀하시는 것을 듣는다. 성령이 교회에 주시는 메시지에서 보았지만, 예배의 본질을 이루는 부분은 회개다. 분명 회개라는 말은 성령이 오늘도 예배하러 모인 우리에게 말씀하시는 내용 중 본질을 이루는 요소다.

나는 근래 내가 아는 한 신참 목사가 그가 인도할 첫 예배—하필 미국 독립기념일인 7월 4일 주일에 인도할 예배—를 준비한 사연에 감명을 받았다. 그는 주일 전날에 교회 평신도 지도자들과 만나 그들이 드릴 예배에 대해 이야기했다. 그들은 애국심을 고취하는 노래들과 성조기에 대한 맹세를 예배 순서에 포함할 것인지 논의했다. 이 신참 목사는 평신도 지도자들에게 이렇게 정중히 말했다. "독립기념일은 우리나라를 자랑스러워하는 마음을 표현하는 날이지요. 그러나 예배 때 그런 일을 해서는 안 됩니다. 예배 때는 예수님께 초점을 맞춰야 합니다. 제가 그 점을 특히 중요시하는 이유는 이번이 제가 예배를 인도하는 첫 주일이기 때문입니다. 애국심을 고취하는 요소는 예배에서 뺍시다. 그렇게 할 수 있겠지요?" 그러자 한 평신도 지도자가 이렇게 물었다. "그럼 스크린에 띄울 찬송 가사를 붉은 색과 흰 색과 파란 색[6]으로 쓰는 것도 그만 둘까요?" "예, 너무 늦지 않았으면 그것도 그만 둡시다." 그러자 그 평신도 지도자가 이렇게 대답했다고 한다. "목사님은 진짜 목사님이시네요! 그렇게 하지요!" 그리고 그들은 정말 그렇게 했다.

분별, 시각, 그리고 상상력

예배는 하나님과 현실을 달리 보게 해주는 시각을 우리에게 제공한다. 이 시각은 제국을 가린 베일을 벗기고 이 제국에 도전한다. 우리가 이

---

6. 미국 국기에 사용되는 색깔들이다—역주.

시각을 제대로 실천하려면 성령의 지혜와 인도하심이 있어야 한다. 중요한 것은 교회가 이 세상의 모든 삶으로부터 물러나야 하는 것이 아니라, 어린 양을 대적하는 삶만을 멀리해야 한다는 것이다. 성령이 선물로 주시는 분별이 없으면 무엇을 멀리하고 무엇에 참여해야 하는지 어떻게 알 수 있겠는가? 성령이 교회에 하시는 말씀에 귀를 기울이는 이들에게 주시는 시각이 없는데, 어떻게 성령이 대안으로 제시하시는 삶이 어떤 삶인가를 알 수 있겠는가?

요한계시록은 문화를 통째로 거부하고 또 이 세상과 사귐을 갖는 것을 통째로 거부할 것을 요구하기보다 오히려 분별을 요구한다는 사실을 다시금 강조해두는 것이 중요하겠다. 다시 말해, 이는 제국이나 초강대국 안에서 살아가면서도, 또 짐승이 드리운 그림자 속에서 살아가면서도, 우상 숭배에 해당하는 갖가지 악에 동참하길 거부하고 다른 제국, 곧 하나님 나라를 증언하며 소금과 빛으로 세상에 유익을 주는 것이다. 그것은 제국에—혹은 어떤 문화에—무턱대고 충성하거나 그것을 신성화하는 경우와 완전히 다르다. 그러나 많은 그리스도인과 교회가 해온 일이 바로 세상 제국에 무턱대고 충성하며 이 제국을 신성화하는 것이었다. 그런 그리스도인과 교회는 자신들의 나라 그리고/또는 문화에 세례를 베풀어, 그것들이 정치권력과 경제력과 군사력이라는 삼위일체 거짓 신의 이름을 갖게 하면서, 이런 힘이 곧 하나님의 능력이라고 생각하는 잘못을 저질렀다.

죽임 당하신 어린 양이 주신 영원한 복음은 이 분별 없는 세례가 흠집투성이임을 드러내 보여준다. 그러나 서구 세계의 시민 종교는 기독교 신앙이 담긴 상징들과 텍스트들로부터 많은 것을 빌려오기 때문에,

많은 그리스도인과 교회가 우리 앞에 놓인 문제를 인식하기는 거의 불가능하다. 혼합주의는 강력하고 교묘한 도구다. 그것은 상식에 부합한다. 그러나 "요한계시록의 도덕 전략은 삶을 인도하는 상식을 부수는 것이다."[7]

따라서 그리스도인이 분별에 필요한 시각을 가졌다고 그가 대체로, 혹은 아예 로마나 미국이나 문화에 반기를 드는 이가 되지는 않는다. 오히려 분별에 필요한 시각은 우리더러 분별케 하시는 성령을 의지함으로써 선(과 중립성을 띤 것)과 악을 구분하여 바벨론 **안에** 머물면서도 **바벨론에 속하지 않은** 이가 되라고 요구한다. 우리는 우리가 어디서 "예"라 말할 수 있고 어디서 "아니오"라 말해야 하는가를 배운다. 그렇게 배우면, 교회가 하는 선교는 믿음과 신실함 가운데 전진할 수 있다.

신실함과 선지자적 저항

분별할 줄 아는 시각이 부정否定 쪽으로 나타난 열매가 "아니오"라고 말할 수 있는 능력이다. 우상 숭배와 부도덕에 해당하는 주장들과 실제 관습들이 종종 종교적 의미와 권위를 입고 나타나기 때문에, 교회는 제국의 우상 숭배와 부도덕에 쉬이 넘어가고 만다. "시민 종교"라는 상황 속에 있을 때, 교회는 "거기서 나오라"는, 즉 거기서 물러나라는 요구를 받는다. 현 체제의 일부를 이루곤 하는 "주류" 그리스도인과 다른 이들이 거기서 나오는 것은 아주 어렵다. 시민 종교에 저항하라는 그런 생각 자체에 저항하는 이들도 많을 것이다.

---

7. Meeks, *The Moral World of the First Christians*, 145.

그러나 요한계시록은 모든 그리스도인에게 군사, 정치, 사회, 경제 분야를 막론하고, 권력과 힘을 내세우는 모든 거짓 신에 충성과 헌신을 표현하는 행위에 참여하는 것을 거부하라고 요구한다. 교회는 제국의 심장부에서, 하나님께 신실함을 다한다면 표현할 수밖에 없는 그런 말과 행동으로 저항하라는 소명을 받는다. 이런 소명에 응답하려면 선지자처럼 영을 분별할 수 있어야 하며, 그리고 이런 영 분별은 참된 예배 때 하나님의 영이 부어주신다. 이는 곧 권력을 향해 진실을 이야기하는 것을 뜻한다. 요한계시록이 우리에게 알려주듯이, 이런 소명은 다양한 수위의 갖가지 고난을 안겨줄 수도 있다.

자아비판

요한계시록이 말하는 것과 같은 묵시적 영성은 애초부터 몇 가지 위험성을 안고 있는데, 그중 치명적인 위험은 오만함이다. 우상 숭배와 제국을 분별하라는 말, 권력을 향해 진실을 말하며 저항하라는 말은 자칫하면 개인이나 교회를 어긋난—때로는 머리끝부터 발끝까지 모두 고침을 받아야 할—자기 확신으로 쉽게 이끌 수 있다. 그러나 "양자택일" 개념을 가진 묵시는 자아비판과 별다른 연관이 없는 것으로 보인다.

그럴지라도 자아비판은 필요하다.[8] 묵시를 통해 환상을 보는 자라도 그가 보는 것, 더 나아가 그 삶에 흠이 없을 수는 없다. 심지어 요한도 분명 두 번이나 천사에게 예배하려고 하는 중대한 실수를 저질렀다 (19:9-10; 22:8-9). 더군다나 우리는 요한이 아니며, 계시를 전하는 천사

---

8. Charry, "A Sharp Two-Edged Sword," 351-353, 357-360을 보라.

나 하나님의 보좌 앞에 있는 많은 눈을 가진 생물은 더더욱 아니다. 회개하라는 요한계시록의 요구는 교회는 물론이요 온 세계를 상대로 한 것이다. 일곱 교회 중 다섯 교회가 예수로부터 꾸지람을 들었다. "결코 자만을 부릴 수 없다—할 수 있는 일은 오로지 깨어 있음이요(3:3), 입은 옷을 늘 깨끗하게 지키려고 노력하는 것뿐이다(22:4)."[9]

십자가를 본받아, 용기 있게, 그러나 폭력을 쓰지 않고 벌이는 전쟁

그리스도인에게 필요한 저항(분별하고, 상상력을 발휘하고, 자아를 비판하는 저항)은 승리하려는 전쟁에 비유할 수 있다. 그러나 이 승리는 죽임 당하셨으나 승리하신 어린 양의 승리이기에, 그리스도인이 제국에 맞서는 저항도 십자가가 상징하는 예수 그리스도의 패턴과 그분을 따른 사도 및 성도의 패턴을 닮아간다. 따라서 그 저항은 신실하고, 참되고, 용감하고, 의롭고, 폭력을 쓰지 않는다. 에베소서 6장은 충분히 다듬어지지 않았지만 여전히 강력한 이미지를 동원하여 다음과 같이 이야기하는데, 요한계시록은 이를 3차원적인 시각으로 길게 묘사한다.

이는 우리 싸움이 피와 살로 이루어진 원수들을 상대로 한 것이 아니라 통치자들과 권위들과 현재 이 어둠의 세상 권력들과 하늘에 있는 악한 영의 세력들을 상대로 한 것이기 때문이다. 그러므로 하나님의 전신갑주[14-17절을 보라]를 취함으로써 너희가 악한 날에 견디고 모든 일을 행한 뒤에 견고히 서게 하라(엡 6:12-13).

---

9. Rowland, "The Book of Revelation," 523.

우리가 앞에서도 보아왔듯이, 여기서는 요한계시록이 어떻게 비폭력 영성과 비폭력 윤리를 전달하는지에 주목하는 것이 중요하다. 이와 관련하여 강조해둘 점이 세 가지가 있는데, 이들은 서로 아주 긴밀한 관련성을 갖고 있다.

첫째, 예수는 신실함을 다하신 그의 고통스러운 죽음으로 하나님이 악을 어떻게 다루시며 또 하나님의 백성이 악을 어떻게 다루어야 하는가를 이미 보여주셨다. 그의 죽음은 악과 죽음 자체에 마지막 일격을 가한 것이지만, 이때 그는 폭력을 행사하시지 않고 도리어 악에 악으로 맞서지 않는, 역설과 반전이 담긴 행위를 보여주셨다. 그의 죽음은 그와 그의 죽음을 하나님이 세상에 주신 종말의 계시로 받아들이는 모든 이들을 악과 죽음과 폭력으로부터 해방시켜준다.

둘째, 요한계시록은 참된 영적 실존이 전쟁이라는 것을 알지만, 우주적 전투에서 거두는 승리는 곧 신실함이라고 정의한다. 어린 양은 물론이고 그를 따르는 이들도 고난을 겪고 죽음을 당하는 순간에조차 오로지 신실함이라는 무기로 싸울 뿐이다.

셋째, 악은 비폭력 화행話行, speech-act이요, 신실한 저항인 어린 양의 죽음으로 말미암아 원칙상 이미 격파당하고 말았다. 때문에 이 악이 최종적으로 격파당하는 것도 결국 같은 식으로 이루어질 것이다. 이것이 어린 양의 **활동 방식**이다. 그는 자신의 피가 묻은 옷을 입고 승리를 상징하는 흰 말을 타고 오신다. 이는 그가 **어린 양으로서**, 그의 손에 쥔 칼이 아니라 그의 입에 있는 칼로 악의 세력들을 격파하시리라는 것을 우리에게 상기시켜준다. 악을 쳐부수는 과정은 현실로 나타난 악에 맞선 신실한 저항이라는 화행話行—십자가—으로 시작되었다. 마찬가지로 영원한 복음인 하나님의 말씀도 십자가에서 신실히 저항하셨던 바로 그 그리스도가 다시 오실 때 죽음을 죽이고 악을 진멸할 것이다. 다시 말하지만, 주님이 하신 말씀은 하나님께로 헛되이 돌아가지 않는다(사 55:11). 하나님의 말씀은 그 사명을 이루되, 하나님의 방식으로, 어린 양의 방식으로 이루실 것이다.

어린 양의 삶과 증언에 뿌리내린, 이런 신실하고 폭력을 쓰지 않는 행동과 말이라는 활동 방식이 어린 양을 따르는 이들에게 주어진 방식이요, 결국 이런 이들이 따라야 할 방식이다. 시민 종교를 섬기는 그릇된 일을 저지르면, 결국 예배를 국가주의(혹은 종족주의), 심지어 군사력 만능주의 예배로 만드는 결과가 벌어진다. 하지만 하나님과 어린 양을 섬기는 참된 예배는 보편성을 띠고 평화롭다. 그런 예배에 따른 전쟁은 말씀으로 실행되는 것이지, 무기로 실행되는 것이 아니다. 심지어 정의를 찾는 외침조차도 이런 전쟁을 표현함이요, 필연적으로 폭력을 쓰지 않고 시민 종교에 맞서겠다는 맹세를 통해 하나님의 신실하심을 말로 강조하는 것이다. **이처럼 정의를 찾는 외침과 함께 비폭력을 견지하는 자세가 결합하여 나타나는 것은 요한계시록의 예전 신학과 영성이 보여주는 가장 중요한 특징일 수 있다.**

리처드 헤이스는 이런 결론을 다음과 같이 되울려준다.

죽임 당하신 어린 양을 찬양과 예배의 중심으로 삼는 작품을 폭력과 강압을 정당화시키는 데 사용할 수는 없다. 악한 이들을 상대로 한 하나님의 최후 심판은 분명 냉혹하다.…그러나 이 사건들[요한계시록이 말하는 심판]은 하나님의 손에 달려 있다. 이런 사건들은 사람들의 군사 행동 프로그램을 이루는 게 아니다. 신실한 공동체가 취할 행동을 보여주는 패러다임이신 예수는 고난을 통해 정복하는 신실한 증인으로 서 계신다.…요한계시록이 그리는 전투 이미지를 문자 그대로 읽어내려는 사람은, 이 작품 전체가 구사하는 상징이 가득한 논리가 폭력이라는 상징을 어떻게 뒤흔들어놓는지 이해하지 못한다.[10]

사람들 사이에서 온몸으로 실천하는 증언과 선교

요한계시록은 무엇보다 해부해야 할 책이 아니라 삶으로 살아가야 할 책이다. 그것은 저항 문학의 본질이다. 그리스도인의 저항은 전쟁과도 같다. 이는 마지못해 억지로 하는 수동적 저항이 아니라 적극적인 행동으로 하는 능동적 저항이다. 이런 저항은 오직 하나님께 충성하겠다고 맹세하는 공동체와 개인을 형성함으로써 이루어진다. 그들은 벗에게나 원수에게나 똑같이 폭력을 쓰지 않고 사랑하며 살고, 복수는 하나님께 맡기고 다만 하나님이 장차 심판하시며 구원하신다는 것을 증언하고, 하나님의 영을 힘입어 제국의 죽음의 문화를 대신하는 소소한 생명의 문화들을 만들어내고, 하나님과 더불어 살고 싶어 하는 모든 이들에게 회개하고 하나님과 어린 양을 예배하라고 권면한다. 하나님이 원하시는 것은 모든 이가 어린 양을 따르는 것이요, 현재와 미래에 우리와 함께하시는 하나님의 생명에 영원히 참여하는 것이다. 따라서 요한계시록의 영성을 진지하게 받아들이는 공동체는 복음을 전하기를, 즉 말과 행동으로 "영원한 복음"을 선포하며(14:6) 다른 이들을 성도들의 사귐에

---

10. Hays, *Moral Vision*, 175.

초대하기를 부끄러워하지 않는다. 요한계시록은 우리에게 선교적 영성을 제공한다.

얼핏 보면, 특히 "내 백성아, 그곳[바벨론]으로부터 나오라"(18:4)는 요한계시록의 요구에 비춰보면, **선교적** 영성이라는 개념은 앞뒤가 맞지 않아 보일 수 있다. 그런 말은 선교에 관한 대화를 시작도 하기 전에 모든 대화를 집어삼키는 것처럼 보일 수 있다. 하지만 우리가 요한계시록 21-22장을 연구할 때 봤듯이, "거기서 나오라"는 말은 거기서 도피하라는 요구가 아니다. 요한계시록의 영성은 도피주의 영성이 아니다. 거기서 나오라는 말은 몸을 거기서 빼내는 탈출을 가리키는 게 아니라, 우리가 이 책에서 시종일관 주장해왔듯이, 신정神政과 관련된 말로서 시민 종교와 권력 숭배라는 우상 숭배로부터 빠져나오라는 말이다. 이렇게 어떤 가치들과 관습들로부터 떠나는 것은 창조적으로 스스로 해야 하는 일이지만, 그것은 또한 성령이 그렇게 할 능력을 주셔야 가능하다.[11] 성령이 주시는 능력은 그리스도인이 빠져나온 바로 그 바벨론 **안에서** 믿음으로 살아가는 데 있어 필수불가결한 전제조건이다.[12] 즉 교회는 바벨론으로부터 **빠져나온** 교회이어야 비로소 바벨론 **안에 있는** 교회가 될 수 있다.

요한계시록은 세상을 "부정"함과 동시에 "긍정"한다. 바벨론에서 빠

---

11. 이것이 꼭 장소 이동 개념을 배제하지는 않는다. 어떤 이들에게는 장소 이동이 필요할 수 있다. 나는 여기서 그리스도인의 재배치와 화해와 재분산을 실천하고 옹호했던 존 퍼킨스(John Perkins)가 한 일, 그리고 "제국이 버린" 곳으로 옮겨가는 데 열심을 보였던 신(新) 수도원운동을 생각한다.

12. 몸은 바벨론 안에 있어도 따르는 가치와 관습, 살아가는 삶은 바벨론과 달라야 하며, 그러려면 성령이 주시는 능력이 있어야 한다는 말이다—역주.

져나왔으나 동시에 바벨론 안에 있는 교회는 조용히 앉아 있을 수 없다. 우상 숭배가 있음을 알아차린 이상, 우리는 복음을 전하는 길로 나선다. 불의가 있음을 알아차린 이상, 우리는 행동에 나선다. "생각만 하는 사람은 요한계시록이 이야기하는 세계에 들어갈 수도 없고, 불의한 세상에 살면서 만사를 만족하며 지내기도 불가능하다."[13] 둘 다 필요하다.[14] 둘 다 요한계시록이 마지막에 제시하며 소망을 안겨준 환상에 뿌리를 내리고 있다.

바꿔 말하면, 시민 종교를 거부하는 예배와 저항의 영성이 곧 교회가 "그 도시의 안녕"(렘 29:7)에 무관심해야 한다는 뜻은 아니다. 오히려 정반대다. 그러나 그 도시에 안녕을 가져올 목적으로 펼치는 선교 활동을 만들어내는 원천은 그 도시가 추구하는 가치와 강령이 아니라 복음이다. 신실한 교회는 자신이 몸담은 도시에—"이 땅에 사는 이들에게"—헌신하더라도 오로지 복음을, 그리고 어린 양을 따르는 자라고 하는 그리스도인의 정체성을 참되게 지키는 방법으로 헌신한다. 즉 교회는 무엇보다 섬기려고 하겠지만, 그 섬김은 어린 양을 닮은 섬김이요 십자가를 따라가는 섬김이 되리라는 것을 의미한다. 그 섬김은, 그것이 경제력이든 정치권력이든 군사력이든, 그 어떤 세상의 권력도 신성시하지 않으며 또 추구하지 않는다. 다시 말해 그런 섬김은 그리스도를 따른다

---

13. Hays, *Moral Vision*, 183. 그는 계속해서 이렇게 말한다: "이는 곧 불의에 맞서 행동하고 싸우는 사람만이 요한계시록을 올바로 읽을 수 있을 수 있다는 뜻이다. 요한계시록이 저항 문서라면, 저항에 참여하는 사람만이 요한계시록이 가진 중요한 의미를 분명히 깨달을 것이다." 아울러 Schüssler Fiorenza, *Revelation: Vision of a Just World*, 139을 보라.
14. 이 세상에 몸담고 살면서도 이 세상에서 빠져나와 요한계시록이 말하는 세상에서 살아가는 것이 모두 필요하다는 말이다—역주.

면서 세상 권세를 추구하는 기독교를 거부한다.

소망

창조주 하나님과 구속주 그리스도는 악과 불의를 심각하게 생각하시며, 곧 인간을 심판하시고 온 세상을 새롭게 하실 것이다. 우리는 모든 사람이 흘리는 눈물이 씻음을 받고 모든 나라가 고침을 받기를 소망하고 염원한다. 우리는 모든 나라가 하나님과 어린 양을 예배할 날을 기다린다. 우리는 말과 행동으로 그 확실한 미래를 증언한다. 그러나 우리는 오직 하나님만이 미래에 그 마지막 현실을 이 땅에 가져다주실 수 있음을 알기에, 끊임없이 "오시옵소서, 주 예수여"라고 기도한다.

요한계시록이 말하는 소망이 아름다운 이유는 그 소망이 개인의 소망이자 온 세상, 아니 온 우주의 소망이기 때문이다. 그 소망은 우리가 사랑하는 이를 잃을 때처럼 개인적 차원에서 상실을 체험하는 때도, 또 자연 재해 혹은 전쟁이나 집단 학살 같은 일이 벌어져 온 세상이 상실을 체험하는 때도 우리를 위로할 수 있다. 시대의 끝에 자리한—그리고 성경의 끝에 자리한—요한계시록은 소망을 안겨주는 책이다.

결론

성경에 있는 어느 한 책이 말하는 영성이 성경 전체가 들려주는 증언을 대신할 수 없듯이, 요한계시록도 분명 성경에서 유일한 책이 아니며, 요한계시록의 영성도 홀로 존재할 수는 없다. 요한계시록은 정경의 나머지 부분들과 대화를 나누는 동반자가 되어야 한다. 그러나 요한계시록이 들려주는 묵시-예언의 음성에 귀를 기울이지 않으면, 오직 요한계시록만이 일으킬 수 있는 어렵고도 아주 예리한 질문을 던지지 못할 수 있으며, 요한계시록만이 아주 분명하게 계시하는 것들을 깨닫지 못할 수 있다. 더욱이 요한계시록의 눈으로 하나님과 삶을 들여다보면, 우리 시대의 문화가—그것이 어떤 문화든—방해하거나 가로막음으로써 미처 간파하지 못했던 선지자들과 예수와 바울의 메시지를 되찾을 수 있다.

─── 곱씹고 토론할 문제들 ───

1. 요한계시록의 영성의 성격을 "신정적이고 예전적이며 선교적인 영성, 시민 종교를 거부하는 예배와 증언의 영성"으로 규정한다면, 이는 여러분에게 어떤 의미인가요? 여러분이 속한 신앙 공동체가 시민 종교에 맞서 그리스도를 따르는 제자도를 구현하면서도 그 공동체가 자리한 문화의 좋은 점들을 그대로 인정할 수 있는 특별한 방법이 있다면 어떤 것이 있을까요?

2. 여러분은 비폭력을 실천하는 삶이 요한계시록의 중심, 그리스도를 따르는 제자도의 중심이라고 확신하나요? 긍정하거나 부정하는 이유는 무엇인가요?

3. 요한계시록은 어떤 점에서 소망으로 가득한 책인가요?

4. 이 책이 제시한 요한계시록 해석이 교회가 실제로 펼치는 복음 전도에 어떤 영향을 줄 수 있을까요?

요한계시록을 바르게 읽기

(재현부)

우리가 이미 주장한 대로 요한계시록을 책임 있게 읽는다는 것은 요한계시록을 미래를 위한 극본이 아니라 교회를 위한 극본으로 읽는다는 뜻이다. 우리는 이 말이 무슨 의미인가에 관해 가능한 한 가장 예리하게 통찰해야만 한다. **우리는, 대다수는 아니어도 많은 사람들이 요한계시록을 읽을 때 취하는 접근법을 거꾸로 뒤집어버렸다.** (그러나 많은 인용문과 각주가 증명하듯이, 그렇게 뒤집은 것은 이 책이 처음도 아니요 또 이 책만 그런 것도 아니다.) 더욱이 우리는 요한계시록 자체가, 많은 이들이 당연시하는 소위 묵시가 담긴 과일 수레를 뒤집어버린다는 것을 논증했다. 나는 이 책이 제시하는 접근법이 요한이 말하는 내용에 더 충실하며 교회에도—그리고 세상에도—더 덕이 된다고 확신하며 또 그러기를 소망한다.

그렇다면 우리는 시민 종교를 거부하고, 신학시이며 하나님의 정치와 비폭력과 선교와 예언을 이야기하는 이 대본을 "삶의 현장이라는 무대에서" 어떻게 공연할 것인가? 나는 이 책에서 시종일관 적어도 몇 가지 생각과 사례를 제시하려고 노력했다. 나는 요한계시록 자체가 서로 큰 연관성을 지닌 두 단어를 짝지어 세 쌍을 우리에게 제시한다고 생각한다. 더불어 네 번째로 한 단어를 제시하는데, 결국 (당연히) 모두 일곱 단어를 제시하는 셈이다.

첫째 쌍은 "**보고 들으라**"일 것이다. 요한계시록은 보고 듣는 책이다. 이 책은 우리더러 죽임 당하신 어린 양을 주목하라고 요구한다. 또 이 책은 그 어린 양 안에서 하나님**께 나아가는** 길과 또 하나님의 길을 보라고 요구한다. 우리는 그의 죽음이 대속의 성격을 가졌음을 깊이 생각하지만, 동시에 그가 그 죽음으로 신실히 증언하셨음을 깊이 생각한다. 우리는, 각자 혹은 공동체가 한 몸으로, 우리 눈을 열어 교회에게 끊임없이 말씀하시는 성령을 바라본다.

둘째 쌍은 "**예배하고 증언하라**"일 것이다. 요한계시록은 찬송과 예전의 책이다. 따라서 우리는 하나님과 어린 양을 밤낮으로 찬미한다. 또 우리는 유일하게 우리의 섬김을 받으시기에 합당하신 분께 충성을 다짐한다. 우리는 우리가 올리는 찬양과 이 찬양에 영감을 불어넣는 하나님과 어린 양의 시각이, 우리가 생각하고 말하고 행하는 모든 것을 사로잡고 이 모든 것에 영향을 미치게 한다. 아울러 다른 이들에게도 그들이 바치는 예배와 충성을 받으시기에 합당하신 단 한 분을 증언한다. 우리는 말뿐 아니라 행동으로 증언한다.

셋째 쌍은 "**나와서 저항하라**"일 것이다. 요한계시록은 예언적 도전과 불편한 요구를 담은 책이다. 이 책이 불편하다고 느끼는 이유는 우리들 대부분이 제국이 베풀어준다고 주장하는 것들을 좋아하기 때문인데, 그럴 만도 하다. 제국은 우리에게 안전과 목적과 승리와 역사를 통제할 힘과 신성한 영예와 의무와 복을 베풀어준다고 주장하며, 우리는 그에 보답하여 우리 생각과 마음과 몸을 바치려 한다. 어린 양이 우리의 시각을 바로잡아주시고 우리가 그분에게 초점을 맞추면, 우리는 생명을 약속해놓고 사실은 죽음을 가져다주는 모든 것으로부터 우리 생각과 마음과 몸을 멀리하려고 한다. 우리는 세상이 정상이라고 여기는 것과 시민 종교가 던지는 유혹에 저항해야 하며, 새로운 관점을 갖고 새로운 방식으로 세상에 참여해야 한다. 우리는 정치권력이든 군사력이든 경제력이든 아니면 다른 어떤 힘이든, 세상 권력을 신성하게 여기지도 않고, 그런 권력을 신성시하는 일에 참여하지도 않는다. 우리는 자동차 범퍼에 "휴거가 일어나면 이 차에는 사람이 없을 것입니다" 같은 스티커를 붙이기보다, 말과 행동으로 우리가 어린 양을 따른다는 것을 선포한다. (이런 메시지를 범퍼에 붙인 차도 일부 있을지 모르겠다.)

마지막 말은 당연히 "**따르라**"일 것이다. 우리는 어린 양을 따른다. 모라비아 형제단과 존 하워드 요더는 "**우리 어린 양이 이기셨다. 그를 따르자**"*Vicit Agnus Noster, Eum Sequamur*라고 말했다. 우리는 그를 따라 제국으로**로부터** 나와 새 창조로 들어가려 하지만, 동시에 제국 **속으로**, 곧 제국의 어두운 구석 속으로 들어가려 하는 역설을 보인다. 이 어두운 구석은 하나님과 어린 양의 시각을 가장 필요로 하는 곳이요, 죽음이 생명으로 바뀌어야 할 곳이요, 우리가 말과 행실로써 다가오는 새 창조를 증언할 수 있는 곳이요, 모든 이들에게 생명수가 주어지고 고통과 눈물이 그치며 각 사람과 모든 나라가 고침을 받을 곳이다. 우리는 어린 양을 따라 우리가 지은 죄의 결과뿐 아니라 죄 자체로부터 자유를 얻은 새 하늘과 새 땅으로 들어간다. 그곳에서 우리는 살아계신 하나님께서 영원히 임재하신 가운데 살아가며, 그분 안에서 영원한 경이와 경외와 찬미에 빠져 살아갈 수 있다. 그런 시각을 따라 신실하게 살아간다는 것은 결코 작은 도전이 아니다.

요한계시록은 정경을 매듭지으며 하나님의 이야기를 완결한다. 21세기에 예수 그리스도의 교회가 그 소명에 신실하고자 한다면, 요한계시록—특히 요한계시록이 제시하는, 죽임 당하시고 승리하시고 장차 오실 어린 양의 시각—이 우리의 예배와 영성과 실천에서 더 중심이 되어야 한다고 말해도 결코 지나친 말이 아닐 것이다. 어쩌면 성경의 이 마지막 책은, 그것이 간직한 심오함을 고려할 때, 교회의 첫 번째 책이 되어야 할지도 모른다.

어린 양은 찬송을 받으시기에 합당하시다! 아멘. 오시옵소서, 주 예수여!

참고 문헌

Abrams, M. H., general editor. *The Norton Anthology of English Literature*. 3rd ed. Vol. 2. New York: Norton, 1974.

Aune, David. "The Influence of Roman Imperial Court Ceremonial on the Apocalypse of John." *Biblical Research* 18(1983) 5-26.

_____. *Revelation*. Word Biblical Commentary 52 A-C. 3 vols. Waco, TX: Word, 1997-98.

_____. "Revelation." In *The HarperCollins Bible Commentary*, rev. ed., edited by James L. Mays, et al., 1187-1202. San Francisco: HarperSanFrancisco, 2000.

Barr, David R. "John's Ironic Empire." *Interpretation* 63(2009) 20-30.

Bauckham, Richard. *The Climax of Prophecy: Studies on the Book of Revelation*. London: T. & T. Clark, 1993.

_____. *Jesus and the God of Israel: God Crucified and Other Studies on the New Testament's Christology of Divine Identity*. Grand Rapids: Eerdmans, 2008.

_____. *The Theology of the Book of Revelation*. New Testament Theology. Cambridge: Cambridge University Press, 1993.

Beale, G. K. *The Book of Revelation*. New International Greek Testament Commentary. Grand Rapids: Eerdmans, 1999.

_____. *John's Use of the Old Testament in Revelation*. Journal for the Study of the New Testament Supplement Series 166. Sheffield, UK: Sheffield Academic, 1998.

Beasley-Murray, George R. *The Book of Revelation*. New Century Bible. Grand Rapids: Eerdmans, 1974.

Blount, Brian K. *Revelation: A Commentary*. New Testament Library. Louisville: Westminster John Knox, 2009.

Boesak, Allan A. *Comfort and Protest: The Apocalypse from a South African Perspective*. Philadelphia: Westminster, 1987.

Bonhoeffer, Dietrich. *Discipleship*. Translated by Barbara Green and Reinhard Krauss. Dietrich Bonhoeffer Works 4. Minneapolis: Fortress, 2001.

Boring, M. Eugene. *Revelation*. Interpretation. Louisville: John Knox, 1989.

Boxall, Ian. *The Revelation of Saint John*. Black's New Testament Commentaries. Peabody, MA: Hendrickson, 2006.

Boyd, Gregory A. *The Myth of a Christian Nation: How the Quest for Political Power Is Destroying the Church*. Grand Rapids: Zondervan, 2005.

Boyer, Paul S. *When Time Shall Be No More: Prophecy Belief in Modern American Culture*. Cambridge, MA: Belknap, 1992.

Carey, Greg. "The Book of Revelation as Counter-Imperial Script." In *In the Shadow of Empire: Reclaiming the Bible as a History of*

Faithful Resistance, edited by Richard A Horsley, 157-76. Louisville: Westminster John Knox, 2008.

Carter, Warren. *Matthew and Empire: Initial Explorations*. Harrisburg, PA: Trinity, 2001.

_____. *The Roman Empire and the New Testament: An Essential Guide*. Nashville: Abingdon, 2006.

Charry, Ellen T. "'A Sharp Two-Edged Sword': Pastoral Implications of Apocalyptic." In *Character and Scripture: Moral Formation, Community, and Biblical Interpretation*, edited by William P. Brown. 344-60. Grand Rapids: Eerdmans, 2002.

Chesterton, G. K. *Orthodoxy*. Centennial Edition. Nashville: Sam Torode Book Arts, 2009[1908].

Clouse, Robert G. "Christian Hope Thru History." [Mar 3, 2004]<http://www.presence.tv/cms/christianhope_clouse.shtml>.

_____, editor. *The Meaning of the Millenium: Four Views*. Downers Grove, IL: InterVarsity, 1977.

Clouse, Robert G., Robert N. Hosack, and Richard V. Pierard. *The New Millenium Guide: A Once and Future Guide*. Grand Rapids: Baker, 1999.

Cohn, Norman. *The Pursuit of Millenium: Revolutionary Millenarians and Mystical Anarchists of the Middle Ages*. Rev. and enl. ed. Oxford: Oxford University Press, 1970.

Collins, Adela Yarbro. *The Apocalypse*. New Testament Message. Collegeville, MN: Liturgical, 1990[1979].

_____. "Introduction: Towards the Morphology of a Genre." *Semeia* 14(1979) 1-20.

Crossan, John Dominic. *God and Empire: Jesus against Rome, Then and Now*. San Francisco: HarperSanFransisco, 2007.

Daniels, T. Scott. *Seven Deadly Spirits: The Message of Revelation's Letters for Today's Church*. Grand Rapids: Baker Academic, 2009.

Davis, Ellen F. *Scripture, Culture, and Agriculture: An Agrarian Reading of the Bible*. Cambridge: Cambridge University Press, 2009.

deSilva, David A. *Seeing Thing's John's Way: The Rhetoric of the Book of Revelation*, Louisville: Westminster John Knox, 2009.

Desrosiers, Gilbert, *An Introduction to Revelation: A Pathway to Interpretation*. London: Continuum, 2000.

Ewing, Ward. *Power of the Lamb: Revelation's Theology of Liberation for You*. Eugene, OR: Wipf & Stock, 2006[1990].

Friesen, Steven J. *Imperial Cults and the Apocalypse of John: Reading Revelation in the Ruins*. New York: Oxford University Press, 2001.

González, Justo L. *Out of Every Tribe and Nation: Christian Theology at the Ethnic Roundtable*, Nashville: Abingdon, 1992.

Gorman, Michael J. *Elements of Biblical Exegesis: A Basic Guide for Students and Ministers*. Rev. and exp. ed. Peabody, MA: Hendrickson, 2009.

_____. *Reading Paul*. Cascade Companions. Eugene, OR: Wipf & Stock, 2008.

_____. "A 'Seamless Garment' Approach to Biblical Interpretation?"

Journal of Theological Interpretation 1(2007) 117-28.

Harink, Douglas. *Paul among the Postliberals: Pauline Theology beyond Christendom and Modernity.* Grand Rapids: Brazos, 2003.

Hays, Richard B. *The Conversion of the Imagination: Paul as Interpreter of Israel's Scripture.* Grand Rapids: Eerdmans, 2005.

_____. *The Moral Vision of the New Testament: A Contemporary Introduction to New Testament Ethics; Cross, Community, New Creation.* San Francisco: HarperSanFransisco, 1996.

Hill, Craig C. *In God's Time: The Bible and the Future.* Grand Rapids: Eerdmans, 2002.

Horsley, Richard. *Revolt of the Scribes: Resistance and Apocalyptic Origins.* Minneapolis: Fortress, 2010.

Howard-Brook, Wes, and Anthony Gwyther. *Unveiling Empire: Reading Revelation Then and Now.* Bible and Liberation Series. Maryknoll, NY: Orbis, 1999.

Hughes, Richard T. *Myths America Lives By.* Urbana: University of Illinois Press, 2003.

Jewett, Robert. *Mission and Menace: Four Centuries of American Religious Zeal.* Minneapolis: Fortress, 2008.

Jewett, Robert, and John Shelton Lawrence. *Captain America and the Crusade Against Evil: The Dilemma of Zealous Nationalism.* Grand Rapids: Eerdmans, 2003.

Johns, Loren L. *The Lamb Christology of the Apocalypse of John: An Investigation into Its Origins and Rhetorical Force.* Wissenschaftliche

Untersuchungen zum Neuen Testament 2/167. Tübingen: Mohr
Siebeck, 2003.

Johnson, Luke Timothy. *The Writings of the New Testament: An
Interpretation*. 3rd ed. Minneapolis: Fortress, 2010.

Koester, Craig R. "On the Verge of the Millenium: A History of the
Interpretation of Revelation." *Word & World* 15(1995) 128–36.

_____. *Revelation and the End of All Things*. Grand Rapids: Eerdmans,
2001.

_____. "Revelation's Visionary Challenge to Ordinary Empire." *Inter-
pretation* 63(2009) 5–18.

Kovacs, Judith, and Christopher Rowland. *Revelation: The Apocalypse of
Jesus Christ*. Blackwell Bible Commentaries. Malden, MA: Blackwell,
2004.

Kraybill, J. Nelson. *Apocalypse and Allegiance: Worship, Politics, and
Devotion in the Book of Revelation*. Grand Rapids: Brazos, 2010.

_____. "Apocalypse Now." *Christianity Today* 43/12(Oct. 25, 1999) 30–
40.

_____. *Imperial Cult and Commerce in John's Apocalypse*. Journal for
the Study of the New Testament Supplement Series 132. Sheffield,
UK: Sheffield Academic, 1996.

Krodel, Gerhard A. *Revelation*. Augsburg Commentary on the New
Testament. Minneapolis: Augsburg, 1989.

LaHaye, Tim. *Revelation Unveiled*. Grand Rapids: Zondervan, 1999.

Lawrence, D. H. *Apocalypse and the Writings on Revelation*. New York:

Penguin, 1980[1931].

Lindsey, Hal. *There's a New World Coming: An In-Depth Analysis of the Book of Revelation*. Irvine, CA: Harvest House, 1984[1973].

Luther, Martin. "Preface to the Revelation of St. John [I]." In *Luther's Works: Word and Sacrament*, vol. 35, edited by E. Theodore Bachmann, 398–99. Philadelphia: Fortress, 1960.

_____. "Preface to the Revelation of St. John [II]." In *Luther's Works: Word and Sacrament*, vol. 35, edited by E. Theodore Bachmann, 399–411. Philadelphia: Fortress, 1960.

Maier, Harry O. *Apocalypse Recalled: The Book of Revelation after Christendom*. Minneapolis: Fortress, 2002.

Mangina, Joseph L. *Revelation*. Brazos Theological Commentary on the Bible. Grand Rapids: Brazos, 2010.

Matera, Frank J. *New Testament Theology: Exploring Diversity and Unity*. Louisville: Westminster John Knox, 2007.

McGinn, Bernard. *Antichrist: Two Thousand Years of the Human Fascination with Evil*. San Francisco: HarperSanFransisco, 1994.

McGinn, Bernard, and John Meyendorff, editors, with Jean Leclercq. *Christian Spirituality: Origins to the Twelfth Century*. World Spirituality 15. New York: Crossroad, 1985.

Meeks, Wayne A. *The Moral World of the First Christians*. Library of Early Christianity 6. Philadelphia: Westminster, 1986.

Metzger, Bruce M. Breaking the Code: *Understanding the Book of Revelation*. Nashville: Abingdon, 1993.

Middleton, J. Richard, and Michael J. Gorman. "Salvation." In *New Interpreter's Dictionary of the Bible*, edited by Katharine Dobb Sakenfeld, et al., 5:45-61. Nashville: Abingdon, 2009.

Müller-Fahrenholz, Geiko. *America's Battle for God: A European Christian Looks at Civil Religion*. Grand Rapids: Eerdmans, 2007.

Murphy, Francesca Aran, "Revelation, Book of." In *Dictionary for Theological Interpretation of the Bible*, edited by Kevin J. Vanhoozer, et al., 68-87. Grand Rapids: Baker Academic, 2005.

Okoye, James Chukwuma. "Power and Worship: Revelation in African Perspective." In *From Every Nation: The Book of Revelation in Intercultural Perspective*, edited by David M. Rhodes, 110-26. Minneapolis: Fortress, 2005.

Olson, Carl E. *Will Catholics Be "Left Behind": A Catholic Critique of the Rapture and Today's Prophecy Preachers*. San Francisco: Ignatius, 2003.

Peterson, Eugene H. *Reversed Thunder: The Revelation of John and the Praying Imagination*. San Francisco: HarperSanFransisco, 1991[1988].

Pippin, Tina. *Death and Desire: The Rhetoric of Gender in the Apocalypse of John*. Literary Currents in Biblical Interpretation. Louisville: Westminster John Knox, 1992.

Prévost, Jean-Pierre. *How to Read the Apocalypse*. Translated by John Bowden and Margaret Lydamore. New York: Crossroad, 1993.

Price, S. R. F. *Rituals and Power: The Roman Imperial Cult in Asia Minor*. Cambridge: Cambridge University Press, 1984.

Reddish, Mitchell G. *Revelation*. Smith & Helwys Bible Commentary. Macon, GA: Smith & Helwys, 2001.

Resseguie, James L. *The Revelation of John: A Narrative Commentary*. Grand Rapids: Baker Academic, 2009.

Richard, Pablo. *Apocalypse: A People's Commentary on the Book of Revelation*. Maryknoll, NY: Orbis, 1995.

_____. "Reading the *Apocalypse*: Resistance, Hope, and Liberation in Central America." In *From Every Nation: The Book of Revelation in Intercultural Perspective*, edited by David M. Rhodes, 146–64. Minneapolis: Fortress, 2005.

Rossing, Barbara R. *The Rapture Exposed: The Message of Hope in the Book of Revelation*. Boulder, CO: Westview, 2004.

Rowe, C. Kavin. *World Upside Down: Reading Acts in the Graeco-Roman Age*. New York: Oxford University Press.

Rowland, Christopher C. "The Book of Revelation: Introduction, Commentary, and Reflections." In *The New Interpreter's Bible*, edited by Leander E. Keck, et al., 12:501–736. Nashville: Abingdon, 1998.

Russell, D. S. *The Method and Message of Jewish Apocalyptic 200 BC-AD 100*. Philadelphia: Westminster, 1964.

Sanders, Jack T. *Ethics in the New Testament: Change and Development*. Philadelphia: Fortress, 1975.

Schnelle, Udo. *Theology of the New Testament*. Translated by M. Eugene Boring. Grand Rapids: Baker Academic, 2009.

Schüssler Fiorenza, Elisabeth. *Revelation: Vision of a Just World*.

Proclamation Commentaries. Minneapolis, MN: Fortress, 1991.

Scofield, C. I., editor. *The Scofield Reference Bible*. Oxford: Oxford University Press, 1917[1909].

Sittser, Gerald Lawson. *A Cautious Patriotism: The American Churches and the Second World War*. Chapel Hill: University of North Carolina Press, 1997.

Standaert, Michael. *Skipping Towards Armageddon: The Politics and Propaganda of the Left Behind Novels and the LaHaye Empire*. Brooklyn: Soft Skull, 2006.

Stark, Rodney. *The Rise of Christianity: How the Obscure, Marginal Jesus Movement Became the Dominant Religious Force in the Western World in a Few Centuries*. San Francisco: HarperSanFransisco, 1997.

Stott, John R. W. *What Christ Thinks of the Church: An Exposition of Revelation 1-3*. Grand Rapids: Baker, 2003[1958].

Sweet, J. P. M. *Revelation*. Westminster Pelican Commentaries. Philadelphia: Westminster, 1979.

Talbert, Charles H. *The Apocalypse: A Reading of the Revelation of John*. Louisville: Westminster John Knox, 1994.

Thompson, Leonard L. *The Book of Revelation: Apocalypse and Empire*. New York: Oxford University Press, 1990.

Tuck, William Powell. *The Left Behind Fantasy: The Theology Behind the Left Behind Tales*. Eugene, OR: Resource Publications, 2010.

Tuveson, Ernest Lee. *Redeemer Nation: The Idea of America's Millenial Role*. Chicago: University of Chicago Press, 1968.

Wainwright, Arthur W. *Mysterious Apocalypse: Interpreting the Book of Revelation*. Nashville: Abingdon, 1993.

Wall, Robert W. *Revelation*. New International Biblical Commentary. Peabody, MA: Hendrickson, 1991.

Walvoord, John F. *The Revelation of Jesus Christ*. Chicago: Moody, 1966.

Wannenwetsch, Bernd. "Representing the Absent in the City: Prolegomena to a Negative Political Theology According to Revelation 21." In *God, Truth, and Witness: Engaging Stanley Hauerwas*, edited by L. Gregory Jones, et al., 167–92. Grand Rapids: Brazos, 2005.

Wesley, John. *Explanatory Notes on the New Testament*. Grand Rapids: Baker, 1986[1755]<http://www.ccel.org/ccel/wesley/notes.titlepage.html>.

Wilson, Mark. *Charts on the Book of Revelation: Literary, Historical, and Theological Perspectives*. Grand Rapids: Kregel, 2007.

Wilson-Hartgrove, Jonathan. *To Baghdad and Beyond: How I Got Born Again in Babylon*. Eugene, OR: Cascade, 2005.

Wink, Walter, *Engaging the Powers: Discernment and Resistance in a World of Domination*. Minneapolis: Fortress, 1992.

Witherington, Ben, III. *Revelation*. New Cambridge Bible Commentary. Cambridge: Cambridge University Press, 2003.

Wright, N. T. "Farewell to the Rapture." *Bible Review* 17:4(2001) 8, 52. 이는 <http://www.ntwrightpage.com/Wright_BR_Farewell_Rapture.htm>에서도 볼 수 있다.

_____. *Following Jesus: Biblical Reflections on Discipleship*. Grand

Rapids: Eerdmans, 1994.

_____. *The New Testament and the People of God*. Minneapolis: Fortress, 1992.

_____. *Surprised by Hope: Rethinking Heaven, the Resurrection, and the Mission of the Church*. New York: HarperCollins, 2008.

Volf, Miroslav. *Exclusion and Embrace: A Theological Exploration of Identity, Otherness, and Reconciliation*. Nashville: Abingdon, 1996.

Yoder, John Howard. *The Politics of Jesus: Vicit Agnus Noster*. 2nd ed. Grand Rapids: Eerdmans, 1994.

인명 색인

W

Y

성경 구절 색인

요한계시록 바르게 읽기

〈다른 고대 자료〉

옮긴이의 글

그리 길지 않지만 그 제목만큼이나 결코 무시할 수 없는 무게를 지닌 책! 이 책을 표현하면 그렇게 말할 수 있겠습니다. 그리 어렵지 않게 번역할 수 있으리라고 생각했지만 결코 수월한 번역을 허락하지 않은 책이었습니다. 그만큼 진지하게 생각하고 곱씹어보면서 번역해야 할 대목이 많았습니다.

이 책에서 저자가 말하는 내용을 여기서 정리하여 이야기하는 것은 마치 아주 흥미로운 영화 시사회에 다녀온 이가 인터넷에 미리 그 줄거리를 공개하는 것과 같을 것입니다. 그러나 두 가지 점만은 미리 이야기해두고 싶습니다. 첫째, 이 책은 그동안 요한계시록을 읽어오면서 미래에만 머물렀던 우리 시야를 미래와 현재와 과거를 모두 아우르는 범위로 넓혀주고, 하늘에만 머물러 있던 우리 시야를 하늘과 이 땅을 아우르는 범위로 넓혀주며, 마지막 날에 맞이할 삶에만 머물러 있던 우리 시야를 지금 이 땅에서 살아가는 삶까지 넓혀줍니다.

둘째, 이 책은 요한계시록 각 구절을 조목조목 주석한 책이 아니라, 요한계시록이 요한계시록은 물론이요 신약 성경과 성경 전체와 역사 전체를 관통하는 신학과 영성을 어떻게 집약해놓았는지 밝히면서, 그런 신학과 영성으로 요한계시록을 포함한 성경을 연구하고, 찬미하고 예배하며, 삶으로 증언할 것을 요구합니다. 따라서 이 책은 요한계시록을 이해하는 종착점이 아니라, 요한계시록이 말하는 신학과 영성을 실천하는 삶을 살아가는 출발점이라고 말할 수 있겠습니다.

저자는 그리스도인 전체가 성령이 교회에게 주시는 말씀을 담은 책을 성령이 주시는 지식과 분별을 힘입어 읽고 이해하며 성령이 주시는 능력을 힘입어 삶으로 증언할 수 있기를 간절히 소망합니다. 그런 저자의 소망이 우리가 사는 이 땅에서도, 우리 교회와 우리 그리스도인의 삶에서도 이루어지길 기도하며 옮긴이 글을 마무리하겠습니다.

부족한 이에게 번역을 맡겨주신 새물결플러스 대표 김요한 목사님과 새물결플러스의 여러 지체들께 이 자리를 빌려 감사의 말씀을 드립니다. 힘과 정성을 다해 번역했으나 모자람이 드러난 부분이 있다면 그것은 오로지 이 번역자 잘못입니다. 너그러이 헤아려주시고 바로잡아주시길 바랍니다. 감사합니다.

옮긴이 박규태 드림

요한계시록 바르게 읽기

시민 종교를 거부하는 참된 예배와 증언

어린 양을 따라 새 창조로 나아가다

Copyright ⓒ 새물결플러스 2014

1쇄 발행 2014년 6월 30일
7쇄 발행 2023년 7월 6일

지은이 마이클 고먼
옮긴이 박규태
펴낸이 김요한
펴낸곳 새물결플러스

편 집 왕희광 정인철 노재현 이형일 나유영 노동래
디자인 황진주 김은경
마케팅 박성민 이원혁
총 무 김명화 이성순
영 상 최정호 곽상원
아카데미 차상희

홈페이지 www.holywaveplus.com
이메일 hwpbooks@hwpbooks.com
출판등록 2008년 8월 21일 제2008-24호
주 소 (우) 04114 서울시 마포구 신촌로28가길 29
전 화 02) 2652-3161
팩 스 02) 2652-3191

ISBN 978-89-94752-72-3 03230

책값은 뒤표지에 있습니다.